权威·前沿·原创

皮书系列为
"十二五""十三五"国家重点图书出版规划项目

吉林省社会科学院智库项目

吉林省城市竞争力蓝皮书

BLUE BOOK OF
JILIN PROVINCE'S URBAN COMPETITIVENESS

吉林省城市竞争力报告
（2017~2018）

ANNUAL REPORT ON URBAN COMPETITIVENESS OF JILIN
PROVINCE (2017-2018)

开发区：吉林省城市转型升级的强力引擎

主　　编／崔岳春　张磊
副主编／赵光远　沈　立　李　平　李冬艳
特邀主编／王树贵　孙克强　徐剑锋

社会科学文献出版社
SOCIAL SCIENCES ACADEMIC PRESS (CHINA)

图书在版编目（CIP）数据

吉林省城市竞争力报告. 2017~2018：开发区：吉
林省城市转型升级的强力引擎 / 崔岳春，张磊主编. --
北京：社会科学文献出版社，2018.3
（吉林省城市竞争力蓝皮书）
ISBN 978 - 7 - 5201 - 2287 - 0

Ⅰ. ①吉⋯   Ⅱ. ①崔⋯ ②张⋯   Ⅲ. ①城市 - 竞争力
- 研究报告 - 吉林 - 2017 - 2018   Ⅳ. ①F299. 273. 4

中国版本图书馆 CIP 数据核字（2018）第 033534 号

吉林省城市竞争力蓝皮书

吉林省城市竞争力报告（2017~2018）
——开发区：吉林省城市转型升级的强力引擎

主　　编 / 崔岳春　张　磊
副 主 编 / 赵光远　沈　立　李　平　李冬艳
特邀主编 / 王树贵　孙克强　徐剑锋

出 版 人 / 谢寿光
项目统筹 / 任文武
责任编辑 / 王玉霞

出　　版 / 社会科学文献出版社·区域发展出版中心（010）59367143
　　　　　　地址：北京市北三环中路甲 29 号院华龙大厦　邮编：100029
　　　　　　网址：www. ssap. com. cn
发　　行 / 市场营销中心（010）59367081　59367018
印　　装 / 北京季蜂印刷有限公司

规　　格 / 开　本：787mm × 1092mm　1/16
　　　　　　印　张：18.75　字　数：279 千字
版　　次 / 2018 年 3 月第 1 版　2018 年 3 月第 1 次印刷
书　　号 / ISBN 978 - 7 - 5201 - 2287 - 0
定　　价 / 89.00 元

皮书序列号 / PSN B - 2016 - 513 - 1/1

感谢中国社会科学院城市与竞争力研究中心对吉林省城市竞争力报告提供数据支持

感谢吉林省财政厅提供专项经费支持

《吉林省城市竞争力报告（2017~2018）》
编 委 会

吉林省社会科学院
城乡发展研究中心简介

    吉林省社会科学院城乡发展研究中心（以下简称"研究中心"）成立于2015年1月，由吉林省社会科学院农村发展研究所和城市发展研究所联合成立，致力于开展以新型城镇化发展、城市（镇）功能提升、新农村建设等为重点的研究工作，以应对新型城镇化发展需要，推进吉林省统筹发展进程，深入支撑新型智库建设。

    研究中心自成立以来，与吉林省省直部门和各市（州）政府等政策需求部门展开合作，与其他智库机构和高校进行学术交流。目前，研究中心正在开展吉林省城乡经济、城市管理、城市竞争力以及县域经济发展等方面研究。

吉林省社会科学院
城乡空间演化实验室简介

  吉林省社会科学院城乡空间演化实验室（以下简称"实验室"）是依托吉林省社会科学院城乡发展研究中心的数据分析平台和科学研究平台。实验室的主要任务是建设三大平台：一是统计数据、空间数据和问卷调查数据的整合平台；二是以计量经济模型、空间经济模型、竞争力评价模型等为基础，将系统内置模型与自主设计模型相结合的模型设计平台；三是以数据整合平台和模型设计平台为基础，展示学术观点和成果影像的成果展示平台，从数据整合、模型设计、成果展示三个方面深化研究、打造品牌、提升竞争力。

  自成立以来，实验室研究团队在新型城镇化发展、城乡功能提升、新农村建设等领域积极进行有益探索，通过问卷调查等形式开展省情调查和研究工作，对现有城乡发展规划的实施和政策的落实开展评估工作。实验室将陆续与发改、农业、民政、城建、科技、财政等政策需求部门展开合作，与中国社会科学院、广东省社会科学院等国内智库机构以及俄罗斯、韩国等国的智库机构开展学术交流。

主要编撰者简介

崔岳春 男，1964 年生，吉林省长春市人。现任吉林省社会科学院城市发展研究所所长、研究员，中国软科学研究会第五届理事会常务理事，吉林省数量经济学会理事。1985 年 7 月毕业于吉林农业大学。主要从事数量经济、区域经济研究。1992 年设计吉林省首个数量经济学模型，并多年参与《吉林蓝皮书》总报告编写。发表《演化经济地理学：新范式还是"新瓶装旧酒"》等文章 40 余篇。出版《吉林省中部城市群集合效能研究》等专著 3 本。负责《吉林省科技发展第十二个五年规划》初稿的起草工作，并承担相关的前期研究课题。主持多项省级课题的研究。

张　磊 男，1962 年生，辽宁省黑山县人。现任吉林省社会科学院农村发展研究所所长、研究员，中共吉林省委决策咨询委员会委员，吉林省有突出贡献的中青年专家。北华大学、吉林财经大学客座教授、硕士研究生导师，吉林省农业农村经济研究会会长。长期从事"三农"问题和区域经济研究。1990 年以来，共完成科研成果 100 余项，其中，主持国家科委软科学课题 1 项、主持省部级课题 10 余项，在省级以上报刊发表论文 60 余篇，出版学术著作 2 部，获省部级优秀成果奖 6 项，多篇咨询报告获得中共吉林省委领导肯定性批示。

赵光远 男，1980 年生，满族。吉林省社会科学院城市发展研究所副所长、副研究员，中国软科学研究会第五届理事会常务理事。主要从事科技创新与区域发展研究。出版著作《科技创新引领区域发展》《农业信息化与新农村建设》，在省级以上报刊发表《吉林省科技创新投入对经济增长贡献的跟踪研究》《新时期科技创新引领区域发展案例研究》《赋予评价体系以人文精神》等论文 10 余篇。主持、负责完成多项省部级课题。《新时期大图们江地区开发与东北亚经济技术合作研究》获吉林省第九届哲学社会科学优秀成果（论文奖）一等奖，《吉林省提升自主创新能力的 20 条建议》获吉林省第十届哲学社会科学优秀成果（咨询成果类）一等奖。

沈　立　男，1987 年生，浙江绍兴人。中国社会科学院研究生院博士研究生，南开大学管理学学士、经济学硕士，主要从事城市经济学和房地产经济学研究。《全球城市竞争力报告》课题组、《中国城市竞争力报告》课题组以及《中国住房发展报告》课题组成员，《中国城市竞争力报告 No. 15》副主编，先后参与国家自然科学基金项目、中央及地方科研项目多项，在《经济日报》《经济参考报》等主流报纸发表文章多篇，参与撰写《全球城市竞争力报告（2017~2018）》《中国城市竞争力报告 No. 15》《中国住房发展报告（2016~2017）》等书。

李　平　女，1985 年生，满族，中国科学院东北地理与农业生态研究所人文地理学硕士，现就职于吉林省社会科学院城市发展研究所，助理研究员，主要从事城市发展与产业经济研究。先后参与国家自然科学基金、中科院知识创新工程、省级及地方项目多项。在《人文地理》《地域研究与开发》《经济地理》等期刊发表论文 10 余篇，参与撰写《吉林省城镇化报告》《东北城镇化报告》《吉林蓝皮书》《东北蓝皮书》等书。

李冬艳　女，1979 年生，吉林蛟河人，吉林省社会科学院科研处副研究员。完成各种科研成果 61 项，撰写文字 80 余万。出版《中国农业浪费问题研究》和《吉林省新农村建设实践与探索》2 部学术专著。主持参加完成课题 28 项。其中，主持省社科基金项目 1 项；主持吉林省社会科学院青年项目 3 项；主持省农业产业化项目 3 项、省农技中心项目 1 项；参加完成国家社科基金重大项目 1 项、省级项目 7 项、横向课题 4 项；参加完成院级课题 8 项。发表论文及研究报告 26 篇，其中，独立撰写的《新农村建设转型发展的路径选择》《农业补贴政策应适时调整与完善》分别发表于《社会科学战线》和《经济纵横》，此外在省级报纸杂志发表 20 余篇。

王树贵　男，1963 年生，中国科学院苏州生物医学工程技术研究所研究员，兼任吉林大学中国科技政策与科技管理研究中心副主任、《工业技术经济》杂志副主编、吉林省哲学社会科学规划学科专家、吉林省学术类会计领军人才培养咨询专家组专家、吉林省省级科技风险投资决策委员会委员等。

孙克强　男，1962 年生，江苏省社会科学院财贸研究所（江苏省金融研究院）所长，研究员。主持承担了多项省市委托课题，主编《长三角年鉴》《南京都市圈年鉴》等，研究成果得到省领导的肯定并获得省科技进步二等奖。

徐剑锋　男，1965 年生，浙江省社会科学院区域经济研究所所长，研究员，中国民主建国会会员，兼任浙江工程学院硕士研究生导师。主要研究方向为区域经济、台湾经济与产业组织学。

摘　要

　　本书分为总报告、主题报告、地级市竞争力报告、县级市竞争力报告、专题报告和外省借鉴六个部分。总报告包括2016年度吉林省地级市和县级市的竞争力排名和情况综述，全面总结了全省各市竞争力的发展概况和综合表现；主题报告以"开发区：城市转型升级的强力引擎"为主题，提出开发区是推动吉林省城市转型升级的重要突破口，要推动开发区向创新方向转、向集约集聚发展方向转、向可持续发展方向转；地级市竞争力报告汇总了吉林省8个地级市的竞争力报告，深入分析各市竞争力发展的现状与优势、问题与不足、现象与规律等内容，从而有针对性地提出促进城市竞争力提升的政策建议；县级市城市竞争力报告包括吉林省3个主要县级市的竞争力报告，从综合经济竞争力、宜居竞争力、可持续竞争力等方面分析主要县级市的竞争力发展现状及趋势，为全省各县级市明确发展方向提供决策参考；专题报告包括房价稳定保障城市发展、长春新区助力城市发展2篇研究报告；外省借鉴包括杭州城市发展经验和江苏省城市发展经验2篇研究报告。专题报告及外省借鉴均从不同角度提出了关于提高吉林省城市竞争力的对策建议。

目　录

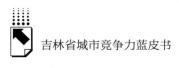
Ⅳ　县级市竞争力报告

Ⅴ　专题报告

Ⅵ　外省借鉴

皮书数据库阅读**使用指南**

总 报 告

General Reports

B.1

吉林省城市竞争力（地级市）
2016年度排名

一 2016年吉林省8个地级市综合经济竞争力

表1　2016年吉林省8个地级市综合经济竞争力排名

城市	综合经济竞争力指数	全省排名	全国排名
长春	0.147	1	45
吉林	0.069	2	139
四平	0.057	3	196
松原	0.055	4	203
通化	0.049	5	225
辽源	0.049	5	230
白城	0.041	6	254
白山	0.039	7	264

资料来源：中国社会科学院城市与竞争力指数数据库、吉林省社会科学院城乡发展指数数据库。

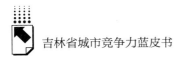

二 2016年吉林省8个地级市可持续竞争力排名

表2 2016年吉林省8个地级市可持续竞争力指数及分项指标全国排名

城市	可持续竞争力		知识城市竞争力	和谐城市竞争力	生态城市竞争力	文化城市竞争力	全域城市竞争力	信息城市竞争力
	指数	排名	排名	排名	排名	排名	排名	排名
长春	0.541	31	22	103	22	55	43	63
吉林	0.365	90	71	107	96	96	96	203
四平	0.222	208	84	178	151	249	200	246
辽源	0.206	227	255	106	137	257	118	229
通化	0.269	176	175	79	135	205	137	195
白山	0.243	191	248	9	186	235	168	206
松原	0.200	234	280	212	80	223	142	274
白城	0.186	241	186	142	146	258	273	250

资料来源：中国社会科学院城市与竞争力指数数据库、吉林省社会科学院城乡发展指数数据库。

B.2

吉林省城市竞争力（县级市）
2016年度排名

一 2016年吉林省20个县级市综合经济
竞争力排名

表1　2016年吉林省20个县级市综合经济竞争力排名

县级市	所属地市	所属地区	综合经济竞争力指数	排名	综合增量竞争力指数	排名	综合效率竞争力指数	排名
梅河口	通化市	中部	1.00	1	0.80	4	0.83	2
公主岭	四平市	中部	0.93	2	1.00	1	0.58	4
延 吉	延边朝鲜族自治州	东部	0.92	3	0.57	6	1.00	1
德 惠	长春市	中部	0.90	4	0.84	3	0.64	3
榆 树	长春市	中部	0.76	5	0.85	2	0.45	5
扶 余	松原市	西部	0.66	6	0.70	5	0.40	6
舒 兰	吉林市	中部	0.34	7	0.37	8	0.19	9
桦 甸	吉林市	中部	0.32	8	0.37	8	0.17	10
双 辽	四平市	西部	0.31	9	0.22	14	0.26	8
蛟 河	吉林市	中部	0.27	10	0.34	10	0.12	13
珲 春	延边朝鲜族自治州	东部	0.24	11	0.34	10	0.10	16
洮 南	白城市	西部	0.24	12	0.32	12	0.10	16
大 安	白城市	西部	0.23	13	0.27	13	0.11	15
临 江	白山市	东部	0.22	14	0.22	14	0.13	12
集 安	通化市	东部	0.19	15	0.18	16	0.12	13
图 们	延边朝鲜族自治州	东部	0.16	16	0.09	18	0.16	11
敦 化	延边朝鲜族自治州	东部	0.14	17	0.38	7	0.02	19
龙 井	延边朝鲜族自治州	东部	0.09	18	0.07	19	0.04	18
磐 石	吉林市	中部	0.08	19	0.00	20	0.31	7
和 龙	延边朝鲜族自治州	东部	0.05	20	0.12	17	0.00	20

资料来源：中国社会科学院城市与竞争力指数数据库、《吉林统计年鉴2009~2016》。

二 2016年吉林省20个县级市可持续竞争力排名

表2 2016年吉林省20个县级市可持续竞争力指数排名及分项指标等级

县级市	可持续竞争力		创新驱动的知识城市竞争力	公平包容的和谐城市竞争力	环境友好的生态城市竞争力	多元一本的文化城市竞争力	城乡一体的全域城市竞争力	开放便捷的信息城市竞争力
	指数	排名	等级	等级	等级	等级	等级	等级
延吉	1.00	1	★★★★★	★★★★	★★	★★★★	★★★★★	★★★★★
敦化	0.97	2	★★★★★	★★★★	★★★★	★★★★	★★	★★★★★
集安	0.95	3	★★★★	★★★	★★★★★	★★★★★	★★★	★★★★★
梅河口	0.82	4	★★★★★	★★★	★★★★★	★★	★★★★	★★★★
图们	0.80	5	★★★	★★★★★	★	★★★★★	★★★★	★★★★
珲春	0.76	6	★★★★	★★★★★	★★★	★★★★	★★★	★★★★
龙井	0.63	7	★★	★★★★★	★★	★★★	★★★	★★★
蛟河	0.53	8	★★★★	★★★	★★★★	★	★	★★
临江	0.52	9	★★★	★★★★	★	★★★	★★	★★
磐石	0.51	10	★★★	★★	★★	★	★★	★★★★
桦甸	0.45	11	★★	★★★	★★★★★	★	★	★
洮南	0.40	12	★★	★★★★	★★	★★	★	★
和龙	0.38	13	★★	★★★★★	★	★★★	★★	★
榆树	0.35	14	★★	★★★★★	★★★★★	★	★★	★
大安	0.34	15	★★	★★★	★★★	★	★	★
德惠	0.34	16	★	★	★★★★	★	★	★★★
公主岭	0.31	17	★	★★	★★★	★★	★	★★
扶余	0.30	18	★	★★	★★★★★	★	★	★
舒兰	0.27	19	★	★★	★★★	★	★	★
双辽	0.22	20	★	★★	★★	★	★	★★

资料来源：中国社会科学院城市与竞争力指数数据库、《吉林统计年鉴2015》、百度百科。

B.3
吉林省城市竞争力（地级市）
2016年度综述

崔岳春　李平*

摘　要： 2016年吉林省牢固树立和贯彻落实新发展理念，抢抓国家新一轮振兴东北老工业基地的战略机遇，深入实施"三个五"战略，全省经济运行继续保持在合理区间，呈现"缓中趋稳""稳中向好"态势。吉林省城市综合经济竞争力和可持续竞争力在全国表现较为稳定，宜居城市竞争力表现良好。未来吉林省要通过抢抓新一轮东北老工业基地振兴的战略机遇，加快对传统优势产业的转型升级，重点培育战略性新兴产业，经济社会发展的动能将会不断聚集和释放，全省城市的综合经济竞争力和可持续竞争力必将进一步提升。

关键词： 吉林省　综合经济竞争力　可持续竞争力　转型升级

2016年是"十三五"开局之年，国际国内发展环境依然错综复杂，国际金融市场不稳定，国内产业结构性问题较为突出，东北经济下行压力持续加大，吉林省经济发展经受住了严峻考验。吉林省牢固树立和贯彻落实新发展理念，抢抓国家新一轮振兴东北老工业基地的战略机遇，深入实施"三个五"战略，全省经济运行继续保持在合理区间，呈现"缓中趋稳""稳中

* 崔岳春，吉林省社会科学院城市发展研究所所长、研究员，研究方向：区域经济、数量经济；李平，吉林省社会科学院城市发展研究所助理研究员，研究方向：城市发展与产业经济。

向好"态势，实现地区生产总值 14886.23 亿元，比上年增长 6.9%，增速处于东北三省领先地位，科技进步对经济增长的贡献率达到 53.6%，发展质量和效益有所提升，实现了"十三五"的良好开局。反映在吉林省城市竞争力上，2016 年吉林省城市综合经济竞争力和可持续竞争力在全国表现较为稳定，省会长春市的综合经济竞争力全国排名第 45 位、可持续竞争力全国排名第 31 位、宜居城市竞争力全国排名第 39 位；吉林市的综合经济竞争力在全国排名第 139 位、可持续竞争力在全国排名第 90 位、宜居城市竞争力在全国排名第 48 位；其他城市的综合经济竞争力排在全国第 196 ~264 位、可持续竞争力排在全国第 176 ~241 位、宜居城市竞争力排在全国第 68 ~165 位，宜居城市竞争力表现良好。未来，随着国家"一带一路"倡议的扎实推进以及供给侧结构性改革的持续深化，吉林省通过抢抓新一轮东北老工业基地振兴的战略机遇，深入实施东、中、西区域协调发展战略，继续深化国有企业改革，加快对传统优势产业的转型升级，重点培育战略性新兴产业，新的经济发展动能正在逐渐形成，加之吉林省优越的地理区位条件、丰富的自然资源和良好的科教人才优势，经济社会发展的动能将会不断聚集和释放，全省城市的综合经济竞争力和可持续竞争力必将进一步提升。

一　现状与格局

（一）"新发展"理念下的城市发展新机遇

1. 经济增长"稳中向好"，城市综合实力持续增强

东北地区是我国最重要的重工业基地之一，曾被誉为"共和国的长子"，对全国的经济建设和发展起到了重要的支撑作用。近年来，受国际市场需求持续低迷、国内经济结构转型调整的影响，东北地区形势错综复杂，经济下行压力依然较大，经济发展状况不容乐观，老工业基地发展遭遇困境。2016 年，国务院先后出台了《关于全面振兴东北地区等老工业基地的

若干意见》和《关于深入推进实施新一轮东北振兴战略部署、加快推动东北地区经济企稳向好若干重要举措的意见》（国发〔2016〕62号），制定了一系列具体政策措施，旨在进一步推动东北地区经济发展企稳向好。从2016年的经济运行情况来看，新一轮东北振兴的重大政策措施正在逐渐地发挥作用，东北三省的经济运行正处在筑底企稳过程中，但经济增长的速度依然偏低。同时，也应注意到，东北三省内部也呈现出不同的发展态势。2016年，吉林省实现地区生产总值14886.23亿元，比上年增长6.9%，其中，第一产业增加值1498.52亿元，比上年增长3.8%；第二产业增加值7147.18亿元，比上年增长6.1%；第三产业增加值6240.53亿元，增长速度最快，比上年增长8.9%。与辽宁和黑龙江省相比，吉林省的经济增长呈现"稳中向好"的态势，较其他两省赢得了经济增长的相对优势。2016年，吉林省全社会固定资产投资13923.20亿元，比上年增长9.6%，社会消费品零售总额7310.42亿元，比上年增长25.7%，累计实现外贸进出口总额1216.91亿元，比上年增长3.8%。可以看出，吉林省的投资、消费、外贸也都呈现相对较好的发展势头，均已超过全国的平均水平，城市的综合实力在持续增强，这为吉林省城市经济的快速发展奠定了良好的基础。

2. 供给侧结构性改革持续深化，加快新旧动能有序转换

供给侧结构性改革是适应和引领经济发展新常态的重大创新，在2017年的政府工作报告中，李克强总理明确指出要坚持推进供给侧结构性改革，把改善供给侧结构性改革作为未来经济发展的主攻方向，进而推动我国经济持续健康发展。吉林省作为老工业基地，主动适应经济发展新常态，充分发挥资源、生态、科技、人才、人文等优势，加快创新、统筹、绿色、开放、安全五大发展，大力推进结构性改革，扩大有效供给，提高供给质量。吉林省围绕结构调整目标，稳步推进传统产业技术改造升级，供给侧结构性改革对增强经济发展内生动力效果正在逐步显现，2016年吉林省技术改造投资占工业投资的比重达到60%，启动培育和发展战略性新兴产业三年行动计划，战略性新兴产业产值实现年增长7.7%，同时，大力发展服务业，服务业增加值占GDP的比重达到41.9%，加大对民营经济的扶持力度，全省民

营经济增加值7651.5亿元，占全省地区生产总值的51.4%，经济持续稳定增长。目前，吉林省已初步形成了汽车、石化、农产品加工三大支柱产业，发展壮大了医药健康、装备制造、建筑、旅游四个优势产业，培育航空航天装备、新一代信息技术、高性能医药器械、新材料等一批战略性新兴产业，有效促进新旧动能有序转换，增强经济持续增长动力。

3. 东、中、西"三板块"协调发展，为城市发展积蓄空间动能

立足于区位、资源、产业、生态等实际，吉林省在区域发展方面谋划了区域东、中、西协调发展战略。近年来，吉林省深入实施东、中、西区域协调发展战略，统筹区域协调发展，先后颁发了《吉林省西部生态经济区规划》《吉林省东部绿色转型发展区总体规划》《吉林省中部创新转型核心区总体规划》，协调推进东、中、西三大板块建设，推动形成区域发展战略协调、主体功能约束有效、资源环境可持续的空间发展格局。全面加强吉林省东部绿色转型发展区的建设，推进生态恢复、绿色产业、内联外通等五大先导工程，有助于东部地区以长白山为龙头，进一步整合旅游资源，培育精品旅游线路，构建大旅游格局，吉林东部地区有望建设成为全国绿色发展示范区；在吉林中部创新转型核心区的规划基础上，加快对已有产业的提升，完善基础设施建设，促进产业转型、城市转型，加快建设长春新区、长吉产业创新发展示范区、长春国家级自主创新示范区等创新平台载体，有利于推动创新资源和创新成果向企业和园区集聚转化，进而形成新能源汽车、轨道客车、光电子、医药健康、大数据、生物化工等产业创新链，形成新的经济增长点；着力推进吉林西部生态经济区建设，促进生态产业发展，进而建立高效生态产业体系，积极发展绿色农产品加工、油气开采加工、清洁能源、装备制造、生物医药、生态旅游等优势产业，推动吉林西部加速建成高效生态经济区。2016年2月国家批复了《哈长城市群发展规划》，哈长城市群上升为国家级城市群，有利于加快构建城市群体系，增强长春、吉林两城市的核心带动作用，优化和提升重点城镇功能，形成功能完备、布局合理的城镇体系和区域协调发展的格局，这为吉林省城市的协调发展积蓄了空间动能，是吉林省振兴发展的一次重大机遇。

4. 坚持创新驱动发展，增强城市发展内生动力

党的十八大明确提出"科技创新是提高社会生产力和综合国力的战略支撑"，坚定不移地实施创新驱动发展战略。在我国经济发展新常态的大背景下，创新驱动对区域经济发展起着举足轻重的作用。2016 年 5 月中共中央、国务院印发了《国家创新驱动发展战略纲要》，对创新驱动的战略意义、战略要求、战略部署、战略任务等做了全面部署。创新发展成为我国发展的主旋律，多省市已将创新驱动发展作为未来的工作重点。对此，在新一轮东北振兴的大背景下，吉林省面对经济发展新常态和经济下行压力，提出实施创新驱动发展战略，加快结构调整和转型发展，由要素驱动向创新驱动转变，实现更高质量、更有效率的发展。2016 年，中共吉林省委、吉林省人民政府出台了《关于深入实施创新驱动发展战略推动老工业基地全面振兴的若干意见》（吉发〔2016〕26 号），旨在优化创新驱动发展的制度环境和政策体系，激发社会创新活力和创业的热情，促进人才、技术、资本等创新要素的自由流动，提升创新对经济社会发展的拉动作用，加之吉林省拥有良好的科学教育资源，科研力量雄厚，人才资源较为丰富，具备较强的科技创新基础能力，这必将激发城市的创新活力和创造潜能，进而增强城市发展的内生动力，促进吉林省经济社会发展有质量、有效益，进而实现可持续发展。

5. 融入国家"一带一路"倡议，加快开放便捷的信息城市建设步伐

吉林省被国家定位为我国向北开放的重要窗口、"一带一路"中蒙俄经济走廊的重要支撑区和东北对外开放的示范区。其中 10 个边境县被国家纳入延边地区开发开放重点规划，长春国家级新区获批，通化国际内陆港务区实现通关运营，延龙图新区也正式成立，这都为吉林省城市的开放发展带来了前所未有的机遇。2016 年，吉林省实现外贸进出口总额 1216.91 亿元，其中，出口总额 277.4 亿元，进口总额 939.51 亿元，引进域外资金和实际利用外资分别增长 12% 和 10%，吉林省的对外开放水平和层次有所提升。为此，在对外合作方面，吉林省应深入参与和融入"一带一路"建设，广泛开展东北亚地区经贸合作，优化对外贸易结构。加大开发东北亚区域境外

市场，强化与俄远东开发开放战略衔接，广泛开展能源资源等领域合作，带动吉林省汽车、轨道交通、石油化工等优势产能"走出去"和能源资源引进利用；进一步畅通对外通道，通过"借港出海"拓展海上丝绸之路，构建沿边开放国际大通道。畅通中蒙俄经济走廊，开拓入蒙达欧的陆路通道。加快空中开放通道建设，开辟连接东北亚乃至世界各国的空中定期和包机航线。不断提高交通基础设施内外联运水平，逐渐形成东北亚大通道枢纽，对吉林省扩大对外开放提供强大支撑，进而构建吉林省对外开放新格局。

（二）2016年吉林省城市竞争力的总体格局

1. 综合经济竞争力

2016 年，吉林省城市的综合经济竞争力指数均值为 0.063，较上年指数有所下降，略低于东北城市该项指数均值 0.064，处于全国中下游水平。其中，长春在全国排名第 45 位，虽比上年有所下降，但仍跻身综合经济竞争力城市前列；吉林市排在全国第 139 位，比上年有所下降；四平市排在全国第 196 位，其他地级市的排名落在全国第 203～264 位。总体来看，2016 年全省所有城市综合经济竞争力在全国排名均有不同程度的下降，吉林省的经济整体水平在全国排名相对落后。综合增量竞争力指数均值为 0.084，较上年的 0.102 有所下降，综合效率竞争力指数均值为 0.004，与上年基本持平。总体来看，吉林省城市综合竞争力排名虽在全国有所下滑，经济发展水平相对落后，但经济发展企稳向好，综合效率竞争力表现相对稳定。因此，应以提高发展质量和效益为中心，继续坚持以推进供给侧结构性改革为主线，推进产业结构调整，鼓励创新创业，深化体制机制改革，努力促进经济平稳健康发展和社会和谐稳定。

2. 可持续竞争力

2016 年，吉林省城市的可持续竞争力指数均值为 0.279，比上年的 0.302 有所下降，低于东北城市该项指数均值 0.323，可持续竞争力与综合经济竞争力排名相似，处于全国中下游水平。在全省城市中，长春市的可持续竞争力指数名列全省第 1 位，东北地区第 3 位，全国第 31 位，与上年相比位次有所提升，跻身全国可持续竞争力城市前列。吉林市的可持续竞争力指数排名全省第 2 位、东北地区第 11 位、全国第 90 位，其他地级城市的可持续竞争力均名列全国第 170 位以后。从可持续竞争力指数的分项来看，2016 年，吉林省和谐城市竞争力表现较好，白山市和谐城市竞争力排名全国第 9 位，其他城市排名也较为靠前，表明吉林省各市能够围绕群众关心的突出问题，切实保障和改善民生，促进社会公平正义；知识城市竞争力表现稳中有升，长春、吉林、四平三座城市进入全国前 100 名，长春市列全国第 22 位，表明吉林省的科技、教育等资源对经济增长的贡献有所显现，形成了现实的知识竞争力；生态城市竞争力表现相对较好，长春、吉林、松原在全国排名位于 100 以内，其余地级城市也均排在全国 200 名以内，可以看出，这与全省加快生态省建设、稳步推进东部绿色转型发展和西部生态经济区建设息息相关；全域城市竞争力表现相对稳定，长春、吉林、白山、松原在全国排名较上年有所提升，其余地级市排名有小幅下降，说明吉林省在稳步提高城乡居民收入、推动城乡协调发展方面取得了一定的成效；信息城市竞争力表现相对较差，长春、吉林、四平、松原、白城的信息城市竞争力在全国的排名均有所下降，长春居全国第 63 位，与上年的第 32 位相比，下降幅度较大，表明吉林省的信息化建设滞后于经济发展，信息化建设任重道远。由此可见，增强吉林省城市可持续发展的后劲，仍是未来城市建设的重点和难点。

3. 宜居城市竞争力

2016 年，宜居城市竞争力指标体系更加注重城市在教育、医疗等公共服务以及经济活力上的表现，吉林省宜居城市竞争力指数均值为 0.503，与上年相比有较大幅度提升。从各城市来看，长春市宜居城市竞争力指数为 0.656，居吉林省第 1 位、东北第 3 位、全国第 39 位，健康、教育及医疗方面的出众表现使长春市宜居竞争力提升很快，在全国属于宜居城市竞争力较为领先的城市；吉林市宜居城市竞争力指数为 0.613，居吉林省第 2 位、东北第 5 位、全国第 48 位，排名较为靠前，得益于其优质的教育环境和良好的医疗环境；白山市宜居城市竞争力指数为 0.564，居吉林省第 3 位、东北

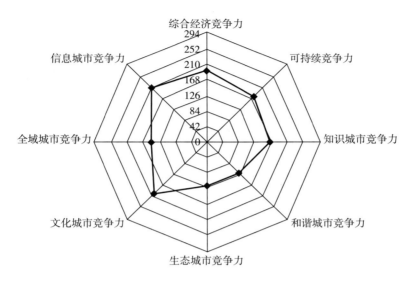

图1 2016年吉林省城市竞争力全国排名雷达图

资料来源：中国社会科学院城市与竞争力指数数据库。

第8位、全国第68位，安全的社会环境和便捷的基础设施表现优异；其余地级市宜居城市竞争力指数位于吉林省指数均值以下，全国排名在第100～200位。

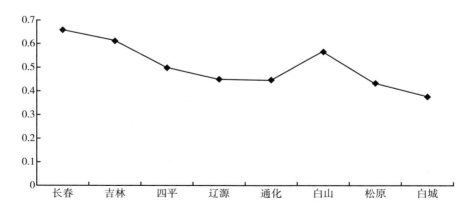

图2 2016年吉林省宜居城市竞争力指数

资料来源：中国社会科学院城市与竞争力指数数据库。

二 问题与挑战

（一）城市间发展不平衡，"一强多弱"的基本格局仍未改善

2016 年，吉林省实现地区生产总值 14886.23 亿元，比上年增长 6.9%，略高于全国 6.7% 的平均水平，综合经济竞争力指数均值为 0.063，位于全国中等偏下水平。从吉林省各城市综合经济竞争力指数和排名来看，仅省会长春综合经济竞争力较强，居全国第 45 位，且在全国前 100 名的仅有长春市，吉林市和四平市排名分别在全国第 139 位和第 196 位，其余地级城市在全国排名均在 200 名以外。相比较而言，长春经济发展较快，其他城市发展相对较慢，长春与其他城市之间的差距依然较大，核心城市的辐射带动作用未能充分发挥。吉林省城市可持续竞争力指数均值为 0.279，位于全国中下游，从可持续竞争力指数的分项指标来看，城市间发展的不平衡问题依然存在。具体来讲，全省城市在知识、文化和信息竞争力方面发展水平差距较大，尤其在知识城市竞争力方面，长春排名最前，居全国第 22 位；松原排名靠后，居全国第 280 位；其他城市排名也均较为靠后，各城市在知识创新、多元文化和信息建设方面差距较大，除长春以外，吉林省城市普遍不具备竞争优势。城市间生态城市竞争力发展的不平衡有所改善，大部分城市排名在全国前 150 名。由此可见，吉林省"一强多弱"的基本发展格局仍未有效改善，城市群联动协调发展有待进一步提升，区域经济增长极较为单一。

（二）可持续竞争力缺乏支柱性优势，文化、信息城市建设亟待加强

吉林省多数城市在知识城市竞争力和生态城市竞争力方面表现优异，长春知识城市竞争力和生态城市竞争力均居全国第 22 位，吉林市知识城市竞争力和生态城市竞争力分别排名全国第 71 位和第 96 位，其他城市在知识城

市竞争力、生态竞争力方面排名也较靠前，但吉林省大部分城市在文化、信息城市竞争力方面依然存在严重短板，多数城市这几项竞争力排名均处于全国中下游水平。具体来讲，在文化城市竞争力方面，除长春市和吉林市两城市位于全国前 100 名，其余 6 个地级市由于历史文化指数、城市知名度的限制，均位于全国 200 名之后，文化城市竞争力亟待加强。在信息城市竞争力方面，除长春排全国第 63 位外，其余城市均表现较差，排名均在接近第 200 位及 200 位以后。虽然吉林省各城市积极推进信息基础设施建设，扩大信息技术在智慧政务、智慧民生、智慧交通等领域的应用，但大部分城市的信息建设收效仍不明显，需着力加强后续推进工作。由此可见，吉林省各城市知识城市竞争力的优势未能表现在信息城市竞争力中，文化城市竞争力的短板制约着生态城市竞争力优势的发挥，吉林省的可持续竞争力缺乏支柱性优势，知识城市竞争力与生态城市竞争力的优势未能带动可持续竞争力全面发展，知识城市竞争力和生态城市竞争力的优势同样需要进一步的挖掘和发挥。

（三）宜居城市竞争力有所提升，基础设施成为"宜居城市"短板

2016 年，宜居城市竞争力 7 个指标维度分别为优质的教育环境、健康的医疗环境、安全的社会环境、绿色的生态环境、舒适的居住环境、便捷的基础设施和活跃的经济环境，与往年相比宜居城市竞争力增加了教育环境和医疗环境两项指标。2016 年吉林省宜居城市竞争力指数均值为 0.503，与综合经济竞争力和可持续竞争力相比，吉林省宜居城市竞争力显著提升，省会长春宜居城市竞争力居全国第 39 位，其中，优质的教育环境在全国排第 8 位，健康的医疗环境在全国排第 19 位。吉林市宜居环境竞争力在全国排第 48 位，教育环境和医疗环境排名也较为靠前。从宜居城市竞争力的各项指标可以看出，即便吉林省拥有较好的环境资源禀赋，省内多个城市绿地面积、空气质量等指标都远超全国平均水平，但是生态环境的优势并未在宜居城市竞争力中得到明显的表现，其主要原因是吉林省的基础设施相对落后，公共服务水平相对不高。近年来，虽然吉林省加大对基础设施和公共服务设

施的建设力度，但城市公共基础设施建设依然缓慢，公共交通、城市道路、移动通信、环境卫生等相关公共基础设施建设进度迟缓。从各项具体指标来看，基础设施服务水平较低成为制约吉林省宜居城市竞争力提升的首要因素，全省大部分城市在排水管道密度、千人互联网宽带接入数等指标上表现较差。因此，各地政府需着力提升现有基础设施服务供给能力，提高基础设施服务水平。

（四）产业结构刚性特征明显，结构调整仍然面临严峻挑战

在我国部分重工业产能仍然过剩的宏观经济背景下，吉林省作为老工业基地和农业大省，产业结构刚性特征明显，经济结构与经济效益有待进一步优化提升。2016年吉林省三次产业的结构比例为10.1∶48.0∶41.9，对经济增长的贡献率分别为6.3%、43.8%、49.9%。近年来，吉林省虽然大力推进结构调整，着力改造提升传统产业，加快培育新经济、发展新业态，促进新旧动能有序转换，但是，依然存在第二产业占比过高且产业结构偏重工化、过度依赖少数产业的发展和带动、发展模式过度依赖资源、服务业以及高新技术产业增长缓慢等问题。例如，在工业内部，汽车产业作为吉林的传统主导产业占据省会长春工业增加值的60%以上，这使吉林省的经济增长在一定程度上要依赖汽车制造业，"一柱擎天"问题突出。此外，吉林省虽然近年来出台了多项政策措施，加快推进国有企业改革，但依然存在国有企业市场化程度低、活力不足、效率低下的问题，无资产、无生产、无偿债能力的"三无"僵尸企业数量不断增长。针对吉林省产业结构不优、工业经济增长乏力、新兴产业接续能力不强、现代服务业发展缓慢和国有企业效率低下等问题，应抓住新一轮科技革命和产业变革机遇，加快构建现代产业体系，以智能制造为引领，推进工业转型升级，加快发展现代服务业，促进经济结构调整和产业结构优化升级。

（五）通道建设相对滞后，城市对外开放水平有待提高

《推动共建丝绸之路经济带和21世纪海上丝绸之路的愿景与行动》作

为国家战略于2015年3月正式公布，其赋予吉林省"一带一路"建设向北开放的重要窗口的战略地位。吉林省地处东北亚几何中心、中国东北的中部，随着国家"一带一路"倡议的深入实施，吉林省高度重视"走出去"各项工作，大力推进优势产业国际产能合作。加快企业"走出去"步伐，对于构建吉林省开放型经济新机制、推动新一轮吉林老工业基地振兴具有重要意义。但是，吉林省通道设施建设相对滞后，机场、铁路、高速公路等基础设施还没有形成完整网络。吉林省虽拥有国内一流的汽车、轨道客车等高端制造产业集群，但受制于交通条件，人流物流成本较高，发展外贸经济存在较多"梗阻"，吉林省的通道建设需进一步加强。从2016年吉林省各城市的外贸依存度来看，除长春高于东北三省指数均值以外，其他城市外贸依存度均低于东北三省指数均值；从2016年吉林省国际商旅人员数来看，同样如此，仅长春高于东北三省指数均值，其他城市与东北三省平均水平存在较大差距。因此，吉林省应加快与周边及海外互联互通，向东，由珲春入海，联通东北亚的韩国、日本等；向西，通过"长满欧""长珲欧"等中欧班列沟通欧洲；向南，通过航空、铁路、高速公路、港口等融入环渤海经济带，逐步形成外向型发展格局。

三 趋势与政策建议

（一）深入实施创新驱动发展战略，构筑以创新为引领的经济体系

"十三五"时期是吉林省全面振兴发展的攻坚时期，必须把创新摆在振兴发展的核心位置，深入实施创新驱动发展战略，突出科技创新核心地位，引领和带动产业创新、企业创新、市场创新、产品创新、业态创新、管理创新，推动形成以创新为主要引领和支撑的经济体系和发展模式，促进产业转型升级，将创新贯穿吉林省经济社会发展的全过程和各领域，实现吉林省经济在创新中转型、在转型中提质、在提质中增效。具体来讲，一是推进科技创新与产业发展深度融合。科技创新是产业转型升级的根本动力，充分

发挥吉林省高校和科研院所的科技优势，支持吉林大学、东北师范大学打造世界一流学科，争创世界一流大学，推动高校及科研机构的科研成果转化，支持科研人员和企业家有效对接，推进科技创新与产业发展深度融合，重点推动现代农业、汽车制造、石油化工、医药健康等产业技术创新，在以市场为导向的机制下，通过产学研一体化协同创新加快提升吉林省的科技创新水平。二是促进新旧动能转换，发现并培育新的经济增长极。充分发挥吉林省工业门类齐全、产业基础雄厚的优势，用新技术改造提升农产品加工、汽车制造、石油化工等传统支柱产业，大力培育和壮大轨道客车、医药健康、新材料、高端装备制造、云计算等战略性新兴产业，促进新旧动能接续转换。发展智能制造，抓好长春"中国制造2025"试点示范，促进产业转型升级。三是创新体制机制，营造良好的创新氛围。营造鼓励探索、尊重人才、尊重创造的氛围，形成人人崇尚创新、人人希望创新、人人皆可创新的社会氛围。大力支持长春光机所、应化所创建国家实验室，争取长春"双创"示范基地和国家自主创新示范区获批。推动吉林省内科研机构与国际知名技术转移机构开展深层次的合作，围绕吉林省重点产业引进国外先进适用的科技成果，合作共同建设科技创新基地，支持中外联合共建研究中心和科技园区。

（二）加快发展生态旅游、健康养老等现代服务业，培育经济增长新动能

当前，我国的经济发展进入新常态，传统的经济增长动力正在逐渐减弱，而服务业与工业和农业相比，对生产要素的依赖相对较小，具有占地少、能耗少、使用资源少、排污少的特点，对释放供给侧活力和动力有着天然条件，对扩大就业、产生绿色 GDP 有着积极的贡献。立足于吉林省产业基础和良好的资源环境禀赋，强化产业集聚，促进产业融合，着力发展现代物流、金融服务、研发设计、旅游文化、健康养老等现代服务业，打造吉林特色的服务业发展之路，将现代服务业发展成为吉林省稳增长、攒后劲的新引擎。具体来讲，一是大力发展生态旅游业。围绕吉林省建设生态旅游大省

与冰雪旅游强省的目标，深入推动旅游业供给侧结构性改革，重点发展森林生态、冰雪运动、边境特色、民俗文化、休闲农业、红色旅游等旅游产品，深入实施"旅游＋"，促进产业融合发展，不断地提升吉林省旅游业发展的质量和生态文明建设水平，加快实现吉林省由旅游资源大省向旅游经济强省转变的步伐。二是培育发展健康养老服务业。当前，在我国人口增速放缓、人口老龄化的大背景下，吉林省同样面临人口老龄化的问题，吉林应加快建设全方位的社会养老服务供给体系，大力发展社区居家养老服务，搭建社区养老服务平台。鼓励社会力量兴办养老机构，鼓励社会力量加强与社区、企业的合作，搭建社会养老服务平台。大力培育健康养老服务新型业态，引导医疗康复、文化教育、家庭服务、休闲旅游等相关行业参与健康养老服务，促进健康养老服务市场快速发展。三是统筹推进生产性服务业和生活性服务业全面发展，打造服务业全产业链。依托产业基础、区位特色和资源环境条件，推动区域中心城市服务业高端化发展。长春市、吉林市两个区域中心城市，加强政策扶持和平台建设，不断扩大集聚规模，加快形成制造业和服务业"双轮驱动"的产业格局，实现服务业发展与经济社会转型相适应，与产业结构调整相适应，与消费需求升级相适应。

（三）大力实施"开放带动"战略，加快构建开放型经济体制

当前，我国经济发展进入新常态，东北地区发展面临新的困难和问题，东北地区经济发展速度明显下滑，滞后于全国平均水平。《推进东北地区等老工业基地振兴三年滚动实施方案（2016—2018年)》提出把沿海沿边开放和境外资源开发、区域经济合作、承接国内外产业转移结合起来，支持符合条件的地区建设边境贸易中心、经济合作区、出口加工区、进口资源加工区。吉林省地处东北亚区域几何中心，从珲春沿图们江而下15公里即是日本海，是我国从海上至俄罗斯、朝鲜东海岸、日本西海岸乃至北欧的最近点。因此结合国家"一带一路"、"长吉图开发开放先导区"、国家级"长春新区"，大力实施"开放带动战略"，进一步扩大对内对外开放，加快构建开放型经济体制。具体来讲，一是积极融入国家"一带一路"倡议，围绕

打造"丝路吉林"大通道，积极对接对俄"滨海2号"交通走廊，在"长满欧"班列基础上，推进长春经珲春到欧洲的"长珲欧"国际班列开通，加快推进基础设施互联互通，畅通通道，减少吉林省及东北地区企业的运输成本。二是积极参与中蒙俄经济走廊建设，推动吉林省优势产能和优质装备"走出去"。着眼全球经济发展新格局，将吉林省产业优势与俄罗斯、蒙古等国的需求相结合，推动优势产能"走出去"，延伸境外投资产业链和价值链，创新对外合作机制，加快建设一批境外经贸合作园区，谋划一批重大建设项目，加速企业境外产业集群发展，有力促进吉林省经济发展、产业转型升级，拓展产业发展新空间，打造经济增长新动力，构建吉林省开放型经济新机制。三是在对内开放方面，全面深化向东、向南开放，进一步加强与京津冀协同发展等战略的有效对接，深化与浙江省、天津市多领域的对口合作，加快长吉图开发开放先导区建设步伐，大力打造"长平经济带"、"白通丹经济带"和"四辽铁通经济协作区"，发挥平台引领示范作用，抓好国家级新区——长春新区、中新吉林食品区等重要平台的建设，进一步完善珲春国际合作示范区的功能，加快通化国际内陆港务区的建设步伐，推动延龙图新区建设。

（四）持续发力加强生态环境建设，构筑可持续发展长效机制

习近平总书记提出"绿水青山就是金山银山"的科学论断。吉林省应发挥山清水秀的生态优势，坚持绿色发展理念，加强生态建设和环境保护，构筑可持续发展长效机制，提升宜居城市竞争力。具体来讲，一是创新发展理念，优化国土空间结构，持续推进东部绿色转型发展区、中部创新转型核心区和西部生态经济区建设。东部绿色转型发展区要充分发挥吉林省东部长白山森林覆盖率高、松花江流域水资源富集的优势，推进生态恢复和保育，发展绿色产业、推进沿边开放，发展生态旅游等先导工程。加快中部创新转型核心区建设，推动工业向高端和智能方面绿色转型，农业向规模化、高效化转型，服务业向高端、集聚发展转型，城市向智慧、绿色、人文转型。西部生态经济区充分发挥吉林省西部湖泊湿地和自然保护区众多的资源优势，

进一步实施河湖连通、盐碱地综合治理、绿化造林，提升生态调节功能，加快构建现代高效的生态产业体系。二是做大做强生态绿色产业，围绕"环保、节能、资源利用"等领域，发展绿色经济，使生态资源优势转化为吉林省未来发展的优势，让优美良好的生态环境成为未来提高人民生活质量的重要增长点，使之成为吉林省转变发展方式的支撑点。三是推进绿色城镇建设。根据吉林省各城市的资源环境承载能力，加强城市的规划、建设和管理，树立低碳、绿色发展理念，大力推广绿色建筑、使用绿色能源、倡导绿色出行，构建绿色生产、生活方式和消费方式，形成人与自然和谐发展的城市建设格局，从而形成可持续发展的长效新机制。四是加强市政基础设施和公共服务设施建设，改善城市功能配套设施，构建完善的交通网络，合理规划和布局城市道路，完善市政管网，重点实施城市综合管廊建设、标准街路、城市水系等工程，建设绿色城市、智慧城市、森林城市、海绵城市，提升城市综合功能和建设品位，提高宜居城市竞争力，吸引更多高层次人才在吉林省就业。

（五）增强高端要素集聚能力，多元要素支撑城市转型发展

产业升级的过程也是高端要素不断集聚提升的过程。人才、科技、资本等高端要素是构建知识密集型高新技术产业的基础，是推动城市转型发展的重要动力，提升城市对高端要素的集聚能力和使用效率，有助于城市在更高层次上获得更大的集聚效应，从而提升城市竞争优势。具体来讲，首先，加大力度引进高层次人才。高层次人才是驱动创新的根本，完善引进先进技术和高端人才的机制，创造良好的政策空间，形成广纳人才的制度体系，进一步完善人才集聚平台，如在特色小镇的建设过程中，赋予其研发、旅游、文化和社区等功能，同时，完善教育、医疗、住房等服务，增强对高层次人才的吸引力。重点引进与吉林省产业发展相适应的信息技术、文化创意、科技研发、检验检测等方面的高精尖人才和实用性人才，继续实施技能名师和长白山学者计划。其次，科技创新是城市发展的"核动力"，为科技创新培育优良的政策环境。打造综合创新生态体系，建设高效的科技服务体系，建设

吉林省科技大市场，打造东北技术转移中心，建设集研发路线设计、技术转移服务、专利综合服务等多种功能于一体的综合性科技创新服务平台，进而实现政府的政策创新链与高校、企业的科技创新链无缝对接。最后，完善金融服务体系。积极引进知名金融机构进驻吉林省，支持互联网金融、融资租赁等机构发展。推进金融产业集聚发展，积极打造金融街，推进东北亚区域性金融服务中心、区域性财富管理中心等重点项目的建设，进而推动产业的高端发展。加强资本市场融资服务，推动"银政企保"对接，进而缓解民营企业融资难、融资贵问题。未来，加快长春市东北亚中心城市建设步伐，进而带动吉林省大中城市对人才、科技、资本等高端要素的集聚能力，助推城市转型发展。

参考文献

倪鹏飞主编《中国城市竞争力报告 NO. 15》，中国社会科学出版社，2017。

倪鹏飞主编《中国城市竞争力报告 NO. 14》，中国社会科学出版社，2016。

倪鹏飞主编《中国城市竞争力报告 NO. 13》，社会科学文献出版社，2015。

倪鹏飞主编《中国城市竞争力报告 NO. 12》，社会科学文献出版社，2014。

中国科学院：《中国宜居城市研究报告》，2017。

《2017 年吉林省政府工作报告》，吉林省人民政府网。

《2016 年吉林省国民经济和社会发展统计公报》，吉林统计信息网。

《吉林省国民经济和社会发展第十三个五年规划纲要》，吉林省人民政府网。

《吉林省科学技术发展"十三五"规划》，吉林省人民政府网。

《吉林省服务业发展"十三五"规划》，吉林省人民政府网。

《吉林省旅游业发展"十三五"规划》，吉林省人民政府网。

《吉林省西部生态经济区总体规划》，吉林省政报网。

B.4
吉林省城市竞争力（县级市）
2016年度综述

张 磊 李冬艳*

摘 要： 县级市上接大中城市，下连小城镇和广大农村，是吉林省经济社会发展的重要支撑，起着缓解大中城市压力，带动、引导和促进县域经济、社会各项事业发展的作用，在吉林省经济与社会发展中的地位越发显著。本报告在深刻分析县级市综合经济竞争力发展优势、县级市可持续竞争力发展优势基础上，找出问题与不足、总结现象与规律、提出对策与建议，以促进县级市充分发挥自身优势，实现跨越式发展。

关键词： 县级市 竞争力 供给侧结构性改革

　　吉林省有县级市20个，包括吉林省东部地区的延吉、珲春、图们、龙井、和龙、敦化、临江、集安，中部地区的梅河口、公主岭、榆树、德惠、蛟河、磐石、桦甸、舒兰，西部地区的扶余、大安、洮南、双辽。2016年是"十三五"规划的开局之年，也是推进供给侧结构性改革的攻坚之年。吉林省面临国内外发展形势的变化，抓住国家政策支持的机遇，提振信心，奋发努力，为扎实推进新一轮振兴发展、全面建成小康社会奠定良好基础。吉林省积极扩大和培育经济中的新增长点，促进新旧动能转换，经济内生动

---

　　* 张磊，吉林省社会科学院农村发展研究所所长、研究员，主要研究方向："三农"问题、区域经济；李冬艳，吉林省社会科学院科研处副研究员，研究方向：区域经济与农村发展。

力得到有效激发，全省经济运行呈现筑底企稳、稳中有升的态势（见图1），产业结构进一步调整，供给侧改革取得实效，国企改革顺利推进，营商环境显著改善，民生保障持续增强，实现了"十三五"的平稳开局。县级市作为县级区域的政治、经济、文化、信息的中心，上接大中城市，下连小城镇和广大农村，是全省经济社会发展的重要支撑，起着缓解大中城市压力，带动、引导和促进县域经济、社会各项事业发展的作用，在吉林省经济与社会发展中的地位越发显著。

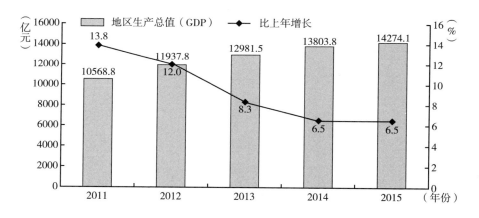

图1 2011～2015年吉林省地区生产总值及其增长速度

资料来源：《2015年吉林省国民经济和社会发展统计公报》。

2011～2015年，全省20个县级市GDP年均增速15%以上，高于全省GDP的年均增速近6个百分点。各县级市地方财政实力不断增强，产业经济结构逐步优化升级。尽管吉林省县级市经济不断进步，但在全省整个经济体中，仍然存在整体经济实力不强、民营经济发展受短板制约、各县级市经济结构单一、东中西部区域发展不平衡等问题。鉴于吉林省县级市在全省经济发展中的地位和作用，分析县级市综合经济竞争力和可持续竞争力的发展现实情况，找出存在的问题与面临的挑战，在进一步发挥优势竞争力的基础上，找准吉林省县级市的发展对策，促进吉林省县级市的持续快速健康发展，进而推动全省经济逐渐筑底、企稳、回升，实现吉林省经济振兴发展。

一　格局与优势

（一）总体概况

2015 年，九台市变更为九台区，让吉林省县级市由 21 个变成 20 个，全省县级市所有指标发生较明显变化。吉林省 20 个县级市行政区划面积占全省的 47%、占县域的 51%，分别较 2014 年降低 1.8 个和 1 个百分点；总人口占全省的 37%、占县域的 57%，分别较 2014 年降低 2.6 个和 1.5 个百分点；非农业人口占全省的 29%、占县域的 61%，分别较 2014 年降低 3 个和 2.3 个百分点。2015 年，20 个县级市地区生产总值 4245 亿元，占全省的 30%，占整个县域的 58%。人均地区生产总值达到 43141.9 元，高于县域整体水平 794 元，较上年增加 995 元；占全省人均地区生产总值的 81.63%，较上年下降 1.7 个百分点。社会消费品零售总额 1733.5 亿元，占全省的 26%、占县域的 63%；地方财政收入 214.5 亿元，占全省的 17%，较 2014 年降低 1.7 个百分点；占县域的 62%，与上年持平。固定资产投资完成 3326 亿元，比上年增加 7.15%，固定资产投资占全省的 26%，占整个县域的 58%。县级市实现出口总额 163714 万美元，占整个县域的 77%、占全省的 6%，比 2014 年下降 21%。全省县级市实际使用外资金额 152443 万美元，比 2014 年增长 93%，占全省的 18%，占县域的 67%。吉林省利用外资比重较发达地区相对小，县级市对于外资的吸引力更是不强，2015 年双辽、扶余、洮南三市利用外资是空白。吉林县级市全社会用电量 1208800 万千瓦时，占全省的 19%，占县域的 58%。2015 年县级市城镇居民人均可支配收入为 20831 元，比上年增加 1414 元，是吉林省的 86%；农村居民人均可支配收入为 10518 元，是全省平均水平的 95%，比上年增加 526 元，增速超过城镇居民人均可支配收入增速 2.6 个百分点。2014 年延吉、公主岭、梅河口三个县级市城镇居民人均可支配收入高于全省平均水平，14 个县级市农民人均可支配收入高于全省平均水平，而2015年仅有延吉市城镇居民人均可支配收入高于全省平均水平，农民人均可支配收入高于全省平均水平的县级市减少到11个。

表1　2015年吉林省县级市总体情况

	县级市总量	县域总量	全省	县级市占县域比重(%)	县级市占全省比重(%)
行政区域土地面积（平方公里）	87258.00	172508.00	187400.00	51	47
总人口（万人）	984.20	1731.66	2662.10	57	37
非农业人口（万人）	375.69	613.38	1289.00	61	29
GDP（万元）	42451653.00	73316764.00	140631300.00	58	30
社会消费品零售总额（万元）	17334832.00	27665619.00	66464584.00	63	26
地方财政收入（万元）	2145239.00	3449288.00	12293549.00	62	17
固定资产投资（万元）	33259045.00	57271817.00	127053000.00	58	26
出口总额（万美元）	163714.00	211354.00	2886332.00	77	6
当年实际使用外资金额（万美元）	152443.00	228134.00	857187.00	67	18
全社会用电量（万千瓦时）	1208800.00	2100124.50	6519580.00	58	19

资料来源：《吉林统计年鉴2016》。

（二）2015年吉林省县级市竞争力情况

根据2015年吉林省县级市综合经济竞争力指数（见表2）及可持续竞争力指数（见表3），研究吉林省县级市的竞争力发展格局，结合综合增量竞争力指数和综合效率竞争力指数，分析县级市综合竞争力发展优势；结合知识城市竞争力、和谐城市竞争力、生态城市竞争力、文化城市竞争力、全域城市竞争力和信息城市竞争力等星级指数，分析县级市可持续竞争力发展优势。

1. 综合经济竞争力

吉林省西部地处松嫩平原和科尔沁草原，属于半干旱地区，有比较丰富的石油资源、风力资源以及多种矿产资源；中部地处松辽平原世界黄金玉米带，属于温带季风湿润区，煤炭、石油、有色金属、贵金属矿储量丰富；东北地区地处长白山区，属于温带大陆性山地气候，矿产资源及林下植被资源丰富。全省资源禀赋的不均衡，导致县级市在吉林省东中西部的分布差异性较大，东部有8个县级市，中部有8个，西部只有4个（见表2），梅河口隶属通化市，属于东部地区，但是经济区划属于中部地区；双辽市尽管隶属四平市，属于中部地区，但是经济区划属于吉林省西部地区。从2015年综合经济竞争力指数排名来看，前10位的县级市中，东部有1个，中部有7个，西部有2个，这和上年没有变化；排在后10位的县级市中，东部有7个，中部只有1个，西部有2个，与上年相比，没有变化，只是2015年吉林省县级市的数量由21个变成20个，九台区2015年没有继续纳入吉林省城镇竞争力分析范畴。

表2　2015年吉林省县级市综合经济竞争力排名

县级市	所属地市	所属地区	综合经济竞争力指数	排名	综合增量竞争力指数	排名	综合效率竞争力指数	排名
梅河口	通化市	中部	1.00	1	0.80	4	0.83	2
公主岭	四平市	中部	0.93	2	1.00	1	0.58	4
延吉	延边朝鲜族自治州	东部	0.92	3	0.57	6	1.00	1
德惠	长春市	中部	0.90	4	0.84	3	0.64	3
榆树	长春市	中部	0.76	5	0.85	2	0.45	5
扶余	松原市	西部	0.66	6	0.70	5	0.40	6
舒兰	吉林市	中部	0.34	7	0.37	8	0.19	9
桦甸	吉林市	中部	0.32	8	0.37	8	0.17	10
双辽	四平市	西部	0.31	9	0.22	14	0.26	8
蛟河	吉林市	中部	0.27	10	0.34	10	0.12	13
珲春	延边朝鲜族自治州	东部	0.24	11	0.34	10	0.10	16
洮南	白城市	西部	0.24	12	0.32	12	0.10	16

续表

县级市	所属地市	所属地区	综合经济竞争力指数	排名	综合增量竞争力指数	排名	综合效率竞争力指数	排名
大 安	白城市	西部	0.23	13	0.27	13	0.11	15
临 江	白山市	东部	0.22	14	0.22	14	0.13	12
集 安	通化市	东部	0.19	15	0.18	16	0.12	13
图 们	延边朝鲜族自治州	东部	0.16	16	0.09	18	0.16	11
敦 化	延边朝鲜族自治州	东部	0.14	17	0.38	7	0.02	19
龙 井	延边朝鲜族自治州	东部	0.09	18	0.07	19	0.04	18
磐 石	吉林市	中部	0.08	19	0.00	20	0.31	7
和 龙	延边朝鲜族自治州	东部	0.05	20	0.12	17	0.00	20

资料来源：中国社会科学院城市与竞争力指数数据库、《吉林统计年鉴2009～2016》。

表3　2015年吉林省20个县级市可持续竞争力指数排名及分项指标等级

县级市	可持续竞争力		创新驱动的知识城市竞争力	公平包容的和谐城市竞争力	环境友好的生态城市竞争力	多元一本的文化城市竞争力	城乡一体的全域城市竞争力	开放便捷的信息城市竞争力
	指数	排名	等级	等级	等级	等级	等级	等级
延 吉	1.00	1	★★★★★	★★★★	★★	★★★★	★★★★★	★★★★★
敦 化	0.97	2	★★★★★	★★★★	★★★★	★★★★	★★	★★★★★
集 安	0.95	3	★★★★	★★★	★★★★★	★★★★★	★★	★★★★
梅河口	0.82	4	★★★★	★★★	★★★★★	★★	★★★	★★★★
图 们	0.80	5	★★	★★★★★	★	★★★★★	★★★★	★★★★
珲 春	0.76	6	★★★★	★★★★★	★★★★	★★★	★★★	★★★★★
龙 井	0.63	7	★★	★★★★★	★★★★	★★★★	★★★	★★★
蛟 河	0.53	8	★★★	★★★★	★★★★	★	★	★★
临 江	0.52	9	★★★	★★★★	★	★★★	★★	★★
磐 石	0.51	10	★★★	★★	★★	★	★★	★★★★★
桦 甸	0.45	11	★★	★★★★	★★★★★	★	★★	★★
洮 南	0.40	12	★★	★★★★	★★	★★	★	★★
和 龙	0.38	13	★★	★★★★★	★	★★★	★★	★
榆 树	0.35	14	★★	★	★★★★★	★	★★	★

县级市	可持续竞争力		创新驱动的知识城市竞争力	公平包容的和谐城市竞争力	环境友好的生态城市竞争力	多元一本的文化城市竞争力	城乡一体的全域城市竞争力	开放便捷的信息城市竞争力
	指数	排名	等级	等级	等级	等级	等级	等级
大　安	0.34	15	★★	★★★	★★★	★	★	★
德　惠	0.34	16	★	★	★★★★	★	★	★★★
公主岭	0.31	17	★	★★	★★★	★★	★★	★★
扶　余	0.30	18	★	★★	★★★★★	★	★	★
舒　兰	0.27	19	★	★★	★★★	★		★
双　辽	0.22	20	★	★★	★★	★	★	★★

资料来源：中国社会科学院城市与竞争力指数数据库、《吉林统计年鉴2015》、百度百科。

（1）全省县级市综合经济竞争力变化较大。东部地区综合经济竞争力差异较大。东部地区的8个县级市中，虽然延吉市名列前茅，但是其余7个县级市由于经济总量较小、综合效率不高等原因列后10位，东部地区的县级市之间综合经济竞争力差异较大。中部地区综合经济竞争力较强。中部地区的8个县级市综合经济竞争力整体水平较高，并且发展较为平衡，除磐石市列第19位外，其余7市排名都在前10位。西部地区综合经济竞争力较为均衡。4个县级市分别列第6、第9、第12、第13位。

区位优势对于县级市综合经济竞争力具有十分重要的作用，对县级市综合经济竞争力排序的影响十分明显。排名在前10位的县级市比2014年有很大变化，九台市改区不在县级市序列，梅河口、公主岭、延吉市位列前三，梅河口市由第二位升为第一位，公主岭由第五位跃升为第二位，梅河口、公主岭是吉林省第一批扩权强县改革试点县级市，是吉林省公认的县级强市，延吉市是延边朝鲜族自治州所在地，居第三位，是中国百强城市之一。长春市的德惠、榆树市分别居第4、第5位；松原市的扶余居第6位；吉林市是县级市排名进入前十位最多的地级市，舒兰市居第7位、桦甸市居第8位、蛟河市居第10位；四平市的双辽市居第9位。白城、白山市没有进入前十位的县级市，辽源市没有县级市。

（2）综合增量竞争力指数变化加大。2014年综合增量竞争力指数排名前10位的县级市中只有双辽市名次下降到第14位，敦化市综合增量竞争力指数由2014年的第11位上升到2015年的第7位，前五位是公主岭、榆树、德惠、梅河口、扶余市，较2014年排名（九台、公主岭、榆树、德惠、扶余市）变化较大，尤其是梅河口市排第4位，进入排名前五位。

（3）综合效率竞争力指数基本支持综合经济竞争力指数。2014年综合效率竞争力排名前10位的县级市中，只有蛟河市位次在2015年降到第13位，跌出前10位。综合效率竞争力排名前6位县级市与综合经济竞争力指数前6位所含县级市一样，只是位次发生变化，延吉市排第1位、梅河口市排第2位、德惠市排第3位、公主岭市排第4位、榆树市排第5位、扶余市排第6位。磐石市在综合经济竞争力和综合增量竞争力中分别排第19、第20位，但在综合效率竞争力中脱颖而出，跃居第7位。综合效率竞争力指数基本支撑综合经济竞争力指数排名。

2. 可持续竞争力

城市可持续竞争力是指城市的要素与环境状况的竞争力。吉林省县级市可持续竞争力由创新驱动的知识城市竞争力、公平包容的和谐城市竞争力、环境友好的生态城市竞争力、多元一本的文化城市竞争力、城乡一体的全域城市竞争力及开放便捷的信息城市竞争力组成。

（1）可持续竞争力指数与综合经济竞争力指数排名差距较大。由表2、表3可见，2015年吉林省县级市可持续竞争力指数与综合经济竞争力指数排名差距较大。排位前十的主要是东部和中部地区的县级市，西部地区一个也没有，最多的是东部地区县级市，占7个。前三名都是东部地区的县级市，说明生态环保、文化知识创新、开发开放程度是决定可持续竞争力的重要因素。2015年可持续竞争力排名前5的县级市依次是延吉、敦化、集安、梅河口、图们市，较2014年延吉、梅河口、图们、敦化、集安市的排位有较大变化，延吉市保持第一位，没有变化，梅河口、图们被敦化、集安市超越，总体来看，梅河口市各项指标均有下降趋势。

（2）知识城市竞争力排位变化不大。2015年知识城市竞争力排前5位的县级市是延吉、敦化、梅河口、集安、珲春市，与 2014 年基本一致，只是敦化市由四星升为五星，2015 年五星的县级市增加到 3 个。知识城市竞争力排名前五的县级市中，延边朝鲜族自治州有 3 个，通化市有 2 个。这说明，东部城市除资源优势和地缘优势外，更加注重创新、文化、知识及开放城市建设，这是经济持续发展的支撑力量，是吉林省各地需要优先规划和加强的方面。

（3）和谐城市竞争力排位变化较大。城市的公平包容性反映在人均社会保障、就业和医疗卫生财政支出，社会保障制度，万人交通、火灾事故等方面，2015 年和谐城市竞争力排前 5 位的县级市是图们、珲春、龙井、和龙、敦化市，前四位都是五星级，只有敦化靠小分取胜。较 2014 年的排名（图们、龙井、和龙、临江、延吉市）有较大变化，珲春、敦化市进入前五位，临江、延吉市被挤出前五位。

（4）生态城市竞争力排位此起彼伏。生态城市竞争力体现在资源节约、环境质量、生态状况等方面的建设水平上。2015 年生态城市竞争力排前 5 位的县级市是集安、扶余、梅河口、榆树、桦甸市，较 2014 年九台、梅河口、蛟河、桦甸、扶余市有很大变化。集安市由 3 星跨越式发展为 5 星，排位第一，蛟河市被挤出前五。这 5 个县级市在当下生态文明建设进入国家发展战略的大背景下，实行经济社会发展双轮驱动，在注重经济发展的同时，更加注重生态环境保护，集安市经验模式需要认真总结，值得在全省推广实施。

（5）文化城市竞争力方面各县级市均有不足。文化城市竞争力将历史文化名城的获得、非物质文化遗产的数量作为重要指标，这些指标领先的城市所获得的排名均靠前。2015 年文化城市竞争力排前 5 位的县级市是集安、图们、延吉、敦化、龙井市。集安市是第三批历史文化名城之一，全省县级市仅此一家；图们、延吉、敦化市的吉林省非物质文化遗产数量均为 12 个；龙井市有吉林省非物质文化遗产 4 个，体育场馆有 4 个，在全省县级市中最多。

（6）全域城市竞争力延吉市独树一帜。全域城市竞争力包括公共服务、公共设施、结构转换、空间一体化、生态环境一体化等方面，涉及城乡发展过程中的居民收入、人均教育费用支出、万人医生数量、互联网用户数、城镇化与工业化适应性、城镇化率、公路网密度、绿化覆盖率等。2015 年城乡一体的全域城市竞争力排名前 5 位的县级市是延吉、图们、梅河口、珲春、龙井市，与 2014 年延吉、图们、梅河口、公主岭、珲春市比较，公主岭被挤出前 5 位，龙井市进入前 5 位。延吉市所列指标数据均表现突出，成绩优良，是唯一获得五星的县级市。

（7）信息城市竞争力百花齐放。2015 年吉林省在开放便捷的信息城市竞争力方面有 6 个县级市获得五星，其中，前 5 位是敦化、磐石、延吉、集安、图们市，较 2014 年排名（延吉、图们、珲春、敦化、梅河口市）变化很大，敦化市由第 4 位跃升至第 1 位，梅河口、珲春市被挤出前 5 名，磐石、集安进入前 5 名。前 5 位县级市中，3 个县级市有对外口岸，延吉市是吉林省目前唯一有机场的县级市，图们市是吉林省为数不多通两条铁路的县级市，磐石市综合信息城市竞争力比较全面，尤其是在利用外资方面比较突出。

3. 县级市竞争力的区域格局

从 2015 年吉林省县级市综合经济竞争力指数来看，中部地区 8 个县级市的竞争力优势最大，前十位中吉林省第一批扩权县梅河口和公主岭市分别排第 1、第 2，东部地区有 8 个县级市，是吉林省拥有县级市较多的地区，延吉市排在第 3，竞争力极其强大，其他 7 个县级市的综合经济竞争力水平普遍较低，整体上看东部地区的综合经济竞争力优势呈两极分化。长春市的 2 个县级市综合经济竞争力分别排在第 4、第 5，竞争优势显著；吉林市有 3 个县级市进入十强，是全省进入十强最多的地级市；西部地区的 4 个县级市分别排在第 6、第 9、第 12、第 13，整体处于中游水平。从可持续竞争力的指数来看，东部地区整体水平较高，前 10 位中有 7 位是东部地区的县级市；中部地区的 8 个县级市分别排在第 4、第 8、第 10、第 11、第 14、第 16、第 17、第 19，具有较强的发展后劲；西部地区可持续竞争力较东、中部两个区域发展均衡，但竞争力不及东、中部两个地区，4 个县级市均排在后十位，分别排在第 12、第 15、第 18、第 20，与该地区县域经济发展水平相一致。中西部地区许多县级市可持续竞争力的整体水平差异不大，说明中西部地区许多县级市相毗邻，资源禀赋、区位条件、文化科技都比较相近。而东部地区在整体上具有非常强大的资源优势，自然生态环境优越，发展生态经济、特色经济、文化旅游产业经济具有先天的优势条件。中部地区凭借吉长两市等区位优势，以及自然禀赋优势，在可持续发展方面优势明显。西部地区由于区位、地理优势缺乏，加之气候干旱，土地沙化、盐碱化、荒漠化等恶劣自然生态环境，在可持续发展方面的竞争优势不明显。

二 问题与不足

县域经济作为全省经济发展的重要支撑，其发展存在的问题与不足具有普遍性与特殊性并存的特点。吉林老工业基地深层次体制问题与新常态下结构性矛盾并存，资源性问题与区位性问题并存；县级市基本上以民营经济为发展主体，吉林省民营经济自身存在发展问题，即经济总量小、科技创新和成果转化能力弱、地方财政收支困难等，这些问题同样制约着县级市经济快速发展。

（一）县级市经济体量偏小

县级市经济总量当中50%以上是民营经济贡献的，长期以来以传统加工业、服务业为主，高新技术产业很少，物流、金融、信息等现代服务业起步较晚，综合经济实力相对落后，吉林省县级市的经济总量偏小。2015年，20个县级市GDP仅占全省的30%，社会消费品零售总额仅占全省的26%，地方财政收入仅占全省的17%，GDP及财政收入仅为江苏、浙江县级市的1/5～1/3，差距明显。实现出口总额占全省的6%。吉林省利用外资比重较发达地区相对小，县级市对于外资的吸引力更是不强，2015年双辽、扶余、洮南三市在利用外资方面是空白。吉林省县级市经济总量小的重要原因是实际利用外资额度小，不到全省的1/10。县级市固定资产投资少，刚刚超过全省的 1/4，县级市全社会用电量不到全省的 1/5，导致县级市基础设施建设落后，经济发展运营成本偏高。

（二）县级市经济发展区域差异较大

吉林省东、中、西部资源禀赋的差异，导致东、中、西部县级市经济发展水平差异较大。吉林省经济实力较强的县级市主要分布在中部地区，东部和西部地区的县级市经济发展相对比较薄弱。从综合经济竞争力指数来看，2015 年中部地区平均为 0.42，东部地区为 0.25，西部地区为 0.36，中部是东部的 1.68 倍；从综合增量竞争力指数来看，中部地区平均为 0.57，东部地区为 0.24，西部地区为 0.38，中部是东部的 2.38 倍。各个地区内部的发展失衡现象也比较突出。中部地区综合增量竞争力，公主岭市排位第一，而磐石市排最后一位；东部地区综合效率竞争力，延吉市排位第一，其余各县级市均排在 10 名以后。从可持续竞争力来看，教育水平高、城市包容性好、文化底蕴丰厚、自然资源禀赋优越、生态环境条件优、特色产品种类丰富、生态旅游产业发展态势良好的县级市，可持续竞争力排位居前。比如，梅河口、集安、敦化等专业人才占有率排位靠前，延吉市的社会保障程度最高，梅河口市拥有国家 AAAA 级旅游景区，敦化市不仅拥有国家级、省级自然保护区，而且旅游资源丰富，设有国家 AAAA 级旅游景区 1 个，AAA 级旅游景区 14 个；西部地区生态环境不好、降雨量很低，最好的排名是洮南市，排第 12 位，双辽市排名最后，第 20 位。

（三）县级市民营经济发展落后

县级市经济发展过程中，民营经济体量小，层次不高。企业发展多数集中在产业链低端，特色品牌和高端产品少，市场附加值较低。首先，民营企业发展要素不足。融资渠道狭窄，企业融资难、融资贵，土地、人才等资源要素紧缺，普通人才难留住、高端人才难引进等问题普遍存在。其次，缺乏现代管理理念。很大一部分民营企业实行家族式管理制度，管理者能力较弱，思想落后，教育水平低，缺乏现代企业管理者应有的文化素养与理性思

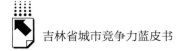

维，导致人才资源匮乏，严重制约着企业发展壮大。最后，政府对民营经济发展的支持力度较小。尽管吉林省已经开始注重支持民营经济发展，先后出台了"民营经济发展40条"、《进一步促进全省民营经济加快发展的实施意见》等政策，但是这些政策落实需要一个过程。

三　现象与规律

在东北地区大的自然条件和自然禀赋框架中，吉林省县级市经济发展有自身特点，也有普遍性规律。一般情况下，县级市经济发展"路径依赖"问题比较严重，主要是依靠投资拉动及项目带动。县级市经济发展往往以第二产业为主攻方向，而第一产业不是政府关心的重点，最应该优先发展的第三产业刚刚出现快速发展势头。

（一）县级市之间招商引资竞争耗费资本不断增加

吉林省作为老工业基地，原有国有经济占绝对比重，民营经济起步较晚，且规模也较小。而随着国企改制的大规模进行，在全省经济发展中，国企剩下的越来越少，在一些县级市甚至一家国企都没有了。尽管吉林省东、中、西部自然资源禀赋不同，但是由于都在吉林省这一行政区域内，所受的政策支持及引导基本一致，其发展方式具有趋同性，都是设立各种经济区、开发区、产业园区等，以项目为载体，招商引资。投资拉动还是县级市最基本、最普遍的经济发展方式。因此，为了吸引一个项目、一家企业进入本市，各县级市政府部门"不择手段"，在国家大的发展政策框架下，提供各种优惠政策，将企业"引进来"，并成功地实施了项目，可是，招商引资的成本越来越高，项目给政府带来的税收越来越少，时间越来越长，得不偿失。

（二）县级市经济发展以工业——尤其是原材料工业为主

吉林省县级市经济发展的优势往往是资源优势。而发展的产业大多是劳动密集型、资源密集型产业，高新技术型产业很少。原材料的比较优势是县级市经济发展的重要依托。由于受自然资源、人文、地理、交通、技术等方面的限制，吉林省西部地区县级市主要依托充足的风电资源、油气资源，以及草原畜牧业、农区畜牧业、杂粮杂豆的主产区资源，发展能源产业、畜禽产业、杂粮杂豆加工业。中部地区县级市主要利用距离吉长两市近的区位优势，为两市国有大企业配套，发展汽车零部件、石油化工、轨道客车配套产业；同时，中部地区地处世界黄金玉米带，现代农业很发达，现代服务业也是全省较为发达的，本区县级市的粮食加工业、金融服务业、"互联网＋"产业也比较发达。东部地区地处长白山山脉，长白山资源及林下植被资源丰富，医药上市企业较多，边境口岸也较多，开发医药健康、生态旅游、绿色食品行业，发展对外贸易是本区县级市不错的选择。

（三）农业发展仍然"靠天吃饭"

吉林省是农业大省，农业基础设施建设仍然"在路上"，农业生产仍然没有摆脱靠天吃饭的局面。县级市财政收入都比较少，20 个县级市 2015 年财政收入不到全省财政收入的 1/5，除了上级部门的投入，本级财政基本上不对本级农业进行投入。县级市的农业基础设施建设发展很慢，不能满足人们对有机绿色农畜产品的需求。尽管吉林省粮食产量已经跃上 700 亿斤台阶，但受自然条件的影响，每年粮食产量的波动还是很大，丰歉年间差距有时在 20％ 以上。

（四）农产品加工业受市场影响程度加剧

2008 年以来，在全球经济危机的影响下，国际农产品市场价格长时间低位徘徊，国内农产品加工长期低迷。吉林省的农产品加工业面临如此境地，除外部环境因素外，还说明吉林省农产品加工业尤其是粮食加工业发展水平不高，适应市场变化能力较弱。笔者测算，吉林省县级市的农产品加工业经济总量占县级市经济总量的一半以上，农产品加工业的发展情况，可以反映县级市经济的发展情况。全省县级市农产品加工业受市场影响程度加剧主要表现在：发展方式落后，科技投入不足，省级重点农产品加工业龙头企业中仅20%有研发能力，企业研发经费投入占销售收入的比例不足1%；融资方式单一，资金仍然是制约农产品加工业加快发展的瓶颈，一半以上的企业受资金短缺的困扰；产品结构不优，玉米加工产能过剩；产业集聚度较低，难以应对国内外产业加快融合、集团化发展的新变化；缺乏品牌经营理念，没有价格优势。

四 趋势与展望

（一）大健康产业成为县级市经济发展的新支柱

大健康产业包括第一产业中的绿色食品产业、中药材种植产业，第二产业中的中西药生产加工、医药机械制造产业，第三产业中的生态旅游产业、养老保健产业等。吉林省与全国一样，近些年大健康产业快速发展，医药健康产业已经被列为吉林省战略性支柱产业来打造。吉林省长白山地区县级市中的集安、敦化、梅河口、临江、延吉等市都已经把大健康产业列为本地区支柱产业或主导产业，其中，集安、临江的人参，敦化的医药，梅河口的林下中草药种植，延吉的医药制剂等都已经成为经济发展重要的增长极；西部洮南的杂粮杂豆、大安的渔业、前郭的水稻，中部地区的有机粮食、绿色食品加工等已经成为当地主要大健康产业。同时，生态旅游产业快速崛起，全省县级市依托丰富的旅游资源、生态农业资源大力发展休闲农业、观光农业，通过发展生态旅游产业，实现农村三次产业融合发展。

（二）生态旅游产业发展势头正盛

中国特色社会主义建设进入新时代，我国社会主要矛盾已经转化为人民日益增长的美好生活需要和不平衡、不充分的发展之间的矛盾。很长一段时期，旅游产业在吉林省是发展短板，丰富的旅游资源没有得到很好的开发利用，人们对旅游的需求没有得到很好的满足。吉林有得天独厚的冰雪资源，富有特色的朝鲜族、满族、蒙古族风情。我国十大名山之一长白山有丰富的人参资源，其产量占全国人参产量80%，吉林省还有中国最早的国宴用酒——通化葡萄酒，蛟河的红叶谷，磐石的官马溶洞，敦化的六顶山，珲春的防川等，20个县级市充分利用本地及邻近县市的旅游资源，打造集全域、生态、休闲、观光、养生于一体的旅游产业。据吉林省旅发委数据，2017年前三季度，全省接待旅游总人数15558.38万人次，同比增长16.14%；实现旅游总收入2722.44亿元，同比增长21.28%。外省游客占比达到65.5%，较2016年末提高2.2个百分点；企/事业单位工作人员（管理人员和一般员工）是旅游的主要群体，占比达到45.8%；学生成为拉动假期旅游的重要力量，占比超过16%；自驾（自助）游占82.1%，占据绝对主导份额；游客人均花费为1733.43元，同比增长8.1%。2017年国庆8天"超级假期"，全省共接待游客1558.14万人次，同比增长31.94%，实现旅游总收入103.61亿元，同比增长37.36%。

（三）农业转型升级发展成为主流

农业产业是吉林省县级市的主要产业。伴随着人们对农产品需要的变化，农业不断由传统农业向现代农业转变，进而进入现代农业发展阶段。在新时代人们对绿色食品更加需求的情况下，吉林省现代农业开始转型升级发展。一是农业经营主体向新型农业经营主体转变。随着农村劳动力外出打工的不断增加，农村从事农业生产的青壮年劳动力逐渐减少，农村耕地流转面积逐年增加，农民合作社、家庭农场、种养殖大户不断产生，吉林省新型农业经营主体已经成为农业生产的主力军。二是农业经营方式向规模经营转变。耕地加快流转，农村土地合作社不断涌现，农村集体经济产权制度改革的成果显示，规模化经营已经成为现代农业一种新的发展方式。三是农业生产方式向生态化转变。追求绿色环保生产成为吉林省农业生产规范化的新标准，减少农药、化肥、农膜使用量，实行耕地轮作，实现秸秆还田、秸秆离田，减少秸秆焚烧带来的环境污染。四是农业向三次产业融合发展转型。农村三次产业进一步融合发展，使农业产业链条不断延长，提高了农业生产效

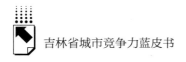

益。五是农产品销售向"互联网＋农业"转型，缩短了农产品从田间到餐桌的时间和距离。

五　政策与建议

新时代，面对我国社会主要矛盾，县级市应当继续以供给侧结构性改革为主线，利用经济触底、反弹、开始复苏的契机，坚持限产能、补短板，维护煤炭、钢铁、水泥、农产品加工业等持续复苏，不断调整产业结构，挖掘潜力，更新产品，培育新动能，赋予县级市更多的自主权，充分利用县级市所具有的优势，实现跨越式发展。

（一）调整县级市发展规划，融入吉林省整体发展战略

根据党的十九大新的发展理念，结合东北地区尤其是吉林省经济发展新情况，实时调整吉林省县级市经济发展规划，使县级市更好地融入全省经济发展整体战略，接受整体战略的思想引导、产业引导和目标引导，正确选择发展方向，及时调整产业结构。一是更新发展理念，调整指导思想。根据国家新的大政方针和吉林省经济发展规划调整内容，结合县级市经济发展优势，确定符合当地实际的经济发展指导思想。二是充分认识自身发展特点及存在问题，统筹考虑全省东、中、西部经济空间布局，进一步明确县级市产业发展规划，实施区域合作共进战略，确定本市优势产业、特色产业。三是因地制宜调整"十三五"未来两年的发展目标，让本地区有章可循、有目标可参照，同时调整发展任务，出台相应政策措施，保障县级市经济加快发展。

（二）创新发展理念，让高新技术快速走进民营企业

民营经济是县级市经济发展的主力军，县级市经济总量的50%以上都是民营经济创造的，甚至有些县级市达到90%以上。县级市各级经济开发区、园区基本是民营企业，只有个别混合所有制企业。然而，这些民营企

业，即使是规模以上工业企业也很少是高新技术型企业，能够自主研发的高新技术企业更是凤毛麟角。民营经济这种发展状态，严重制约了县级市经济向更高层次发展。为此，必须以十九大确定的新时代发展理念为契机，创新民营经济发展理念，让民营企业生产技术改造升级，提高其经济效益。一是更新民营企业家的观念。目前，吉林省县级市许多民营企业家的观念有些陈旧，甚至一些大中型企业的企业家，不思进取，小富即安，认为自己赚到的钱够用了，每年也能为本地缴纳一定数量的税款，安排一定数量人员就业，经济效益、社会效益都有了，在世人眼里自己也算功成名就了。其实，这种较普遍存在的老一辈民营企业家的观念是很危险的。产业再好、企业再大，不进行创新发展，老守田园，犹如"逆水行舟不进则退"。我们各级政府有责任、有义务帮助企业家更新观念，锐意进取，阔步向前，为社会多做贡献。二是加快培育县级市新型业态。县级市要充分利用新时代发展契机，立足本地资源优势，顺应市场变化，发展县级市新动能，培育县级市新型业态，提升综合经济竞争力和可持续发展竞争力。如发展大健康产业、发展全域旅游产业、发展农产品精深加工产业，培育吉林特色冰雪旅游产业、绿色有机农产品产业、长白山林下植被产业等。三是强化高新技术创新能力。依靠政策和资金支持，引进高新技术产业，引导现有工业企业加大技改投资；通过项目不断培育企业技术创新，逐渐解决县级市技术投入产出效率较低、人才资源外流严重、知识产权的保护和利用不够合理等问题。

（三）利用供给侧改革机遇，建立大产业集群

建立产业集群是提升县级市市场竞争力的必要手段，大产业集群可以发挥产业链条长、适应市场变化能力强、抱团发展回旋余地大的优势。一是在省级层面建立跨市州的产业集群。比如东部大健康产业集群，以长白山为纽带，联合长白山周边市州、相关县市，建立大健康产业发展联盟，共商大健康产业发展事宜。中部高新技术制造业集群，以吉长两市为核心的县级市，发展汽车零配件、石油化工、机电一体化和电子信息产业以及粮食深加工产业集群，二是在县级市之间建立跨县产业集群。比如西部大安—洮南杂粮杂

豆产业集群；图们—延吉—龙井—敦化长白山土特产品加工产业集群；中南部磐石—公主岭沿线，冶金建材、汽车配件、日用化工产业集群等。三是改善基础设施条件，提高县级市的集聚能力。继续扩权强县，增强县域发展自主权，提高县级市改善交通、信息、电力、医疗、教育、社会保障等经济社会发展条件的主动性和自觉性，提高县级市对企业、资金、人才的吸引力和集聚力。

（四）抓住玉米收储制度改革时机，大力发展粮食加工业

国家在"镰刀弯地区"调减玉米播种面积，2016年又全面取消玉米临储价格收购政策，使玉米市场价格断崖式下降，安全水玉米价格达到1400元/吨。困扰粮食加工业尤其是玉米加工业长达8年的玉米"天花板"价格，终于降下来了。尽管农民收入受此影响较大，但是对玉米加工业来说是一项巨大的利好。2016年玉米加工业就实现了增收，扭转了8年来被动生产局面。吉林省目前玉米库存仍然超过1000亿斤，借助玉米低价位时机，县级市应该大力调整农产品加工业的产业结构，发展玉米加工业，一方面提高县域经济发展效益，另一方面解决吉林省玉米库存大的压力。

参考文献

国家统计局吉林调研总队、吉林省统计局：《吉林统计年鉴2016》，中国统计出版社，2016。

国家统计局吉林调研总队、吉林省统计局：《吉林统计年鉴2015》，中国统计出版社，2015。

崔岳春、张磊主编《吉林省城市竞争力报告（2016）》，社会科学文献出版社，2017。

倪鹏飞主编《中国城市竞争力报告No.15》，中国社会科学出版社，2017。

张磊：《吉林省县域经济发展路径选择》，吉林人民出版社，2013。

主 题 报 告

Subject Report

B.5
开发区：吉林省城市转型升级的强力引擎

赵光远[*]

摘　要： 开发区发展直接影响城市的可持续发展和竞争力。当前，吉林省城市转型升级面临着农村对城市的压力、城际竞争的压力和国际环境压力，需要突破制度创新的瓶颈、产业升级的瓶颈、人力资源作用发挥的瓶颈。因此，强化开发区功能定位，加速开发区机制体制创新，发挥开发区"打造新城区、带动老城区"的引擎作用，有利于以开发区为突破口带动吉林省城市全面转型和稳步提升竞争力。

关键词： 开发区　功能定位　全面转型

---

* 赵光远，吉林省社会科学院城市发展研究所副所长、副研究员，研究方向：科技创新与区域发展。

开发区一般是指一个国家或地区为吸引外部生产要素、促进自身发展而划出一定范围并在其中实施特殊政策和管理手段的特定区域。自 1981 年国务院批准在沿海开放城市建立经济技术开发区以来，包括经济技术开发区、保税区、高新技术产业开发区、旅游度假区等在内的开发区体系逐渐完善，成为招商引资、产业发展的重要集聚地和区域经济、城市发展的重要引擎。2017 年 2 月 8 日，《国务院办公厅关于促进开发区改革和创新发展的若干意见》（国办发〔2017〕7 号）明确指出，"开发区建设是我国改革开放的成功实践，对促进体制改革、改善投资环境、引导产业集聚、发展开放型经济发挥了不可替代的作用，开发区已成为推动我国工业化、城镇化快速发展和对外开放的重要平台。当前，全球经济和产业格局正在发生深刻变化，我国经济发展进入新常态，面对新形势，必须进一步发挥开发区作为改革开放排头兵的作用，形成新的集聚效应和增长动力，引领经济结构优化调整和发展方式转变"。可以说，一个城市开发区发展得好坏，直接影响着这个城市的可持续发展和竞争力。开发区既是城镇化快速发展的重要平台，也是城镇化快速发展的重要支撑和动能所在。当前，在吉林省各级城市面临巨大转型升级压力的关键时期，加快整合开发区资源，加速推进开发区机制体制创新，以更大力度发挥各级开发区作用，已经成为必然选择。

一 城市转型升级：再难也要推进的吉林省"大事"

（一）吉林省城市转型升级迫在眉睫

近年来，东北地区经济增速下滑和人口外流加剧等现象不仅引起了社会各界的关注，也促进了城市加速转型升级的进程。正所谓"皮之不存，毛将焉附"，在交通、通信极为发达的时代，城市发展如果不能主动适应产业发展需要，及时满足年轻劳动力的各种需求，产业、人才自然要流向其他地域。吉林省城市发展正在面临这样的局面，尤其是诸多中小城市还在故步自封，不愿意加速供给侧改革进程，不愿意改变思想惯性和文化习惯。其结果极有可能是既留不住人也留不住产业，最后导致城市走向破产的边缘。

从相关研究成果看，这一趋势也已显现。2017 年《中国城市竞争力报告 No. 15》指出，吉林省城市竞争力提升面临"经济结构与经济效益有待进一步优化提升""可持续竞争力缺乏支柱性优势，知识城市竞争力与生态城市竞争力的优势未能带动可持续竞争力全面发展""综合经济竞争力受到外部经济环境以及内部结构的制约""文化竞争力的短板制约着生态城市竞争力优势资源的发挥"等①问题。第一财经·新一线城市研究所发布的《2017 城市商业魅力排行榜：什么样的城市才是最好的城市》，依据 2017 年的 160 个品牌商业数据、17 家互联网公司的用户行为数据和数据机构的城市大数据，对中国 338 个地级以上城市进行排名。结果表明，吉林省没有一线、新一线城市，省会长春市在 30 个二线城市中居第 9 位；吉林市、延边朝鲜族自治州在 70 个三线城市中分别居第 36、第 46 位；四平市、通化市在 90 个四线城市中分别居第 66、第 78 位；松原市、白山市、辽源市、白城市在 129 个五线城市中分别居第 12、第 40、第 70、第 77 位。② 吉林省社会科学院有关学者利用百度地图数据进行研究的结果显示，吉林省长春市"公司"总数为 1543 户，在 32 个省会城市和副省级城市中居第 23 位，仅为 32 个城市平均数的 40% 左右；长春市"科技公司"总数为 782 户，在 32 个省会城市和副省级城市中居第 22 位，仅为 32 个城市平均数的 1/3。吉林省其他城市在"公司"总量方面，吉林市在东北地区 31 个地级市（非省会城市和副省级城市）中居第 2 位，松原市、白城市、延边朝鲜族自治州分别居第 7、第 13、第 14 位，四平市、通化市、白山市、辽源市分别居第 18、第 20、第 24、第 27 位；在"科技公司"总量方面，吉林市居东北地区第 3 位，四平市居第 13 位，延边朝鲜族自治州居第 17 位，白城市和通化市并列第 19 位，

---

① 倪鹏飞主编《中国城市竞争力报告 No. 15》，中国社会科学出版社，2017，第 338 ~ 339 页。

② 第一财经·新一线城市研究所：《2017 城市商业魅力排行榜：什么样的城市才是最好的城市》，mp. weixin. qq. com/s? src = 3&timestamp = 1501048400&ver = 1&signature = pWm026TY7YwZ8iLSwXvADMHhRvhy – DACpwiO49JVWUHlW8YRfyoNs * 34nGOATz7cObDN9Oe498HD6JOWWLjuHBymw0gY2oF0tPfNrpy38ArPTNvTnveoLu6exU7mIqyBaLK – PNgnAFOsKK * 0NkWuWv0ANxLw0VnOX0 * MepFaxrE = 。

松原市、白山市、辽源市分别居第 21、第 23、第 28 位。① 吉林省社会科学院有关学者针对特色城镇化的报告指出，"四新经济"已经对过去的特色城镇化发展模式提出了新的挑战，应根据"四新经济"的新特征和新需要，做好新型城镇化评估工作，重新修订或制定吉林省的城镇化发展战略，把长吉大都市区集聚人口作为核心目标，同时应从吉林省城市发展定位和百年发展视角重新审视高校外迁对吉林省经济社会发展的作用，推进整合并着力改变开发区工作中存在的"碎片化、分散化、重复化"现象和"撒芝麻盐"现象，指导并调整城镇、开发区招商引资政策，侧重于发展有潜力的、由本地资本和人才支撑的中小企业，特别是要发展科技型"小巨人"企业等。② 相关的研究成果还有很多，总体而言都表明吉林省城市发展在总体竞争力方面、商业魅力方面、企业培育方面、城市发展战略方面存在诸多不足，亟待推进转型升级。

（二）吉林省城市转型升级面临三大压力

吉林省城市转型升级面临的三重外部压力从内到外分别是农村对城市的压力、城际竞争的压力和国际环境的压力。

首先是农村对城市的压力。吉林省是农业大省，同时也是财政小省，有限的财政资源必须在确保"三农"、扶贫、民生等工作的基础上才能加大对城市建设的投入。吉林省 2015 年财政支出中用于农林水支出的比重达到 12.7%，用于城乡社区支出的比重达到 10.6%，同期东部沿海地区用于农林水支出和城乡社区支出的比重分别为 9.0% 和 12.9%，中部六省这两项支出的占比分别是 11.4% 和 9.3%，东北三省分别为 13.1% 和 10.1%。《吉林省 2016 年国民经济和社会发展统计公报》显示，2016 年吉林省财政支出中

---

① 赵光远、徐嘉：《吉林省科技成果转化能力评估及对策建议》，吉林省社会科学院《特色智库专报》，2017 年 4 月。
② 赵光远：《吉林省特色城镇化面临的若干问题及对策建议》，吉林省社会科学院《特色智库专报》，2017 年 7 月，该报告获吉林省委书记巴音朝鲁圈阅，吉林省委常委、长春市委书记王君正，吉林省委常委、组织部长王凯批示。

农林水支出比重上升到 15.4%，增幅达 2.7 个百分点，而同期辽宁省的比重仅上升 0.5 个百分点左右。① 尽管这些数据不能直接体现出相应的压力水平，但是在东北经济板块整体失速的背景下，财政资金很难向城市建设做出更大的倾斜。此外，城乡之间生活方式、文化认同等方面的差异以及产业供需之间衔接不畅等因素，也都导致农村发展对城市的压力，如农村剩余粮食、农副产品的城市市场问题、农村农业生产资料对城市工业体系的需求问题、城郊农村地价过高制约城市扩张问题、农村人口进城对城市经济社会和民生发展的压力等。农村对城市的压力问题，在农业大省更突出、在财政小省更突出、在适合农业发展的地区更突出。

其次是城际竞争的压力。当前城际竞争已经从抢企业、抢项目、抢资本、抢政策发展到抢人才的层面。从 2017 年 5 月 8 日西安发布 23 条人才新政后，5 月 22 日武汉针对大学生创业实施了"落户新政"，6 月 29 日长沙市出台"人才新政 22 条"，7 月 2 日成都市提出"蓉漂计划""蓉城人才绿卡"等政策，此外郑州、济南、南京、杭州、青岛、厦门、天津、重庆等多个城市都已经制定力度空前的"抢人才"政策，地方媒体也都在大力宣传所在城市"抢人才"的政策。② 相比之下，吉林省各城市在"抢人才"方面又落后于其他城市，参与城际竞争仍以企业、项目为主，人才工作仍停留在"留人"层面，相关的机制体制方面也都存在很大的障碍。可以说，以长春市为首的吉林省城市在城际竞争中与其他先进城市在一定程度上具有代际差异。而这种代际差异是吉林省城市转型升级的最大压力。

最后是国际环境的压力。吉林省处于东北亚核心区域，东北亚地区的国际经济政治环境变化会对吉林省城市转型升级产生重大的影响。韩国"萨德"系统部署、朝鲜导弹发射及核试验等重大事件的持续影响后果难以估量，吉林省主要贸易对象德国车企的不充分的"卡特尔"协议以及存在的

---

① 相关数据来源于国家统计局和吉林省统计局网站。
② 《抢人大战！这些城市凭什么跟北上深抢人才？》，《搜狐财经》，www.sohu.com/a/1601739
28500856。

相关问题，也不可能不对以汽车为主导产业的吉林省产生间接影响。在这种环境下，进一步结合吉林省城市国际开放程度不高、密切联系的国际市场有限等特征，吉林省城市转型升级受到的国际环境压力将显著大于其他地区。此外，吉林省各城市在国际交通、国际资金融通等方面也都缺乏自主性，增加了城市发展的国际环境压力。这种国际环境压力必将导致国际形象提升难、国外资本进入难、国外人员留住难、外资企业发展难，并进一步制约城市开放发展和转型升级。

（三）吉林省城市转型升级需要突破三大瓶颈

吉林省城市转型升级需要突破的三大瓶颈自上而下分别是制度创新的瓶颈、产业升级的瓶颈、人力资源作用发挥的瓶颈。

首先是制度创新的瓶颈。东北地区的制度创新情况一直广受诟病，吉林省也是如此：制度创新太大要面临本地企业承接不住、地方财力难以支持、发展理念难以支撑、国家框架难以突破的困难，制度创新太小则面临企业、群众获得感低、域外资本难以认同、经济发展后劲不足、环境改善疲软无力等困境。从制度制定上看，一没钱，二没胆，三没智慧，四没责任；从制度落实上看，纵向看从上到下都是框架，横向看从左到右都不出头；从制度反馈上看，企业没渠道、智库不给力、媒体缺乏问题意识等，在一定时期曾是普遍现象。尽管这些现象近年来有所改观，但其"遗毒"仍在影响着制度创新的程度、速度和可落地程度。

其次是产业升级的瓶颈。从三次产业结构看，吉林省服务业比重多年来徘徊不前；从新旧产业更新看，少数产业（企业）垄断区域发展的现象仍未改变；从产业组织结构看，中小企业密度、企业集聚水平、创新创业活力等仍较低；从创新投入强度看，吉林省滞后发达地区10年左右。产业升级过程，一靠市场外生力量，二靠企业内生力量，三靠政府引导力量，但吉林省企业市场外生力量不敏感、内生力量不充分，政府引导力量不强劲。以汽车产业为例，在上汽、吉利等企业运用资本力量全球并购知名企业的时候，一汽正在强化国内布局；当长安、奇瑞等企业着力占领低端汽车市场、以数量换品牌的时候，一汽仍在坚守日益萎缩的中高端汽车市场；在众多汽车企业整合资本强化内涵竞争力的时候，一汽资本进入房地产市场，等等。一汽一度如此，一大批吉林企业亦然。尽管这些现象近年来有所改观，但由于错过最佳时机，产业升级瓶颈的突破仍然有较大阻碍。

最后是人力资源作用发挥的瓶颈。笔者的有关调研显示，吉林省不缺人才，即使是高中学历的普通工人都能自学成才，成为技术型企业家，而一大批被吉林省知名高校、科研机构、国有企业排挤、淘汰出去的人才到了外省都成为知名学者或企业家，取得了不菲的成就。发挥人力资源作用已经成为吉林省经济社会发展的重要内容。一个区域如果连自身培养的人才都用不好，何谈吸引域外人才创新创业？一个区域如果连自身培养的人才都留不住，何谈吸引并留住其他地区的人才？一个区域如果连自身培养的人才的作用都发挥不出来，何谈人才队伍建设并使其真正地为经济社会发展服务？人力资源作用发挥呈现如此局面，科技、经济、管理的"三层皮"问题必然更加无法解决。可以说人力资源作用发挥的瓶颈是吉林省城市转型升级短期内最需要突破的瓶颈。

二 开发区：吉林省城市转型升级"以点破面"的关键

（一）机理分析

1. 开发区是促进城市转型升级的"奇点"

从广义相对论看，均匀各向同性的宇宙是从"奇点"开始膨胀的。对于城市发展而言，开发区也具有"奇点"意义，每个伟大的城市都有其"奇点"，如同改革开放之于深圳的作用，当前开发区的作用也大体如此。对于城市本身而言，每一次成功的转型升级都不只是依赖外部竞争或者政治上的压力，其内部也必然形成了能够升级的"奇点"，它能够在外部条件的诱发下迅速膨胀扩大并推动整个城市转型升级。这种"奇点"，曾经是农村改革、工业改革、国企改革，也曾经是技术创新、管理创新、制度创新，还曾经是车库咖啡或柴火创客空间。而对于当前吉林省而言，这样的区域将越来越集中于开发区中：创业创新活动频繁、经济主体集聚、制度环境宽松、基础设施良好等，而老城区并不具备这些因素。吉林省区域转型升级、城市转型升级、产业转型升级、文化转型升级的迫切要求已经在开发区汇聚，目前这样的"奇点"已经濒临压缩的极限，即将进入大爆发并引领多元转型升级的阶段。

2. 开发区是破除城市转型瓶颈的"原点"

城市转型升级的三大瓶颈是制度创新的瓶颈、产业升级的瓶颈、人力资源作用发挥的瓶颈。从城市整体看，由于发展惯性、文化习惯等影响，突然、整体的破除相关瓶颈是具有毁灭性的，为此必须坚持从试点示范到逐步推开的路径，而试点示范的区域则首选开发区：开发区的经济主体最清楚制度创新的方向和症结，其自身也处在探索产业升级的过程中，且最清楚人力资源的核心价值。进一步来看，自上而下的制度创新从来都包含制度设计者"自作多情"的因素，他们从来不能够完美考虑制度对象系统需求；自上而下的产业升级从来都是失败的多成功的少，成功的产业升级主要依靠的仍是民间活力和市场能量；自上而下的人力资源作用发挥从来都是看荣誉说话、看资历说话、靠名气说话，从来都不能激发真正需要创业的群体的活力，广大群众创业很难受到真正的重视。开发区并不完全属于政府部门，且被视为经济主体集合体或者创业者联盟。开发区只有被真正赋予权限及自由发展的空间，才能完全依托市场、依托企业、依托经济主体和人民群众破除转型升级瓶颈，带动整个城市的转型升级，成为城市转型升级的"原点"。

3. 开发区是缓解城市升级压力的"合点"

如上文所述，城市转型升级的三大压力是农村对城市的压力、城际竞争的压力和国际环境的压力。但从开发区作为产城融合、招商引资、城际合作、国际合作的重要平台来看，开发区都比老城区更有能力化解城市转型升级的三大压力。首先，开发区大多位于老城区边缘，或者距离中心城区有一定距离，处于城乡结合地带，有利于通过经济手段和社保手段来解决农村对城市尤其是老城区的压力；其次，开发区可以通过与其他城市的合理分工和差异定位，化解城际竞争的压力，甚至以协同发展思维将城际竞争压力变成经济发展新动力；最后，开发区作为一个城市对外开放合作的重要平台，通过对外开放对象的多元化，可以有效化解国际环境对于一个城市发展的经济压力。当然，在传统发展模式下，吉林省大多数省级及以下的开发区过于依赖特色资源、过于依赖个别项目、过于依赖个别国家的发展模式，必然会导致压力的升级；但如果与新经济相结合，与创新、绿色、协调、开放、共享的理念相结合，开发区必然能够化解自身压力、缓解整个城市转型升级压力。从这个意义上看，开发区能够成为缓解城市升级压力的"合点"。

（二）实证分析

1. 吉林省开发区的宏观区位分析

根据吉林省经济技术合作局网站提供的开发区名称，吉林省开发区主要分布在中部的长春、吉林、四平、辽源等城市。一方面，这些城市较好的工业、科教、人才基础为开发区建设提供了充足的条件；另一方面，开发区建设也为这些城市的转型升级提供了充足的动力，为这些城市的产业集聚、人才集聚以及相应功能的新陈代谢提供了平台载体。

从分布的形态看，基本呈现城市规模越大、开发区数量越多的特征，进而可推断出其开发区效益越好的结论。长春市周围 50 公里半径内、吉林市周围 30 公里半径内，开发区密度较高，集聚发展、联动发展的态势较好。这种区位分布在一定程度上说明了城市发展与开发区分布之间具有一定的正向关联关系。

进一步利用网络搜索引擎信息量和人均 GDP 之间的关系进行分析。如表 1 所示，吉林省中部地区（长春、四平、辽源）的开发区密度显著高于其他地区，而白城、延边两个市州的密度显著低于其他地区。同时，本文利用开发区密度、信息量、地点数的几何平均数计算出开发区综合指数，与各城市综合经济竞争力指数排序相结合，可以看出两者的排序大体一致。如果充分考虑国家级开发区的作用，两者的排序将更为一致。

表1　吉林省各市州开发区发展水平和城市综合经济竞争力比较

地区	省级以上开发区数（个）	开发区密度	信息量（万条）	地点数（个）	开发区综合指数	城市综合经济竞争力指数	2016年人均GDP（元）
长春市	25（5）	12.2	702	1220	218.4	0.417	78667
吉林市	17（2）	6.1	446	178	78.7	0.069	59652
四平市	13（1）	9.1	309	95	64.3	0.057	37026
辽源市	5	9.8	298	43	50.0	0.049	63744
通化市	9（1）	5.7	299	64	47.9	0.049（略高于辽源）	48100
白山市	11	6.3	338	42	44.7	0.039	57964
松原市	12（1）	6.0	300	112	58.5	0.055	61558
白城市	8	3.1	296	95	44.4	0.041	37308
延边朝鲜族自治州	13（3）	3.0	132	138	37.9	——	43003

注：信息量为2017年10月11日15时通过百度搜索"×市开发区"的结果，地点数为2017年10月11日15时05分，百度地图搜索"开发区"结果。2016年人均GDP来自各市州统计公报。开发区综合指数为开发区密度、信息量、地点数的几何平均数。"省级以上开发区数"一列中括号内数字为国家级开发区数。

2. 吉林省开发区的中微观区位分析

开发区在中观、微观层面的分布对于产城融合和城市竞争力的影响更为强烈。本部分以长春市区、松原市区、镇赉县不同级别的行政区的开发区分布为例进行分析。

（1）长春市区开发区布局分析。国家级开发区、省级开发区及所在乡镇已经实现了对长春市市中心的全面包围，两类开发区的面积占长春市辖区面积的1/3以上。除九台、双阳两个远郊型城区外，长春市其他地区70%以上的土地受开发区影响。长春市已经被开发区包围，同时地点相对密集的西南部、东南部，也是国家级开发区、发展较快的开发区所在的区域。此外，地点密集度的差别也表明尽管长春市已经被开发区包围，但其不同方向上的开发区发展水平差异较大，呈现明显的南强北弱态势。

长春市区西南部、东南部的开发区和长春市区已经基本融为一体，产城融合水平较高，能够支撑长春市竞争力的提升。从长春市开发区分布与企业主体分布情况来看，其分布特点具有较强的一致性。

（2）松原市区开发区布局分析。松原市是吉林省经济较为发达的城市之一，也是国家级开发区、省级开发区分布较为密集的区域之一。从松原市总体来看，松原市市区与开发区之间紧密相连，产城融合具有较好的基础。但从企业主体分布来看，松原市企业在开发区内的集聚程度相对不高，这与传统的吉林油田公司的项目布局有很大关系。此外，与长春市这样的大城市相比，开发区显然还没有形成对松原市的"包围"。换而言之，是开发区拓展了松原市的城市半径，但是对于松原市城市半径的拓展是否实现了相应的人口集聚并进一步反作用于开发区的发展，仍很难做出判断。同时一批企业主体在松原市江北区域的分布，必然会弱化开发区对于城市发展质量提升的作用。

（3）镇赉县开发区布局分析。前文分别对大城市、中等城市的开发区与城市竞争力的关系进行了分析，本部分以镇赉县为例，对小城市开发区与城市竞争力之间的关系进行研究。镇赉县的城区和开发区之间有明显的分隔，两者之间只有 2 条主要交通干道连接，开发区缺少适当的配套服务业。根据镇赉县开发区（工业集中区）的主要企业区位情况，在大约 5.6 平方公里的区域内一共分布有 19 户企业，户均企业占地 0.3 平方公里，开发区土地利用率不高。同时企业分布还具有如下特征：该开发区靠近城区的区域企业分布较为密集，离城区越远的区域企业分布密度越低。

从另外一个视角看，镇赉县的人口规模较小、土地资源较为丰富、经济发展水平不高等也是导致开发区与城区紧密程度不足的重要原因。

3. 实证分析结论

综合以上实证分析，可以得出如下 4 个方面的结论。一是开发区发展与城市竞争力之间具有正相关关系，至少从吉林省几个城市之间的比较可以得出这样的结论。二是城市规模越大，开发区与城市发展之间的关系越紧密，同时围绕相应城市设置的开发区也较多。三是当城市发展到一定程度的时候，必须推进开发区资源整合。长春市周边的开发区较多，同时开发区之间因产业定位雷同等争抢资源的情况也比较多，3 个国家级开发区都把汽车及零部件产业作为主导产业，很多省级开发区在旅游、农业等方面也存在竞争的关系，以清晰定位为基础推进开发区资源整合势在必行。四是小城市、城镇的开发区建设应提高集约程度，如开发区土地资源的集约利用等。再如笔者对有关城市的实地调研显示，很多开发区在很大程度上出现季节性、空心化以及圈地运动等现象。这些情况都需要提高集约程度和资源利用效率，同时也需要从制度层面强化设计和监管。

三　开发区引领城市发展的思路和对策

（一）主要思路

十九大报告在"贯彻新发展理念，建设现代化经济体系"中提出了六大任务，这六大任务的实现都离不开开发区建设，同时这六大任务也指明了开发区建设和改革的未来方向，以及开发区引领城市发展的主要思路和路径：开发区引领城市发展要以深化供给侧结构性改革为主线，以创新型区域建设为引领，以统筹城乡、促进新型城镇化为助力，以基于市场机制的要素流动、集聚、结合为手段，以资源要素的统筹配置和集约运用为出发点，以产城融合、资人融合和人的全面发展并服务全面开放新格局为根本目的，壮大开发区规模，提升开发区效益，强化机制体制动力，分类推进开发区向创新型开发区、特色型开发区转型，强化开发区与城区之间、开发区与开发区之间的交通通信设施建设以及信息联通，全面推进开发区发挥"打造新城区、带动老城区"的引擎作用。在此基础上，要强化开发区的五个定位以引领发展。

（1）供给侧结构性改革的先行区。在建设现代化经济体系的新时代，推进供给侧结构性改革将是长期性的任务，同时供给侧结构性改革也是促进生产力与生产关系协调发展的必然选择。开发区作为城市乃至区域先进生产力的集聚区，必须成为探索生产力与生产关系协调发展的先行者。在以"三去一降一补"为主基调的供给侧结构性改革稳步推进过程中，开发区要将先进科学技术、先进生产力与"三去一降一补"结合起来，要不断关注经济、产业、技术的发展新态势，要不断创新凸显开发区特色，而不是和其他区域实行相统一的"三去一降一补"。与此同时，也能够推进产业、技术向其他区域外溢，提升开发区作为供给侧结构性改革的先行区、辐射区的功能。

（2）创新驱动发展的先行先试区。创新是引领发展的第一动力，创新驱动发展是我国以及各区域的首要战略。但是创新本身的蜂聚性、风险性等本质决定了创新驱动发展需要从点到面的发展路径。当前的开发区既是产业的高地，也是创新的载体，还是要素的聚集地，这样的功能既有利于创新，也有利于化解创新风险，可以成为创新驱动发展的先行先试区。当前，深圳、上海、杭州等地的开发区在创新驱动发展方面已经进行有益且有效的探索，站到了产业链发展顶端并对全球产业分工产生了重大影响。吉林省开发区只有学习域外经验，面向高端开发区建设，才能走出一条创新驱动发展、摆脱低端依赖的新路子，才能真正在城市转型升级和老工业基地振兴中发挥"引擎"作用。

（3）机制体制创新的试点示范区。机制体制创新以及基于这一创新的营商环境建设是吉林省城市发展以及国民经济发展中最需要解决的问题。有关调研显示，普惠性政策普惠不到位，国家政策照搬多，结合实际少，政策措施"绕的多""干货少"，制度性交易成本、税费成本、用能成本、用地成本、物流成本、融资成本以及与人力成本相关的社会保障费过高等问题都需要通过推动机制体制创新予以解决，但是不同的区域、不同的产业所面临的问题又有差异。而开发区建设恰恰为解决这一问题提供了巨大契机。区域型开发区、产业型开发区都有可能成为解决相应问题的试点示范区，区域型开发区向产业型开发区、特色型开发区乃至高新技术型开发区的转型也都对机制体制创新提出了内在要求。为此，迫切需要各级政府深入研究并推动向开发区放权、放手，给予开发区创新机制体制的勇气和魄力，这样才能激活开发区新动能，使其成为新时代引领发展的"发动机"。

（4）城乡统筹发展的联动协同区。开发区大多位于城乡结合地带，是城市工商业功能与农村农业功能的结合区。这一区位决定了开发区在乡村振兴战略、新型城镇化战略以及城乡统筹发展中必然具有决定性作用。而吉林省自身的实践也表明，很多开发区对于城乡统筹发展具有积极作用，是城乡生产力发展的核心区，是城市资本与农业剩余劳动力结合并带动城乡发展的重要平台。在交通通信技术更加进步、区域功能更加明确的新时代，开发区对于城乡统筹发展、城乡资源要素联动协同具有更加重要的意义，尤其是以农牧业产品精深加工为主要产业的开发区，更要发挥好城乡统筹发展的联动协同区的作用，服务好现代农业发展、农村脱贫振兴等重要战略。

（5）开放合作发展的共享体验区。开发区是一个城市、一个区域的重要名片，是一个城市、一个区域参与国内外合作的重要平台，是域外投资者、高端要素提供者体验区域经济发展水平、营商环境的首要选择。当前，开发区也是吉林省营商环境最好的区域，但是其软硬件设施与南方发达省份的开发区仍有不小的差距，这也导致吉林省在对国内外开放合作中处于不利地位。为此，开发区建设不要盲目圈地扩大开发区面积，而是要提高集约程度建设好核心区，把软硬件设施提高到与国内开发区同等水平，积极学习浙江省开发区建设的经验，积极优化投资者、高端要素提供者的共享体验感受，着力将开发区建设成开放合作发展的共享体验区。

（二）具体建议

1. 制（修）订《吉林省开发区发展中长期战略规划》

吉林省开发区建设应按照党的十九大制定的全国经济社会发展的两个"十五年"的远景目标，制（修）订《吉林省开发区发展中长期战略规划》（以下简称《规划》），强化对全省开发区工作的指导作用。《规划》要重塑开发区的管理体制、重塑开发区的功能定位、重塑开发区的发展愿景、重塑开发区的结构体系、重塑开发区的重大任务。

2. 加快制订《吉林省关于加快开发区建设，统筹城乡发展、推进产城融合的实施意见》

开发区引领城市发展，必须强化开发区在统筹城乡发展、推进产城融合方面的作用。2016 年《中共吉林省委吉林省人民政府关于加快推进全省开发区转型升级与创新发展的意见》指出，"开发区要围绕资源配置、审批制度、创新驱动、沿边开放、统筹城乡发展、推进产城融合、创新社会管理、加强生态建设、体制机制创新、国有资产经营等重点任务，形成改革的明确思路和具体实施意见，力争多点突破，先行先试"。至今笔者仍未找到吉林省关于加快开发区建设、统筹城乡发展、推进产城融合的公开文件。为此，建议吉林省委省政府应结合十九大精神，加快制定相应实施意见。

3. 推动吉林省开发区的分类管理

全省 100 余个开发区区情差异较大，应用统一的标准或指标体系管理所有的开发区是不科学的。为此，建议大力推进吉林省开发区的分类管理，按照产业型开发区、区域型开发区、创新型开发区进行分类管理，建立三类开发区的考核评价指标体系、评价标准以及评价结果应用的规则。吉林省需要的不是开发区的数量，而是开发区的质量，必须把评价结果和开发区晋级、摘牌等挂钩，严格实施评价结果的末位淘汰机制。加大环境类指标和反映集约程度的指标的权重，按照环保类指标一票否决制进行管理。

4. 重构吉林省开发区的发展体系

吉林省的 9 个市（州）中仍有 3 个市（州）没有国家级开发区，近 40 个县（市）中除延吉、珲春、公主岭外也都没有国家级开发区，延边朝鲜族自治州、白城市等市（州）大部分区域开发区密度过低、开发区规模过小，省级开发区体系中没有省级高新区等问题都要求重构吉林省开发区的发展体系。吉林省应按照开发区分布及辐射半径与区域人口规模、劳动力规模相适应的原则，重新确立全省开发区的区域布局结构、要素密集结构、行政隶属结构等，形成与吉林省经济社会发展更加适应的开发区新体系。

5. 夯实吉林省开发区的发展基础

相对于区域经济发展数据存在水分而言，一部分开发区的经济数据也存在严重的问题，如为了争排名、争省财政补助而虚报数据，这一点能够从百度地图所显示的开发区企业数与当地的 GDP 之间的关系中体现出来。为此，吉林省要强化对开发区的统计以及审计工作，夯实开发区发展的基础，为省委、省政府的科学决策、省内有关智库的政策建议提供准确的数据。

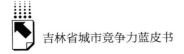
6. 明确吉林省开发区的红线、底限

开发区发展不能因为其经济发展的义务就忽略了其他方面的责任，要切实满足"人民日益增长的美好生活的需要"并将其与发展生产力密切结合起来。为确保未来"两个十五年"期间开发区的稳定发展，吉林省应明确吉林省开发区的红线和底限，如环保红线、土地利用红线、资源利用效率的底限、人民群众信访的底限、统计数据真实性的红线，要省市联动制定开发区发展的负面清单，也要鼓励开发区在红线之内、底限之上自由发展、创新发展。

7. 加强开发区与城区之间的互动

开发区发展离不开老城区的支撑，老城区的更新也离不开新城区的反哺。要在开发区和老城区之间统筹解决好"不平衡不充分的发展"问题，切实推进开发区和老城区之间公共服务、基础设施、教育卫生等方面的均等化，推进优质教育医疗资源予以开发区和老城区同等待遇，切实遏制有关地区开发区房价的非理性上升，在推进开发区建设中要防止老城区的"空心化"，推动老城区的搬迁改造和设施更新，也要防止开发区的房地产化和虚拟化，密切关注、调控和及时解决开发区与老城区之间的、关系人民群众切身利益的重大事项。

8. 强化四新经济对开发区的驱动作用

开发区的发展，离不开"四新经济"的支撑。为此，开发区建设应着力提高引资质量，设立招商引资的 R&D 投入门槛和资金到位率门槛，切实提高开发区知识密集度和资本密集度。开发区建设要强化引智平台建设，强化人才意识，加强与省内人才培养机构、省内国家级高新区的联动发展，强化"组团""抢人才"，加大补贴力度支持企业提高人才待遇，加强院士工作站、博士工作站、海归工作站、长江学者工作站、千人计划学者工作站建设，力争高级人才工作站对每个省级高新区的全覆盖。开发区建设要着力开展依托四新经济的专项行动，如"展会＋"专项行动，组织全省开发区每年至少参加 1 次全国性的高新技术产业类展会、高新技术成果类展会，通过展会了解产业、行业最新动态；利用"互联网＋"、VR 等技术争取全国乃至东亚地区高新技术类展会信息及展会内容对省级高新区的全覆盖；再如"基金＋"专项行动，整合全省各类基金资源，强化对开发区的对口投入，支持开发区主动引入域外基金资源，降低企业融资成本。

9. 支持开发区对标先进创新发展

开发区发展要强化横向比较和纵向比较相结合，要找准目标自觉对标发达省份开发区进行发展。借助与浙江省对口合作机会，要加强与浙江省相关开发区的对比研究，找差距、找原因、找办法。省级开发区对标国家级开发区或发达省份开发区的自评估工作与结果将被作为开发区考察评价的重点内容之一。

地级市竞争力报告

Competitiveness of Prefecture-level City Reports

B.6
吉林省城市竞争力（长春市）报告

赫曦滢*

摘　要：　2016年在经济形势向好的带动下，长春市的城市竞争力明显提升，发展水平和均衡程度得到双重改善，城市发展充满活力。长春市综合经济竞争力处于全国的中上游水平，高于全国城市均值，但是排名不断后退，经济增长的动力不足。可持续竞争力大幅度提升，全域城市竞争力表现得尤为突出，但信息城市竞争力有所下降，长春市对外开放程度有待提高。因此，需要加强城市经济建设，增强城市的包容性和公平性，营造可持续发展和综合竞争力全面提升的城市。

---

* 赫曦滢，吉林省社会科学院城市发展研究所副研究员，博士，研究方向：城市学基础理论、新型城镇化。

关键词： 长春　竞争力　宜居　和谐发展

　　回顾 2016 年，长春市的发展环境严峻复杂，但是在市政府的坚强领导下，长春市适应和把握新常态，不断改革创新，抓住发展机遇期，圆满完成了经济和社会发展的主要目标，实现了"十三五"的开门红。在 2016 年，长春市克服了经济运行不断下滑的风险，经济增长逐步止跌回稳，经济和社会发展的形势重回合理区间，率先在东北地区实现了回升向好，城市的经济实力不断增强。长春市的综合经济竞争力处于全国的中上游水平，高于全国城市均值，但是排名不断后退，经济增长的动力不足。可持续竞争力大幅度提升，全域城市竞争力表现得尤为突出，但信息城市竞争力有所下降，长春市对外开放程度有待提高。宜居城市竞争力也显著提升，其中长春市的教育环境优越，跻身全国前十位。综观长春市的综合竞争力情况，2016 年在经济形势向好的带动下，长春市的城市竞争力明显提升，尤其是在可持续竞争力和宜居城市竞争力方面实现了均衡发展，发展水平和均衡程度得到双重改善，城市发展充满活力。但是，受到经济回暖缓慢、产业转型升级困难重重的影响，长春市的综合经济竞争力不断下降，一些产业的竞争优势不断丧失，成为长春市城市竞争力全面提升的主要障碍。因此，要下大力气改变经济结构过度单一、国有企业效率低下、经济规模较小等问题，实现城市经济社会的全面发展。

表 1　2014 年长春市基本信息

项目	市域数据	市辖区数据
土地面积（平方公里）	20594	4789
户籍人口（万人）	753.8	436.1
GDP 及增长率（亿元,%）	5530.0,6.5	4313.9,6.3
第一、第二、第三产业分别占 GDP 比重（%）	6.2,50.1,43.7	1.7,55.3,43.1

　　资料来源：《中国城市统计年鉴 2016》，中国统计出版社，2016。

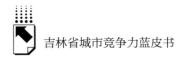

一 现状与优势

（一）总体概况

2016 年，长春市的经济运行稳中有升。全面完成地区生产总值 5860 亿元，增长 7.5%，增速比上年提高 1 个百分点。地方级财政收入完成 415.5 亿元，增长 7%，增速比上年提高 9.3 个百分点。规模以上工业产值、固定资产投资、社会消费品零售总额等主要指标增速均比上年有较大幅度的提高。发展新动能加快成长。改革创新持续推进，战略性新兴产业产值占工业产值比重提高 1 个百分点，电子商务交易额增长 35%，大众创业、万众创新蓬勃发展，新的增长动力加快形成并不断蓄积力量。同时，城市品质稳步提升。伊通河百里生态长廊建设扎实推进，旧城改造提升工程启动实施，交通秩序整治成效明显，空气质量优良天数由 237 天增加到 291 天，长春荣获"国家森林城市"称号。区域发展格局不断优化。长春新区建设从高点起步、顺利开局，开发区转型升级步伐加快，城区服务业不断提档升级，县域经济加速崛起，新型城镇化取得新成效。人民生活持续改善。幸福长春行动计划全面完成，为群众办了一批好事、实事。城乡居民增收"暖流计划"启动实施。全年新增就业 12.6 万人，超出年初预期目标。长春连续九次获评"最具幸福感城市"。

总体来看，长春市在吉林省 8 个地级市中发展优势明显，综合经济竞争力、可持续竞争力和宜居城市竞争力排名都处于全省第一的位置，已经形成"一强多弱"的整体格局，长春市的城市竞争力较强，优势明显。但是长春市作为区域中心城市的带动作用仍然不够明显，城市群联动协调发展有待进一步提升，城市群整体竞争优势尚未形成。虽然长春市拥有较好的资源禀赋，工业基础良好，拥有生态环境的优势，但是各种优势并未形成合力，在竞争力方面的表现欠佳。其主要原因是长春市与东部沿海发达城市相比，基础设施和公共服务水平仍然较为落后，经济总量和经济增长速度不能满足城市发展的需要，经济发展的活力和可持续发展能力不足，严重制约了长春市竞争力的提升。

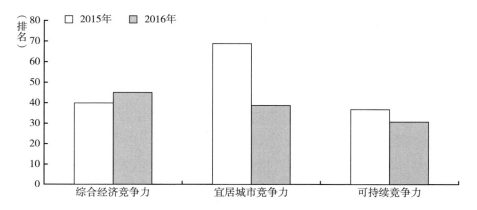

图1 2015 年与 2016 年长春市城市竞争力全国排名

资料来源：中国社会科学院城市与竞争力指数数据库。

（二）现状格局

第一，综合经济竞争力有所下滑，综合增量竞争力小幅下滑，综合效率竞争力名次稳中有升。2016 年，长春市的综合经济竞争力全国排名第 45位，与 2015 年相比较下滑了 5 个位次，综合经济竞争力指数也有所下滑，为 0.147，是近年来综合经济竞争力的最低分值。相似地，综合增量竞争力的全国排名和指数也小幅度下滑，但在东北地区的名次提升一位，在省内仍然保持排名第一。综合效率竞争力指数与 2015 年基本相同，全国排名较上一年提升一个位次，在东北地区的排名也有所提升。长春的综合经济竞争力、综合增量竞争力、综合效率竞争力排名在全国均保持在中上游水平。通过分析可以看到，长春市的经济处于增速换挡期、结构调整阵痛期和前期刺激政策消化期"三期叠加"的重重压力之下，经济增长乏力，活力不足，发展前景不容乐观。同时，在空间表现上，东北地区的整体表现低于全国城市的平均水平，长春市的辐射带动能力与其他区域性中心城市相比较，还存在较大差距。当前出现的分化性倾向要引起政府的高度重视。

表2　2015 年与 2016 年长春市综合经济竞争力及分项指数排名

年份	综合经济竞争力	排名			综合增量竞争力	排名			综合效率竞争力	排名		
		全国	东北	省内		全国	东北	省内		全国	东北	省内
2015	0.163	40	3	1	0.316	24	3	1	0.010	89	6	1
2016	0.147	45	3	1	0.303	25	2	1	0.011	88	5	1

资料来源：中国社会科学院城市与竞争力指数数据库。

第二，可持续竞争力不断提升，除信息城市竞争力全国排名有所下滑外，其他竞争力全国排名具有较大幅度提升，全域城市竞争力提升明显。2015 年长春市可持续竞争力排名全国第 37 位，2016 年排名提升 6 个位次，上升到第 31 名，在东北地区的排名也较为稳定。从各分项排名来看，长春市的各分项竞争力均衡发展，知识、和谐、生态、文化和全域城市竞争力都有所提升，但是信息城市竞争力下滑明显，从全国排名第 32 位下降到第 63 位，信息化建设亟待加强。通过对信息城市竞争力的分析，我们可以看到，长春市对外联系的竞争力不强，与国际商旅人员交流不足，航空交通便利程度还需要提高。相对于对外物流和对外信息流而言，长春市的对外人员交往和交通便利度远不及前者，在未来一段时期，增加国内外城市商旅人员交流、增加国际航班、加强交通基础设施建设，是提升长春市信息城市竞争力的关键。

表3　2015 年与 2016 年长春市可持续竞争力及分项指数排名

年份	可持续竞争力排名			知识城市竞争力排名			和谐城市竞争力排名			生态城市竞争力排名		
	全国	东北	省内	全国	东北	省内	全国	东北	省内	全国	东北	省内
2015	37	3	1	29	3	1	108	18	5	29	2	1
2016	31	3	1	22	2	1	103	21	3	22	3	1

年份	文化城市竞争力排名			全域城市竞争力排名			信息城市竞争力排名		
	全国	东北	省内	全国	东北	省内	全国	东北	省内
2015	74	3	1	93	15	3	32	3	1
2016	55	3	1	43	3	1	63	3	1

资料来源：中国社会科学院城市与竞争力指数数据库。

从全域城市竞争力角度看，2015 年长春市的全国排名仅为第 93 名，而 2016 年却提升了 50 个位次，居第 43 位，提升速度如此之快，成为长春市可持续竞争力的亮点。近年来，长春市十分重视城乡协同发展，将"三农"问题作为政府工作的重中之重，正是因为高度重视，才使长春市的全域城市建设突飞猛进。最能够体现全域城市发展程度的显著指标是城市的人均收入比，从长春市过去几年的全域城市人均收入比指数均值的变化来看，农村居民人均纯收入有了大幅度提高，长春市在带动农民脱贫致富方面取得了很大成绩，长春市已经进入全域城市竞争力较强的城市行列，城乡二元问题得到了较为妥善的解决，城乡一体化进程不断加快。

从文化城市竞争力角度看，长春市的文化城市竞争力全国排名较上年提升了近 20 个位次，在人才引进和文化产业发展方面取得了突破。近年来东北地区人才流失不断加剧，为此长春市政府出台了大量政策，吸引人才落户长春。同时，加强文化硬件设施建设，万人剧场和影剧院数量有了提升，体育和娱乐业从业人数也大幅度增加，长春市的文化软实力正在不断增强。另外，近年来长春市大力发展文化产业，现代文化产业已经成为长春市文化建设的重要组成部分，动漫产业和电影产业正在成为引领长春市产业创新和发展的重要力量，政府对文化产业的重视程度也在不断提高，这些都为文化城市竞争力的提升奠定了坚实的基础。

从生态城市竞争力角度看，长春市的生态城市竞争力全国排名提升了 7 个位次，始终处于全国的上游水平，生态环境整体水平不断提高，生态城市建设步伐正在加快。从全国的角度看，随着生态环境不断恶化，全国城市的整体水平欠佳，各地政府都将生态建设作为工作的重点，虽然各区域的生态环境指数整体有所提升，但是区域内部差异巨大，需要投入更多的人力和财力建设海绵城市和生态城市。虽然长春市的生态优势突出，但是城市耗水耗电的问题日益严重，城市生产效率和生活质量还有待提高。

从和谐城市竞争力角度看，长春市的和谐城市竞争力全国排名有所提高，社会和谐包容程度有所提高，政府工作效率有所提升。但是，长春市的和谐城市建设任重道远，整体水平仅处于全国中游，是可持续发展竞争力的得分弱项，还需要加强建设。

从知识城市竞争力角度看，长春市的科技创新水平近年来有所提升，科技投入产出高度聚集，科技资源正在不断集中，科技投入转化为产出的效率也有所提升，知识经济发展的前景乐观。长春市拥有良好的知识城市发展基础，科研院所众多，高校云集。在政府的大力支持下，长春市引进了大批人才，城市科研能力和创新能力都有所提升，带动了城市的可持续竞争力不断提升。

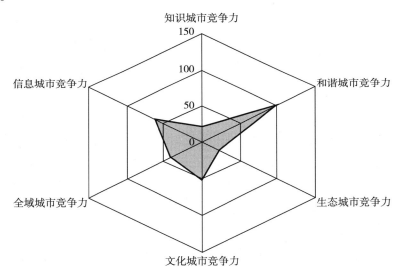

图 2　2016 年长春市可持续竞争力分项指标全国排名雷达图

资料来源：中国社会科学院城市与竞争力指数数据库。

第三，宜居城市竞争力指数和排名都有所提升。宜居城市是现代城市的一种理想状态，宜居城市竞争力评价体系是对城市适宜居住的程度进行客观评价的一套体系。宜居城市最大的特点是经济环境和谐、居住环境舒适、社会安定、环境宜人、社会文明、生活便捷等。随着近年来我国城市人居环境不断恶化，2016 年中央下发了《关于进一步加强城市规划建设管理工作的若干意见》，明确提出要营造城市宜居环境，为我国城市的发展指明了方向。中国的城市必将进入以满足人的全面发展为最终目标的全新发展阶段，宜居程度将成为衡量城市发展程度最核心的指标。从整体看，中国城市的宜居竞争力提升较为缓慢，城市间的分化也不断加剧，尤其是近三年来城市的宜居竞争力呈现波动下降趋势。在这样的大环境下，长春市的宜居城市竞争力在指数和排名上都有了很大提升，十分不易。2016 年，中国宜居城市竞争力指数均值为 0.422，而长春市达到了 0.656，排名从 2015 年全国第 69 位上升到 2016 年第 39 位，上升的速度十分惊人。现在长春市在宜居竞争力方面具有较为明显的优势，宜居竞争力大幅度提升，为经济社会发展提供了良好的基础。

表4　2015 年与 2016 年长春市宜居城市竞争力指数及排名

年份	宜居城市竞争力	排名		
		全国	东北	省内
2015	0.491	69	3	1
2016	0.656	39	3	1

资料来源：中国社会科学院城市与竞争力指数数据库。

　　通过分项指标进行分析，可以看到长春市宜居城市竞争力快速提高，主要得益于优质的教育环境和健康的医疗环境，以教育和医疗为代表的公共资源成为决定城市宜居程度的重要衡量指标。长春市的教育环境单项名列全国第 8 位，长春市的教育环境质量优越，较好地支撑了宜居城市竞争力。除了教育外，市民对就医环境和医疗水平也十分关注，长春市的医疗环境名列全国第 19 位、东北地区第 2 位，医疗水平较高，医疗资源分布均衡，得到了广大群众的认可。但是，在安全的社会环境、绿色的生态环境、舒适的居住环境和便捷的基础设施几个方面，长春市的竞争力较弱，甚至个别指标排在全国最后，这也说明长春市的发展还缺乏整体的协调性，基础设施建设落后于城市的发展，城市公共服务水平与空间环境质量之间存在此消彼长的关系，同时缺乏从微观主体的需求角度协调发展的能力。

表5　2016年长春市宜居城市竞争力分项排名

项目	优质的教育环境排名			健康的医疗环境排名			安全的社会环境排名			绿色的生态环境排名		
	全国	东北	省内	全国	东北	省内	全国	东北	省内	全国	东北	省内
排名	8	2	1	19	2	1	159	20	8	157	15	2

项目	舒适的居住环境排名			便捷的基础设施排名			活跃的经济环境排名		
	全国	东北	省内	全国	东北	省内	全国	东北	省内
排名	226	24	6	268	30	8	85	11	5

资料来源：中国社会科学院城市与竞争力指数数据库。

第四，从2016年城市竞争力的整体格局上看，东北地区在宜居城市竞争力方面取得较大突破，整个区域该项竞争力上升明显。但是，综合经济竞争力表现不佳，体制机制问题仍然是制约东北经济效益和经济增量快速提升的核心要素。长春市的城市竞争力在2016年提升较为显著，尤其是在宜居城市竞争力和可持续竞争力方面表现十分突出，毋庸置疑，长春市是东北地区最有竞争力的城市之一，而且在单项指标中已经超过大连和沈阳，发展潜力巨大。长春市城市竞争力总体上有以下优势。

（1）教育环境和医疗环境十分优越，已经形成了核心竞争力。随着城市化的不断推进，城市公共资源服务消费紧张、资源环境质量下降、人口承载过度的问题日趋严峻，尤其是在教育和医疗领域出现资源过度紧张的现象，给城市发展带来极大的负面效应。长春市对教育和医疗领域进行了大量投资，尤其是在长春新区建设多所学校和医院，缓解了教育和医疗资源紧张的现状，提升了城市的宜居程度，带动了长春市的经济社会发展，成为长春市吸引人才的重要手段。在教育和医疗环境不断改善的背景下，长春市的城市竞争力将极大地提升，并形成城市发展的良性循环。

（2）全域城市建设取得突破性进展，新的城乡格局正在形成。城市内部的二元结构问题始终是困扰城市发展的重要问题，城乡一体化发展水平参差不齐，不同地区分化非常严重。吉林省是农业大省，"三农"问题始终是政府工作的重点。近年来，随着户籍制度改革和城乡一体化建设不断推进，长春市的全域城市建设取得了很大成效，农民的生活水平和收入状况得到了改善，农村基础设施不断完善，农民工问题得到了妥善解决。这些成效使长春市的人均收入比指数不断提高，长春市的全域城市竞争力排名提升迅速，城乡均衡发展的新格局正在形成，未来将成为支撑长春市可持续发展的重要动力。

二　问题与不足

（一）城市综合经济竞争力不强

长春市 2016～2017 年的经济指标已经显现回暖的趋势，有利因素正在不断积聚。但是，长春市经济持续稳定向好的基础还不牢固，结构调整转型升级任务繁重，科技创新带动作用尚未得到充分释放，新动能支撑发展的能力仍然较弱，经济发展软环境尚需进一步改善。从城市竞争力的角度看，长春市的企业制图指数、当地要素指数、当地需求指数都明显小于发达地区省份，软环境也相对较差，整体的综合经济竞争力不强，极大地制约了吉林省经济发展。造成这种情况的原因有以下几个方面。第一，传统工业的优势地位逐渐丧失，对资源的长期开发导致老工业基地采掘和原材料工业的优势逐渐消失，制造业面对国内激烈的市场竞争举步维艰；第二，经济结构不合理问题凸显，重工业比重过大，第三产业发展不足，造成经济效益低下；第三，技术装备老化，更新换代滞后；第四，资金不足，企业发展乏力。这些因素的共同作用导致长春市的经济增长后劲不足，在全国经济总量中的比重一降再降。

（二）信息化城市竞争力倒退明显

城市经济快速发展的重要途径之一就是与外界保持密切的联系，不但在贸易和金融方面，而且在人才和信息的流动方面都保持高度的通畅。长春市地处东北边陲，不属于对外开放的窗口城市，在对外联系方面始终处于劣势地位。长春市的对外国际商旅人员交流不足，商旅人员交流层次偏低，因此导致对外交流水平不高。同时，长春市的航空交通便利程度不高，机场的规模有限、起降架次和东部发达城市相比差距较大，国际航班的数量严重不足，都阻碍了长春市航空交流便利程度的提升。此外，长春市的外贸依存度较低，出口额一直保持低位，进口额增长不明显，对外开放水平有待提高。因此，长春市当前应努力培育开放型经济新优势。要在巩固发达国家传统市场的同时，重视开拓发展中国家市场；在扩大出口和吸引外资的同时，重视增加进口和对外投资合作，实现多元发展、平衡发展。同时，也要扩大自主品牌和高附加值产品出口，促进加工贸易转型升级，发展服务贸易，增强企业国际化经营能力，提升开放型经济发展质量和水平。

（三）社会包容性和公平性有待提高

在城市竞争力中表现社会公平的指标是城市本地户籍与非本地户籍的公平性，虽然近年来长春市出台了大量保障农民工权益的法律法规，户籍改革也从未停止，但是在实践中非本地户籍人员在长春求学、就医和办理社保等方面仍然存在困难，在一些领域社会公平性有待提高。同时，由于我国还处于发展阶段，且人口基数较大，社会包容性较弱的问题也较为突出。据统计，截至 2016 年，长春市 60 岁及以上老年人口已达 131.6 万人，占户籍人口的 17.4%，这标志着长春市已经进入老龄化社会，并且在未来将持续老龄化。老龄化问题突出也是导致社会包容性减弱的重要因素，老年人是医疗需求水平较高而参与分享社会经济发展成果能力较低的群体，如何及时地、最大限度地满足老年人的基本医疗保障需求，对实现社会公平、促进社会和谐意义重大，需要引起政府和社会的普遍关注。

（四）基础设施建设水平有待提高

"城市病"是大城市发展的重要阻碍，2016 年三季度长春市高峰拥堵延时指数为 1.851，在全国各城市拥堵排名中列第 19 位；从全天拥堵延时指数分析，长春市指数为 1.49，全国排名第 48 位，延时指数同比增长

11.71%，居全国第 6 位，这说明长春市交通拥堵的恶化情况正在加剧，延时指数的持续增长有可能带来全天候、常态化的拥堵，影响了长春市宜居城市竞争力的提升。因此，长春市要进行城市交通拥堵综合治理工程，应以轨道治堵、持续基建、公交治堵、管理治堵、调控治堵、科技治堵六大基本策略为抓手，下大力气改善城市结构，完善城市交通网络，疏通交通瓶颈，优化交通组织，提高交通通行能力和运行效率，平衡交通供需矛盾，系统提升交通整体服务水平。同时，长春市公共资源服务消费紧张、基础设施建设不足的问题长期阻碍长春市的发展，尤其是文化基础设施的投入始终滞后于市民文化需求，美术馆、文化馆和图书馆等设施严重不足，市民精神文化匮乏，需要在未来加强建设。

三　现象与规律

（一）长春市的城市竞争力不断增强

2017 年的长春市城市竞争力较前几年有了长足的进步，尤其是在宜居城市竞争力和可持续竞争力方面表现十分抢眼，在教育、医疗、生态、城乡一体化发展等多个领域取得了突破性进展，长春市的综合竞争力水平大幅度提高，与发达地区城市的差距正在逐渐缩小。城市竞争力的增强将会促进经济和社会的全面发展，不断巩固长春市作为区域中心的重要地位。

（二）长春市的宜居城市建设进入爬坡阶段

随着工业化和城镇化的不断发展，城市人口需求不断提高，但城市建设滞后于经济发展。因此，在 21 世纪初期，长春市宜居城市建设重点围绕提升硬件环境展开，属于宜居发展的初级阶段，城市宜居竞争力水平显现出与经济活跃程度相耦合的发展特征。但是，随着人们对宜居问题认识的不断深入，长春市正在经历从片面关注城市硬件环境建设向关注公共服务与具体民生问题的软件环境建设过渡的阶段，即进入宜居发展的爬坡阶段。未来一段时期，长春市的宜居城市建设将会更多地关注城市的公共服务功能，以及城市人文环境与文化氛围，增强城市的文化软实力，将成为宜居城市建设的重点。

（三）长春市的辐射带动能力有待增强

城市群的协调发展逐渐成为带动区域经济社会发展的核心动力，长春市作为吉林省中部城市群和哈长城市群的核心城市，其空间溢出与空间互动效应对于区域整体发展水平的提升有重要作用。但是，当前长春市的辐射带动能力十分有限，其作为区域中心城市的作用表现不明显。因此，要从城市群发展的视角和高度来认识长春市的发展，以城市群为载体实现城市软硬件环境的协调发展，增强城市的辐射带动能力。

四　趋势与展望

（一）长春市的宜居优势将不断显现

近年来东北地区的宜居城市竞争力整体提升迅速，吉林省的大多数城市在教育、医疗和基础设施等方面表现优异，因此成为全国宜居城市竞争力排名较为领先的区域。长春市的宜居城市竞争力排名从第 69 位跃升到第 39 位，提升速度之快，超出想象。长春市在健康、教育和医疗方面的出众表现将成为提升其城市宜居竞争力的最重要因素。随着长春市相关配套的不断完善，长春市在宜居发展方面的优势会不断扩大，成为引领城市全面发展的重要动力。

（二）长春市城市竞争力展望

回顾"十二五"时期，长春市的农业稳定增长，传统工业优化升级加快，一批新兴产业正在培育形成，重大装备设计制造走在全国前列，区域创新体系初步形成。新型城镇化加快推进，基础设施和公共服务设施进一步完善。改革开放持续深化，资源节约型和环境友好型社会建设迈出坚实步伐，人民生活不断改善，这些都预示着长春市城市竞争力仍然有较大的提升空间，有望实现综合竞争力的稳中有进、稳中向好。2016 年，国务院印发了《东北振兴"十三五"规划》，为东北地区的发展指明了方向，"一带一路"的不断发展也给长春市带来了新的机遇。长春市在知识、生态、全域和文化等方面的竞争力优势仍会保持，在信息、和谐、经济等方面的发展和提升仍有乐观的前景。

同时，长春市城市竞争力全面提升也面临诸多困难与挑战。体制机制的深层次矛盾尚未理顺，国有企业活力仍然不足，民营经济发展不充分，生产要素市场体系尚不健全；科技与经济发展融合不够，偏资源型、传统型、重化工型的产业和产品比重较高，经济增长新动力不足和旧动力减弱相互交织；城乡和城市内部二元结构依然突出，资源枯竭、产业衰退、生态严重退化等特殊类型地区转型压力加大，基本公共服务供给不足。由于长期形成的深层次体制性、机制性、结构性矛盾，加上周期性因素和国际国内需求变化的影响，长春市的经济下行压力仍然较大，有效投资需求严重不足，供给侧结构性改革和新旧动能转换任务艰巨，财政收支困难，经济社会领域风险不断积聚，不同地区、行业、企业分化特征明显，深层次矛盾和问题进一步凸显。这些挑战也考验着政府的智慧和决断，给长春的城市竞争力提升带来了不确定性。

五　政策与建议

长春市一直认真践行"五位一体"总体布局、"四个全面"战略布局和"五大发展"理念，坚持"稳中求进"工作总基调，全面落实省委"三个五"发展战略和"打先锋、站排头"要求，按照市十三次党代会的战略部署，以全面振兴为主线，突出吉林中部创新转型核心区建设，努力在率先全面建成小康社会进程中，加快建设东北亚区域性中心城市。在今后一段时期，长春市要打造经济量级、城市能级、民生改善、社会治理和生态文明五个"升级版"，实现综合城市竞争力的全面提升。

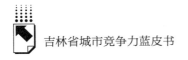

（一）打造经济空间新格局，增强综合经济竞争力

经济建设是城市发展的基础，要始终坚持以经济建设为中心，通过不断优化城市空间格局，打造以长春市为核心的吉林省中部城市群和哈长城市群，通过构建多中心集群化的城市网络，推动产业的升级换代，不断提升城市的综合经济竞争力。通过对长春市的经济空间进行系统审视，我们发现，长春市的要素空间集聚扩散效应正在不断释放，快速交通建设带来了时空压缩效应和空间重构效应，长春市的经济体系和经济空间正在进行重塑与整合。因此，在"十三五"期间，要支持和大力发展长春市的特色优势产业，培养经济的内生增长动力，不断提高城市的就业水平和居住吸引力，通过引导周边城市流动人口的就地落户，在推动城镇化发展的同时，增强城市的消费能力，进而刺激经济的快速发展。同时，在经济增速不断下降的大背景下，要善于抓住发展机遇，不断推进经济结构的调整，树立以人的发展为核心的理念，通过对城市空间的重构，增强城市的经济社会竞争力。

（二）加强对外开放，增强信息城市竞争力

加强对外联系和人员交流是提升城市竞争力的重要手段，因此长春市应该主动融入国家"一带一路"倡议，不断推动"长吉图"和"哈长城市群"等国家战略的实施，发挥长春市在对外开放中的窗口作用，提高长春市的对外开放程度。在实际操作层面，第一，应当不断加大招商引资力度，为企业提供更加优越的发展软环境，破除体制和机制障碍，力争在"十三五"期间实际利用内外资分别增长15%和12%以上。第二，要抓好对外开放合作平台建设，将兴隆综保区和空港开发区作为长春市重要的对外合作窗口，大力发展保税物流、跨境电子商务产业，积极争取设立汽车整车进口口岸。同时，要推动外贸合作的创新模式，力争将进出口总额提升到一个新的台阶。第三，加强城市之间的跨地区合作，扩大国际产能合作，将长春市有优势的装备、技术、服务推向全国和全球。积极与天津市以及浙江省相关城

市开展对口合作，吸引南方企业到长春市建厂，增加和提高产业合作园区的数量和质量。主动对接京津冀协同发展战略，要主动积极地参与环渤海、长三角地区的发展，将城市建设放在全国大战略中进行思考，力争抓住发展机遇，实现跨越式发展。

（三）增强城市的社会包容性和公平性，打造和谐城市

"幸福长春行动计划"自实施以来，取得了良好的社会反响，一批群众最关心、最直接、最迫切的民生实事得到了解决，城市的包容性和公平性得到了彰显。因此，在"十三五"期间长春市应当在已有成果的基础上继续加大民生事业建设，打造和谐城市。第一，要将脱贫作为政府工作的重中之重，确保贫困村、贫困人口全部脱贫，在2020年之前实现脱贫目标，完成脱贫任务。第二，积极增加就业岗位，支持大学毕业生自主创业，加快农村劳动力向城市的流动速度，对于城乡就业困难人员和退役军人实行对口帮扶，力争保持较高的就业率，维护社会稳定。第三，继续实施"暖流计划"，确保城乡居民收入稳定增长。在社会保障领域，要实现社会保险的全面覆盖，清除死角，确保人人生活有保障，并且探索机关事业单位养老保险制度并轨的新机制。第四，要积极应对老龄化问题，完善政府为空巢、失能、失独老人购买居家养老服务政策。对于民办养老机构，政府要出台扶持政策，保证养老服务的质量不断提升。同时，对于弱势群体要加大帮扶力度，建立残疾、生活困难家庭学生生活补助制度，保证社会发展的公平性和包容性，真正做到社会和谐、人民生活有保障。

（四）加强基础设施建设，营造可持续发展城市

基础设施建设是城市发展的基础，要坚持以人为本、建管并重、生态优先，不断提高城市承载能力、优化城市的基础设施。第一，要突出规划的重要作用，推行空间规划"一张图"管理模式。在城市基础设施建设中，要注重布局的合理性，协调景观和风貌，培育城市特色。第二，要提升城市环境治理水平，对城市的污染企业进行搬迁，加强伊通河百里生态长廊的建

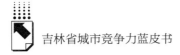
设，对城区的水体污染进行整体治理，对于重点污染区域的基础管网进行升级改造，不断提升污染水体的回用率和处理率。第三，要全面完成长春三环内旧城集中改造，继续推进暖房子工程，对危房和危旧管网进行重建或者改造，完善旧城区的功能。第四，要加强交通基础设施建设，优化城区内的路网系统，完善快速路和轨道交通的建设，打通一批断头路、卡脖路、关键堵点，增强城市的综合竞争力。

参考文献

《2017 年长春市政府工作报告》，《长春日报》2017 年 2 月 23 日。

《长春已进入老龄化社会，老年人口占户籍人口 17.4%》，《长春晚报》2016 年 3 月 13 日。

《2017 年长春市将综合施策破解城市交通拥堵问题》，《长春日报》2017 年 1 月 10 日。

吉林省城市竞争力(吉林市)报告

肖国东*

摘　要： 2016年吉林市经济继续保持平稳增长,产业结构进一步优化。农业生产保持良好发展态势,工业经济稳步增长,消费品市场总体呈现稳中向好的态势。在全国城市竞争力排名中,吉林市综合经济竞争力下降明显,其中可持续竞争力上升,信息城市竞争力下降。存在的突出问题表现为大项目投资相对乏力,经济发展活力还需增强,工业投资占比较高,投资结构还需调整。面对经济回升态势,供给侧改革初见成效,吉林市应着力于推动产业结构优化,构建现代产业体系;以创建全域旅游示范区为统领,推进旅游文化产业提档升级;着力于提升综合服务功能,打造生态宜居城市;着力于加快改革创新步伐,增强发展的内生动力。

关键词： 城市竞争力　产业发展　结构调整　吉林

吉林市是中国唯一省、市同名城市,吉林省第二大城市。行政区划土地面积27711平方公里,市区面积3636平方公里。辖4区5县(市),2个国家级开发区、15个省级开发区和1个省级工业集中区,总人口422.46万,其中城区人口200万。吉林市,满语称"吉林乌拉",意为沿江之城,位居东北亚地理中心,《中国图们江区域合作开发规划纲要——以长吉图为开发

* 肖国东,吉林省社会科学院助理研究员,经济学博士,研究方向:数量经济、产业经济和区域经济。

开放先导区》的直接腹地和重要节点。吉林市也是一座充满荣誉和骄傲的城市。它是中国历史文化名城、中国优秀旅游城市、国家园林城市、最值得向世界介绍的十大中国名城之一、中国十大特色休闲城市之一、中国未来10年最具竞争力城市等。

吉林市，一座山水城市，由江而来、沿江而走、依江而展、因江而美。"四面皆山三面水，十里长堤分外美。欲问天堂在何处？不在苏杭在东北。"这是张学良将军1929年来吉林市时写下的赞美之诗。城外"青山环绕如画屏"，"前朱雀、后玄武、左青龙、右白虎"，犹如四神拱卫。美丽的松花江呈反S形，穿城而过，"一城山色半城江"，正是对吉林市美景的动人写照。俯瞰吉林市城区，犹如天然的太极图形。吉林市，森林覆盖率达54.9%，在中国百万以上人口大城市中首屈一指，是中国东北地区第一个荣获"全国绿化模范城市"称号的城市。城区人均绿地面积9.23平方米，高出国家标准3.23平方米。沿城区松花江两岸的百里"清水绿带"，几十处水岸精品浑然天成，风格迥异的长桥横卧江波，高楼鳞次栉比，雕塑精致典雅，绿树错落有致，花草争奇斗妍，形成了著名的城市生态走廊和天然氧吧，荣获"中国人居环境范例奖"。

表1　2016年吉林市基本情况

项　目	数　据
辖区面积（平方公里）	27711
总人口（万人）	422.46
地区生产总值及增长率（亿元，%）	2531.3,6.9
三次产业比例	9.5:44.9:45.6

资料来源：《吉林市2016年国民经济和社会发展统计公报》。

一　现状与优势

（一）总体概况

国民经济继续保持平稳增长。2016年吉林市实现地区生产总值2531.3

亿元，比上年增长 6.9%。其中，第一产业完成增加值 240.3 亿元，增长
4.3%；第二产业完成增加值 1136 亿元，增长 6.4%；第三产业完成增加值
1155 亿元，增长 8.2%。三次产业结构比由上年的 10.5：45.4：44.1 调整为
9.5：44.9：45.6，第三产业比重提升 1.5 个百分点，形成"三二一"产业新
格局，产业结构进一步优化。人均生产总值达到 59652.4 元，按现行汇率折
算为 8599.2 美元。

农业生产保持良好发展态势。2016 年，完成农林牧渔业总产值 446.2
亿元，同比增长 3.5%。其中，完成农业产值 228.1 亿元，增长 7%；完成
林业产值 13.8 亿元，增长 14%；完成牧业产值 195.5 亿元，增长 0.1%；
完成渔业产值 8.8 亿元，增长 0.2%。农业机械总动力达到 355 万千瓦，同
比增长 3.8%。全市上下积极贯彻落实国家强农惠农富农政策，粮食生产喜
获丰收，按省认定数粮食总产量为 423.2 万吨，比上年增长 0.04%。其中，
水稻总产量达到 105 万吨，增长 1.9%；大豆总产量 7.8 万吨，增长
14.7%；玉米总产量 306.9 万吨，下降 0.5%。2016 年，粮食作物播种面积
65.8 万公顷，增长 3.1%。其中，大豆播种面积 2.6 万公顷，增长 21%；水
稻播种面积 13.8 万公顷，增长 3.5%；玉米播种面积 48.6 万公顷，增长
2.4%。

工业经济稳步增长，运行质量平稳提升。2016 年，规模以上工业企
业 1082 户，完成产值 3256.7 亿元，增长 4.6%；完成增加值 755.2 亿元，
同比增长 6.2%。十大行业总体保持"九升一降"，其中，石化行业完成
产值 784.5 亿元，增长 4.3%；冶金行业完成产值 290.8 亿元，下降
8.6%；医药健康行业完成产值 184.3 亿元，增长 15.1%；电子行业完成
产值 36.1 亿元，增长 6.5%；农副食品加工行业完成产值 675.6 亿元，增
长 6.4%；轻纺行业完成产值 286.1 亿元，增长 2.7%；机械加工与制造
行业完成产值 389.3 亿元，增长 5.1%；能源行业完成产值 86.4 亿元，增
长 5.2%；汽车及配件制造行业完成产值 197.3 亿元，增长 16.2%；建材
行业完成产值 237.9 亿元，增长 6.1%。工业产品销售率达到 98.5%，比
上年提高 0.6 个百分点。

消费品市场总体呈现稳中向好的态势。2016 年，吉林市实现社会消费品零售总额 1446.5 亿元，增长 10.1%。从地域看，城镇实现消费品零售额 1323.3 亿元，增长 9.8%；乡村实现消费品零售额 123.2 亿元，增长 14.4%。从行业看，批发业实现零售额 267.2 亿元，增长 8.0%；零售业实现零售额 1024.6 亿元，增长 10.4%；住宿业实现零售额 14.6 亿元，增长 14.2%；餐饮业实现零售额 140.1 亿元，增长 12.4%。

（二）格局分析

第一，综合经济竞争力下降明显。2016 年吉林市综合经济竞争力指数为 0.069，全国城市排名第 139 位，与 2015 年相比下降了 53 个位次，与 2014 年相比下降了 62 个位次，可见综合经济竞争力下降幅度较大。从东北城市综合经济竞争力排名看，吉林市综合经济竞争力排名也有所下降。在 2016 年东北城市中，吉林市排名第 9，与 2015 年相比，下降了 2 个名次。从吉林省城市综合经济竞争力排名看，吉林市的排名并没有发生变化，在 2016 年吉林省城市中，吉林市仍居第 2 位，位列长春之后。与 2015 年相比，排名没有发生变化。吉林市综合经济竞争力的大幅度下降，实际上是源于综合增量竞争力和综合效率竞争力的大幅度下降。2016 年吉林市综合增量竞争力指数 0.096，全国城市排名第 112 名，与 2015 年相比下降了 59 个位次，下降幅度之大，值得探究。从东北城市排名情况看，2016 年吉林市综合增量竞争力排名第 6，与 2015 年相比，上升了一个名次，这与东北城市增量竞争力集体下降有关。从吉林省城市排名情况看，2016 年吉林市综合增量竞争力排名仍居第 2 位，与 2015 年相比，排名没有发生变化。2016 年吉林市综合效率竞争力指数为 0.004，全国城市排名第 190，与 2015 年相比下降了 21 个位次，下降幅度较大。从东北及吉林省内城市排名情况看，吉林市综合效率竞争力并没有发生变化。2016 年吉林市在东北城市中排名第 13，在吉林省内排名第 3，与 2015 年相比，两个排名情况都没有发生变化。

表 2   2015 年与 2016 年吉林市综合经济竞争力及分项指数排名

年份	综合经济竞争力	排名			综合增量竞争力	排名			综合效率竞争力	排名		
		全国	东北	省内		全国	东北	省内		全国	东北	省内
2015	0.104	86	7	2	0.175	53	7	2	0.004	169	13	3
2016	0.069	139	9	2	0.096	112	6	2	0.004	190	13	3

资料来源：中国社会科学院城市与竞争力指数数据库、吉林省社会科学院城乡发展指数数据库。

第二，可持续竞争力上升，而信息城市竞争力下降。2016 年吉林市可持续竞争力指数为 0.366，全国城市排名第 90 位，比 2015 年排名上升了 11 位；但在东北城市排名中，比 2015 年排名下降了一个名次；吉林省内排名，与 2015 年相比没有变化，仍居第 2 位。从分项指数看，吉林市和谐城市竞争力、文化城市竞争力和信息城市竞争力，全国城市排名有所下降，知识城市竞争力、生态城市竞争力和全域城市竞争力，全国城市排名有所上升。2016 年，吉林市和谐城市竞争力，全国城市排名第 107 位，与 2015 年排名相比，下降了 3 个位次。吉林市文化城市竞争力，全国城市排名第 96 位，与 2015 年排名相比，下降了 10 个位次，吉林市信息城市竞争力，全国城市排名第 203 位，与 2015 年排名相比，下降了 13 个位次。与 2015 年排名相比，2016 年吉林市知识城市竞争力全国排名第 71 位，上升了 28 个位次，吉林市生态城市竞争力，全国排名第 96 位，上升了 19 个位次，吉林市全域城市竞争力，全国排名第 96 位，上升了 2 个位次。

表 3   2015 年与 2016 年吉林市可持续竞争力及分项指数排名

年份	可持续竞争力	知识城市竞争力	和谐城市竞争力	生态城市竞争力	文化城市竞争力	全域城市竞争力	信息城市竞争力
2015	0.345	★★★★	★★★	★★★★	★★	★★	★★★
2016	0.366	★★★★	★★★	★★★★	★★	★★	★★★

年份	排名			排名			排名			排名			排名			排名			排名		
	全国	东北	省内	全国	东北	省内	全国	东北	省内	全国	东北	省内	全国	东北	省内	全国	东北	省内	全国	东北	省内
2015	101	10	2	99	7	2	104	15	4	115	9	4	86	4	2	98	17	4	190	21	3
2016	90	11	2	71	6	2	107	21	4	96	11	3	96	5	2	96	13	2	203	23	4

资料来源：中国社会科学院城市与竞争力指数数据库、吉林省社会科学院城乡发展指数数据库。

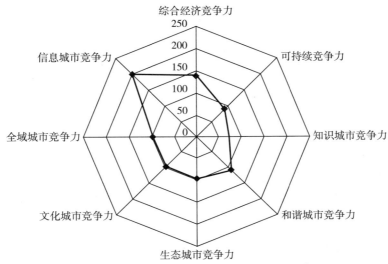

图1 2016年吉林市城市竞争力全国排名雷达图

第三，宜居城市竞争力大幅度上升。2016年吉林市宜居城市竞争力指数为0.613，全国城市排名第48位，与2015年排名相比，上升了147个位次。从东北城市排名情况看，吉林市宜居城市竞争力也呈现上升势头。与2015年排名相比，2016年吉林市宜居城市竞争力在东北城市中，排名第5，上升了9个位次，2016年吉林市宜居城市竞争力在吉林省排名没有变化，仍居第2位。

表4 2015年与2016年吉林市宜居城市竞争力指数及排名

年份	宜居城市竞争力	排名		
		全国	东北	省内
2015	0.306	195	14	2
2016	0.613	48	5	2

资料来源：中国社会科学院城市与竞争力指数数据库、吉林省社会科学院城乡发展指数数据库。

二　问题与劣势

（一）大项目投资相对乏力，经济发展活力还需增强

2016年吉林市完成GDP 2531亿元，同比增长6.9%，与全省GDP增速

一致，经济增长活力有待增强。2016 年 1～10 月，亿元以上施工项目 379 个，仅占全部固定资产投资施工项目个数的 7.8%；亿元以上施工项目完成的投资额为 797.3 亿元，仅占全部固定资产投资额的 29.1%。由此可见，大项目占吉林市固定资产投资项目的比例仍然过低。而在全省的 9 个百亿投资项目中，长春有 6 个，延边有 2 个，白城有 1 个，吉林市一个都没有。吉林市亿元以上新开工项目 192 个，占全部固定资产投资新开工项目的 4.2%；计划总投资 696.8 亿元，占全部固定资产投资项目计划总投资的 25.5%；完成投资额 412.2 亿元，仅占全部固定资产投资额的 15.1%。重点项目偏少，投资规模偏小，所传递的信号是大项目对投资的拉动后劲乏力。从民间投资情况来看，民间投资占全部投资的比重逐年提高。2016 年 1～10 月，吉林市亿元以上民间投资占全部亿元以上项目投资的比重为 71.7%。从民间投资的产业结构来看，房地产业和工业仍然是主要组成部分；从项目涉及领域来看，很多民间投资项目仍局限于房地产开发和传统工业领域，对商贸住宿、文化体育、教育、卫生医疗和养老服务等社会事业领域的投资相对较少。

（二）工业投资占比较高，投资结构还需调整

2016 年 1～10 月，吉林市三次产业投资结构中第二产业占据主导地位，呈现"二三一"的投资结构（三次产业比例为 0.5∶50.1∶49.4），第三产业投资所占比重与上年同期相比提高 16 个百分点，但与全省投资结构相比，吉林市第三产业投资所占比重低 5 个百分点；与省会长春市相比，吉林市第三产业投资所占比重低 3 个百分点。从九大投资方向来看，目前吉林市大项目投资依旧集中在工业领域，主要投向第二产业。可见"服务业攻坚"虽已取得初步成效，但与全省和长春相比投资结构亟须有效调整。

（三）农村居民收入增速较低，乡镇企业发展相对滞后

2015 年，吉林市农村常住居民人均可支配收入增速低于 GDP 增速 1.9 个百分点，全省农村常住居民人均可支配收入增速低于 GDP 增速 1.4 个百分点，差距大于全省平均水平。城乡收入差距略有拉大。2015 年，吉林市

城镇常住居民人均可支配收入 23873.4 元，同比增长 6.4%，高于农村常住居民人均可支配收入增速 0.9 个百分点。2015 年吉林市城乡居民人均可支配收入比为 2.08，较上年 2.04 的比值上升 0.04。吉林市乡镇企业发展近几年虽然取得一定成绩，但与全省先进地区相比差距仍然很大。主要表现为：产业集群规模偏小，产业聚集度不高、规模小、数量少；龙头企业带动能力较弱，有些龙头企业自身实力有限；企业创新能力不强，相当一部分企业技术水平和装备水平较低，专业化程度不高，企业产品附加值低；缺乏完善的社会化中介服务机构，服务体系不健全。乡镇企业发展滞后，造成吉林市乡镇人均财政收入偏低。2015 年，吉林市工业企业单位数 2461 个，比上年减少 148 个，比上年下降 5.7%，工业总产值 1281.5 亿元，比上年下降 15.9%。

三　现象与规律

（一）回升态势较为明显，工业运行相对平稳

2016 年以来，吉林市规模以上工业总产值呈现逐月回升的增长态势。2016 年，吉林市规模以上工业完成产值 3256.7 亿元，同比增长 4.6%。自 5 月份以来，工业产值增速由负转正，全年工业产值总体呈现逐月回升的态势。2016 年，吉林市规模以上工业完成增加值 755.2 亿元，同比增长 6.2%，与上年持平，略低于全省 6.3% 的平均增速，高于全国 6.0% 的平均增速。对比吉林市工业产值增速的持续加快，其工业增加值增速表现较为平稳，这主要是由于吉林市工业品出厂价格指数持续回升。一年来，工业品出厂价格指数由 95.0 提升到 98.7，价格指数的较快回升制约了工业增速的水平。

（二）新兴产业发展良好，结构调整步伐加快

万科松花湖旅游度假区、温泉带综合开发、朱雀山国家森林公园等景区

景点建设大力推进，四季精品旅游线路不断完善，以冰雪游、温泉游为代表的旅游市场持续升温，旅游总收入增长 25.4%。医药健康产业快速成长，长白山制药、吉尔吉药业等骨干医药企业保持较快发展，优势产品体系不断健全，产值增速高于全市规模以上工业产值增速 10 个百分点。云计算产业中心初具规模，大全软件外包基地建成使用，国家"两化"融合试点企业 10 户，占全省的 37%。碳纤维产业战略发展地位凸显，纳入全省高位统筹，与中国复合材料集团成功签订战略合作协议，吉研高科复合材料等一批产业链项目实施，吉林碳谷 200 吨大丝束碳化示范线建成投产。恒涛节能锅炉、旭峰科技 3D 打印等先进装备制造业项目稳步推进。传统产业改造步伐加快。吉神化工 30 万吨环氧丙烷产能释放，康乃尔 60 万吨甲醇制烯烃项目顺利实施，吉化汽油国 V 质量升级改造竣工投产。推进汽车"上量"，一汽大众经济型轿车项目积极推进，一汽吉林森雅 R7 车型产销超 4 万辆，T80 双排座微卡具备年产 2 万辆的生产能力，吉星轮胎、龙山减速器等汽车零部件项目实现量产。推进冶金"转型"，吉林铁合金、吉林碳素签订搬迁框架协议，12 万吨碳素及制品等技改升级项目加快实施。推进农产品加工"提质"，新建续建 31 个重点项目，新晋 3 户国家级龙头企业，被认定为国家级出口食品农产品质量安全示范区。现代服务业水平不断提升。安中危化品、博宇医药、晟驰汽车等一批物流园区集聚发展效应增强，市保税物流中心通过国家验收。金融体系日趋完善，招商银行、盛京银行、长春农商行在吉林市设立分支机构，村镇银行实现地区全覆盖，昌邑金融集聚区获批筹建，金融业增加值增长 19.6%。

（三）动力转换实现突破，重点领域改革不断深化

吉林市属经营性国有资产完成划转并集中统一监管，市场化选聘国企经理层成员试点展开，混合所有制改革进行了有益探索。"五证合一""一照一码""先照后证"登记制度全面实施，企业注册实现全程电子化，市场主体同比增长 11.9%。民用天然气、供热、交通、旅游等相关价格改革取得阶段性成果。投融资改革收到实效，组建产业发展基金 10 支、规模超百亿

元，吉歌传媒等 12 户企业在"新三板"挂牌，温德河湿地公园等 14 个 PPP 合作项目纳入财政部项目信息平台。户籍制度和居住证制度改革扎实推进，现代学徒制试点稳步开展，公立医院和基层医疗卫生机构综合改革不断深化，医保支付制度改革实现全覆盖。国有林场改革试点、供销合作社综合改革进展顺利，农村土地确权提前一年完成三年实测任务，发放农村土地经营权抵押贷款、收益保证贷款 3.8 亿元，被列为国家农村金融改革试点地区。特种纤维等一批细分行业应用技术研究院成立，东北首家国家科技领军人才创新驱动中心建立，市级以上企业技术中心达到 99 个，100 项科技攻关及产业化项目加速实施，科技"小巨人"企业发展到 206 户。推动大众创业、万众创新，巨邦软件园等载体加快建设，创新科技园投入运营，培育众创空间、创业孵化基地各 10 个，发放创业担保贷款 1.8 亿元，扶持创业企业 2215 户。

（四）脱贫攻坚成效显著，惠民生收获新成果

通过开展精准脱贫春季和秋季攻势，落实包保帮扶、专家把脉、产业造血等系列措施，筹集脱贫资金 3.5 亿元，落实脱贫产业项目 816 个，68 个村、2.8 万户、4.9 万人脱贫出列，完成贫困村、贫困户"双 60%"脱贫任务。社会保障体系进一步完善。机关事业及企业退休人员月人均养老金分别增长 6% 和 7%，工伤、失业、生育保险费率降低，长期护理保险制度试点启动，城乡低保提标全面落实。居民生活条件有效改善。继续开展"温暖家庭、整洁楼道、和谐社区、畅通街路"创建活动，完成 134 条街巷、47 条胡同和 53 个老旧小区综合改造任务。完成棚户区改造 7266 套，回迁安置 7150 户。改造"暖房子"36.2 万平方米，解决近 7 万户居民房证办理问题。维修改造给排水、供热、燃气等各类管网 306 公里。新开、调整公交线路 29 条，新增公交车 150 辆。新建改建各级各类公路 558 公里。建设城区水洗公厕 69 座、改造农村厕所 1.05 万座。大力开展农村"六清"整治行动，村容村貌进一步改善。启动 50 个贫困村安全饮水工程，解决 5.4 万农村居民饮水安全问题。生态环境进一步优化。全面开展

"长吉平"三市共治大气污染专项行动，空气质量优良天数超出上年48天。实施最严格水资源管理制度，持续推进松花江流域综合整治，水环境质量持续改善。清收还林成果显著，还林54.8万亩，森林覆盖率达到54.9%。社会事业全面发展。教育"阳光行动"深入推进，完善优质资源共享区，组建城区大学区88个，取得全国职业学校技能大赛历史最好成绩。加强医疗卫生三级网络建设，分级诊疗制度稳步推进，242个村级"一站式"服务平台建成，公共卫生医疗服务水平进一步提升。国家公共文化服务体系示范区创建进展顺利，冰雪奥运冠军培育计划大力实施，广场文化周、全民上冰雪等文体活动蓬勃开展，高水平举办吉林市首届国际马拉松赛、首届中国道教文化艺术周等重大节庆赛事，城市的迷人魅力充分彰显，知名度和影响力明显扩大。

四　趋势与展望

（一）经济进入新常态，供给侧改革将深入推进

我国经济增速由高速转为中高速，经济发展进入新常态。目前，吉林市工业效益质量大幅度提升，供给侧改革初见成效。2016年，吉林市规模以上工业企业实现利润118.7亿元，同比增长64.8亿元。其中，吉化盈利15.2亿元，同比增长50.9亿元，扭转了连续十年亏损的局面。作为供给侧结构性改革重点任务的"三去一降一补"在吉林市工业领域取得了初步成效。规模以上工业中水泥、生铁、钢材、铁合金、原煤等产能过剩产品的产量均呈现不同幅度的减少；产成品库存同比增长15.5%，低于2016年初19.7%的增长水平；工业资产负债率为60.4%，低于2016年初0.6个百分点。降低成本方面，规模以上工业每百元主营业务收入中的成本为81.5元，同比减少1.7元；每百元主营业务收入中的费用为11.6元，同比减少0.05元；主营业务收入利润率为3.8%，同比增加2个百分点。

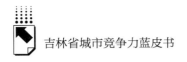
（二）粗放型增长方式难以为继，新旧动能转换将加快

从行业上看，化工、冶金、汽车等传统支柱产业转型路径明晰。围绕"补链"，康乃尔甲醇制烯烃、吉神化工聚醇醚等化工项目2016年完成投资200.5亿元；围绕"转型"，铁合金、碳素企业搬迁改造完成方案论证并进入前期启动阶段；围绕"上量"，提高整车产能，全力推进一汽大众DY整车项目开工，带动汽车配套产业发展。十大行业中，除冶金行业外，其他九大行业产值均呈现增长态势。其中，汽车及配件制造、医药健康行业产值增长最快，均超过了10%。而增速相对较低的轻纺、石化行业产值增速表现出加快的趋势。在规模以上工业中，"两高一资"（高耗能、高污染、资源型）行业产值比为44.3%，同比下降1.3个百分点；高技术行业产值达171.9亿元，占吉林市规模以上工业总产值的比重为5.2%，高于年初4.7%的水平，高技术行业产值同比增长12.7%，高于规模以上工业总产值平均增速8.1个百分点；战略性新兴产业产值同比增长8.5%，高于规模以上工业总产值平均增速3.9个百分点。当前高技术、战略性新兴产业等新动能持续较快增长，新旧动能转换加快，工业结构调整、转型升级进程进一步深化。

（三）政策环境持续向好，新一轮东北振兴将加速

自2003年国家实施振兴东北战略以来，阶段性成绩突出，但近年来，东北三省经济增长集体失速，为积极应对经济下行压力，振兴东北的政策陆续出台。根据经济发展的新形势，国务院发布了新一轮振兴东北战略的政策文件。例如，《关于近期支持东北振兴若干重大政策举措的意见》《关于全面振兴东北地区等老工业基地的若干意见》《关于深入推进实施新一轮东北振兴战略加快推动东北地区经济企稳向好若干重要举措的意见》《东北振兴"十三五"规划》等一系列振兴东北的政策文件先后发布。2016年长春新区成立，哈尔滨综合保税区、辽宁自贸区总体方案和沈大国家高新区建设国家自主创新示范区获批。这对于深化国有企业改革，加快民营经济发展，推进行政管理体制改革和实施创新驱动具有重要意义。

五　政策与建议

（一）着力推动产业结构优化，构建现代产业体系

在产业结构调整的关键时期，吉林市应紧扣转型升级，改造传统产业。延伸基础化工、生物化工、资源综合利用、丙烯及聚氨酯产业链，推进秸秆资源化综合利用项目建设，规划建设聚氨酯产业园，推动甲醇制烯烃项目一期建成投产。提高一汽吉林森雅、龙山微型卡车、面包车生产能力，推进实施万丰工业园二期、凯德传动轴、恒达金型等汽车配套项目。加快哈达湾老工业区搬迁改造，吉林铁合金、吉林碳素力争完成整体搬迁，同步启动新厂区建设；支持建龙钢铁转型升级、扩大融资。围绕农产品加工"提质"，支持中新食品区争创中国食品安全国际合作试验区，打造特色农产品出口基地。整合资源，筹建产业集团，推进碳纤维产业化、规模化发展。坚持需求导向，提升现代服务业。突出发展电子商务。立足建设东北电子商务中心城市，深化与阿里巴巴战略合作，重点抓好吉林乌拉电商产业园、5个县域电子商务服务中心、4个"淘宝村"建设；增加社区电商服务网点布局，完善"一站式"便民服务功能。

（二）着力实施城市品牌升级，打造旅游文化名城

以创建全域旅游示范区为统领，推进旅游文化产业提档升级。抓住北京举办2022年冬奥会的有利契机，以"雪"为主，开发双顶山、莲花山雪上运动核心圈，启动北大壶国家青少年雪上训练基地二期、冬奥村和奥体中心建设，争取国家级冰雪训练基地落户吉林市。加快松花湖国家AAAAA级旅游景区创建工作，构建环湖旅游经济圈。完善松光景区、湖光景区基础设施，实施环湖旅游公路及7条景区连接线改扩建工程，建成景区水上交通指挥中心等配套设施。编制完成温泉产业发展规划，系统提升万昌—孤店子温泉产业带建设水平。加大扶持和配套建设力度，推进搜登站、桦皮厂等7个

温泉休闲节点镇建设，快速形成产业优势和集群效应。"创新温泉＋医疗＋养生＋养老＋农业"等发展模式，重点实施欧乐堡极地海洋冰雪世界、圣德泉温泉旅游养生园、白桦林家温泉、祥康养老中心、长吉养老社区等温泉产业项目，建设一批旅居集聚区，打造一批健康旅游产品。创新营销渠道，加强整体策划，高水平、系统化推介"中国雾凇之都""中国冰雪名城""中国最美温泉带""天下第一江山"等城市品牌。

（三）着力提升综合服务功能，打造生态宜居城市

加强城市建设管理。搭建智慧化城市管理平台，规范道路停车和停车位管理，加强弃管小区物业管理，强化违法建筑、散流体运输车等专项整治，全面构建城市网格化管理新格局。严格落实安全生产责任制，持续开展安全生产隐患排查整改和食品药品安全示范创建行动，坚决杜绝重特大安全生产事故发生。推进平安吉林建设，严厉打击非法集资，全力维护社会和谐稳定。坚持绿色、共享和可持续的发展理念，加快建设品质江城。巩固生态环境优势。围绕创建生态文明先行示范区，坚持保护和治理并重，推动生态环境建设再上新台阶。实施蓝天工程，深入开展"长吉平"三市共治大气污染专项行动，提升生物质能源综合利用水平，积极引进秸秆开发利用新技术、新项目，加快取缔小锅炉。

（四）着力加快改革创新步伐，增强发展的内生动力

深化重点领域改革，推进国资国企改革。创新运营模式，加快资源资产化、资产资本化、资本证券化进程；实施企业分类改革，全面提升国企经营管理水平；推动驻吉央企"三供一业"分离移交等专项改革，争取市属国有企业列入首批混合所有制改革试点。推进市场体系改革。探索开展售电侧改革，促进企业用电成本大幅降低；推进水、天然气、交通、供热、旅游、公共医疗等领域价格改革，放开竞争性环节价格，健全市场决定价格机制。实施创新驱动战略，大力推进科技创新。加快科技创新城建设步伐，推动职教园区与中德工业园、医药健康园、创新科技园等同步建设、融合发展，打

造科技创新集聚区；深化产学研用协同创新，创建化学原料药、特种纤维等产业创新联盟，引进中科院应化所中试基地、光机所创新孵化器和百度创新中心，推进英联生物等研发平台建设。深入开展"双创"工作。科技创业基金，支持智慧农业产业园、蚁神动漫等创业孵化园区发展，引导风险投资、创业投资、天使投资等资本投向"双创"领域，推动众创、众包、众扶、众筹等新业态发展；提升"双创"服务平台功能。

参考文献

《吉林市人民政府 2016 年政府工作报告》，吉林市人民政府网站。

《2016 年吉林市国民经济和社会发展统计公报》，吉林市人民政府网站。

《2016 年吉林省国民经济和社会发展统计公报》，吉林省人民政府网站。

《吉林市国民经济和社会发展第十三个五年规划纲要》，吉林市人民政府网站。

崔岳春主编《吉林省城市竞争力报告 2016》，社会科学文献出版社，2016。

倪鹏飞主编《中国城市竞争力报告 NO. 14》，中国社会科学出版社，2016。

张国臣：《关于吉林市"十三五"实现基本建成旅游文化名城重点难点问题研究》，《中国旅游报》2015 年 12 月 11 日。

B.8
吉林省城市竞争力（四平市）报告

徐卓顺*

摘　要： 本文通过分析四平市和谐、生态、知识、全域、信息和文化6个方面竞争力的客观指标构建的城市综合经济、可持续竞争力，以及宜居、宜商城市竞争力指数。研究发现：四平市的综合经济竞争力显著下降，可持续竞争力有所提升，但在全国的综合排名略有下降，宜居、宜商城市竞争力指数依然较低，在全国排位不高，但略有上升。结果显示，四平市城市发展仍存在综合经济实力不高，科技投入不足，信息城市竞争力相对较弱，居住环境、生态环境和市政设施建设相对滞后，宜居城市竞争力相对不高等诸多问题。据此本文提出绿色发展、区域协同发展、加快改革等举措，从而加快提升四平城市竞争力。

关键词： 四平　可持续竞争力　转型升级

四平，作为吉林省继长春、吉林之后的第三大城市，地处松辽平原中部地区，行政区划土地面积14323平方公里，总人口324.5万，其中市区面积1007平方公里，人口58.1万，占总人口的17.9%。四平市地处辽宁、吉林和内蒙古地区交界处。四平是吉林、黑龙江及内蒙古东部通向长三角和京津冀的必经之地，是东北地区重要的交通枢纽和物流节点城市，位于东北振兴哈长沈大一级发展

---

* 徐卓顺，吉林省社会科学院软科学研究所副研究员，博士，研究方向：数量经济学与产业经济学。

轴上，是哈长城市群南部的桥头堡、吉林省中部创新转型核心区主要支点城市。

2016 年，四平经济虽保持稳步发展，但受经济体制改革、产业结构调整、国内外经济形势变化等多方面影响，其综合经济竞争力有所下降，在包括台湾、香港、澳门在内的 295 个城市中排名靠后，居第 196 位，比 2015 年的第 158 位下降了 38 个位次。其中，综合增量竞争力下降较快，排名从 2015 年的第 135 位，下降至 2016 年的第 183 位，下降了 48 个位次，综合效率竞争力指数排名下降了 6 个位次，位列第 191 名。四平可持续发展竞争力综合排名也有所下降，在包括港、澳在内的 289 个城市中的排名由 2015 年第 171 位下降到 2016 年的第 208 位。四平市除了知识城市竞争力和生态城市竞争力排名比 2015 年有所提升，且排名靠前外，其他的如和谐城市竞争力、文化城市竞争力、全域城市竞争力和信息城市竞争力均有所下降，且排位均靠后。可以说，只有四平的可持续竞争力是以知识和生态推动的。只有四平市和谐发展水平提高、城市文化素养提升、全域经济发展加速、信息技术推广加快，才能推动四平社会经济高效、稳步发展，从而提升四平市综合经济竞争力和可持续发展能力。

一 格局与优势

（一）总体概况

2016 年，四平市综合经济形势向好。全年实现生产总值 1205.0 亿元，去除价格因素，同比增长 3.1%。其中三次产业增加值分别达到 301.8 亿元、479.8 亿元和 423.4 亿元，同比分别增长 3.5%、2.1% 和 10.2%。经济结构进一步优化，三次产业产值比由 2015 年的 25.1∶44.8∶30.1 转变为 25.0∶39.8∶35.2。第三产业贡献率提升了 5.1 个百分点。

四平市需求结构改善。2016 年全社会固定资产投资额度达到 884.1 亿元，比上年增加 71.9 亿元，同比增长 8.9%。三次产业投资额分别达到 26.5 亿元、473.0 亿元和 384.6 亿元，除第一产业固定资产投资比上年减少了 9.8 亿元外，第二、第三产业投资分别比上年增长了 29.7 亿元、51.8 亿

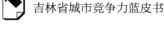

元，增速分别达到 6.7% 和 15.6%；当年社会消费品零售总额达到 605.8 亿元，比上年增加 54.3 亿元，同比增长 9.8%。

四平市民生工作不断推进。2016 年，城镇人均可支配收入与农村居民人均可支配收入分别达到 23707 元和 12063 元，同比增长 6.6% 和 6.9%。城镇新增就业人数达到 4.15 万人，城镇登记失业率为 3.5%，失业保险人数增至 19.5 万人，比上年下降 0.2%。参加基本养老保险人数达到 24.9 万人，同比下降 0.2%。

（二）现状与格局

1. 四平市综合经济竞争力继续下降

2016 年，四平市城市综合竞争力指数达到 0.0569，比 2015 年下降了 0.0136，在包括台湾、香港、澳门在内的 295 个城市中，列第 196 位，比上年排位下降了 38 个位次，在东北三省 34 个城市中位列第 12 位，排位比 2015 年上升了 3 个位次，在全省 8 个地级市中位列第 3 位，排位比上年提升 1 位。其中，综合增量竞争力显著下降。其指数由 2015 年的 0.0740 下降至 2016 年的 0.0618，下降了 0.0122，全国排位也由 2015 年的第 135 位降至 2016 年的第 183 位，下降了 48 个位次，在东北三省中的排位下降 1 位，降至第 13 位，在全省中位次有所提升，由 2015 年的第 4 位升至第 3 位。综合效率竞争力指数仍保持较低水平，与上年持平，仅有 0.0034，全国排名由 2015 年的第 185 位降至 2016 年的第 191 位，下降 6 个位次，在东北三省和吉林省城市中的排位未发生改变，仍分别列第 15 位和第 4 位（见表 1）。

表 1   2015 年与 2016 年四平市综合经济竞争力及分项指数排名

年份	综合经济竞争力	排名			综合增量竞争力	排名			综合效率竞争力	排名		
		全国	东北	省内		全国	东北	省内		全国	东北	省内
2015	0.0705	158	15	4	0.0740	135	12	4	0.0034	185	15	4
2016	0.0569	196	12	3	0.0618	183	13	3	0.0034	191	15	4

资料来源：中国社会科学院城市与竞争力指数数据库、吉林省社会科学院城乡发展指数数据库。

2. 可持续竞争力显著下降

2016 年，四平市可持续竞争力指数为 0.2220，比 2015 年下降了 0.0470，在包括港、澳在内的 289 个城市中的排名也由 2015 年的第 171 位降至第 208 位，下降了 37 个位次（见表 2）。其中，仅仅知识城市竞争力和生态城市竞争力排名有所提升，分别由 2015 年的第 172 位、第 213 位提升至 2016 年的第 84 位和第 151 位，分别提升了 88 个位次和 62 个位次。四平市知识城市竞争力和生态城市竞争力在东北三省 34 个城市中的排名分别提升了 7 个位次和 6 个位次，分列第 9 位和第 18 位，在省内排名分别由 2015 年的第 4 位和第 8 位，升至 2016 年的第 3 位和第 7 位。与之相对应的是，和谐城市竞争力、文化城市竞争力、全域城市竞争力和信息城市竞争力的下降。其中全域城市竞争力下降幅度最大，由 2015 年的第 103 位降至第 200 位，下降了 97 个位次，在东北三省中的排名下降了 10 个位次，降至第 29 位，在省内排名下降了 2 个位次，降至第 7 位。和谐城市竞争力和文化城市竞争力在全国排名分别下降了 82 个位次和 77 个位次，由 2015 年的第 96 位和第 172 位降至 2016 年的第 178 位和第 249 位，在东北三省中的排名由 2015 年的第 14 位和第 24 位降至 2016 年的第 31 位和第 29 位，在省内排名由 2015 年第 3 位和第 5 位降至 2016 年的第 7 位和第 6 位。信息城市竞争力下降的位次稍少，但在全国排名中靠后，由 2015 年的第 185 位降至 2016 年的第 246 位，在东北三省城市中排名由 2015 年的第 20 位降至 2016 年的第 30 位，在省内排名由 2015 年的第 2 位降至 2016 年的第 6 位。由此可见，四平市仅知识城市竞争力处于全国中上水平，这与四平市经济增长指数（0.1079）和大学指数（0.5829）关系密切，这两类指标在全国较高的排名拉高了四平市的知识城市竞争力排名。生态城市竞争力与人均绿地面积、国家级自然保护区指数、单位 GDP 耗电量、单位 GDP 二氧化碳排放量等指标有关，四平市的各指标得分分别达到了 0.7465、0.0915、0.1546 和 0.3507，较高的人均绿地面积和单位 GDP 二氧化碳排放量得分提升了四平市生态城市竞争力。但与城市可持续竞争力有关的和谐、文化、全域和信息等方面较低的发展水平，依然造成四平市可持续竞争力排名的大幅下降。

表2　2015年与2016年四平市可持续竞争力及分项指数排名

年份	可持续竞争力	知识城市竞争力	和谐城市竞争力	生态城市竞争力	文化城市竞争力	全域城市竞争力	信息城市竞争力
2015	0.2690	0.2976	0.3494	0.2827	0.1668	0.2885	0.3401
2016	0.2220	★★★★	★★	★★	★	★★	★

年份	排名			排名			排名			排名			排名			排名			排名		
	全国	东北	省内	全国	东北	省内	全国	东北	省内	全国	东北	省内	全国	东北	省内	全国	东北	省内	全国	东北	省内
2015	171	20	4	172	16	4	96	14	3	213	24	8	172	24	5	103	19	5	185	20	2
2016	208	25	5	84	9	3	178	31	7	151	18	7	249	29	6	200	29	7	246	30	6

资料来源：中国社会科学院城市与竞争力指数数据库、吉林省社会科学院城乡发展指数数据库。

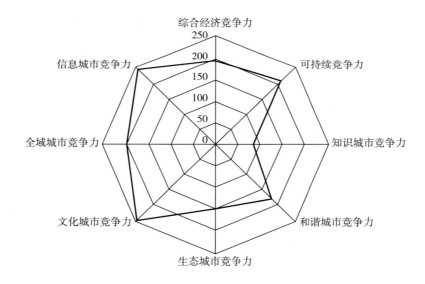

图1　2016年四平市城市竞争力全国排名雷达图

3.宜居城市竞争力显著提升

2016年，四平市宜居城市竞争力指数达到0.4966，比2015年提升了0.4558，在包括港、澳在内的全国289个城市中的排名提升了181个位次，由2015年的第285位提升至第104位，在东北三省34个城市中的排名由2015年的第33位提升至第13位，提升了20个位次，在省内的排名也提升了 4 个位次，由第 8 位提升至第 4 位（见表 3）。四平市的宜居城市竞争力指数大幅提升，与四平的教育、医疗、社会、生态、居住、基础设施、经济环境关系密切，其中，四平市优质的教育环境和活跃的经济环境对四平市的宜居城市竞争力拉动显著，二者在全国 289 个城市中的排名分别为第 90 位和第 87 位。其余指标虽在百名以外，但比 2015 年的指数得分有了显著提升，各指标的标准化指数区间为 0.0521～0.9561。

表3　2015 年与 2016 年四平市宜居城市竞争力指数及排名

年份	宜居城市竞争力	排名		
		全国	东北	省内
2015	0.0408	285	33	8
2016	0.4966	104	13	4

资料来源：中国社会科学院城市与竞争力指数数据库、吉林省社会科学院城乡发展指数数据库。

4. 四平市城市竞争力总体特征

第一，四平市经济总量较低，发展势头趋缓。2016 年，吉林省实现地区生产总值 14886.23 亿元，经济总量在全国 31 个省（自治区、市）中排第 22 位，位于东北三省中的最后一位，按可比价格计算，比上年增长 6.9%，增速在全国列第 25 位。第一、第二、第三产业增加值分别为 1498.52 亿元、7147.18 亿元和 6240.53 亿元，增速分别为 3.8%、6.1% 和 8.9%，虽然第三产业增速远高于第二产业，但仍未能改变吉林省经济发展中工业的决定性地位，第二产业增加值在地区经济中的占比仍远高于第一、第三产业，三次产业结构比为 10.1∶48.0∶41.9。由此可见，吉林省经济虽保持平稳增长，但不合理的产业结构、较低的经济总量，致使吉林省经济整体水平在全国仍处于末位。而四平作为吉林省人口总量第三的城市，其经济总产值仅列吉林省第四位，经济总量占吉林省的 20.3%。2016 年四平市经济增速仅有 3.1%，比上年同期下降了 3.3 个百分点，居全省 13 个市（州）的最后一位。四平市在经济总量较低的同时，其经济增速却开始出现回落，从而造成四平市整体经济竞争力标准化指数的大幅下滑，在全国排位靠后。

第二，加快产业转型升级，提升城市生态和知识竞争力。2016年，四平市加快传统产业转型升级，积极推进"中国制造2025"相关工作，提高智能制造、绿色制造、精益制造和服务型制造。在装备制造业领域，推动四平市装备制造业与域外企业合作，推进四平吉运专用车中韩合作开发翼展车等项目建设。建立健全支撑产业转型升级的内生动力机制、平台支撑体系，构建特色鲜明的现代产业集群。打造换热器城、农机城、专用汽车产业园区，加快四平市产业转型升级。2016年，四平市牢固树立"绿水青山就是金山银山"的理念，推进环境保护和生态建设工作。构建经济社会与生态环境协调发展的目标和方向，并设置9个生态环境约束性指标，为加快推进生态文明建设发挥积极作用。同时，规划了生态环境治理、生态修复、污水处理、节能减排、资源循环利用、防灾减灾等方面22个重点项目。全市用水总量、森林生态建设、节能降耗、单位GDP二氧化碳排放量、能源消费总量以及重点区域水土流失治理等方面均取得了显著成果，促使四平市生态城市竞争力显著提升。与此同时，四平市深入实施"宽带吉林"战略，加快全光纤网络城市建设和无线宽带网络建设，推进信息城镇化、智慧城镇化建设，加快知识城市推进速度，提升城市知识竞争能力。四平市产业竞争力、知识和生态竞争力的提升，推动了四平市可持续竞争力的提升，但城市公平包容性、文化多元化、城乡一体化、信息开放便捷化等方面的发展水平依然低于绝大多数城市，四平市的可持续竞争力在全国排位依然靠后。

第三，推进供给侧结构性改革，加快补齐基础设施短板。2016年，四平市推进已纳入各领域"十三五"专项规划和推进东北地区等东北老工业基地振兴三年滚动实施方案的铁路、公路、能源等重大基础设施项目建设，加快了四平至通化铁路客运专线建设，加快四平市军民合用机场建设。按照国家出台的电力市场建设要求，加快售电侧开放，降低了企业用电成本。支持国家级风电本地消纳综合示范区开展区域性直购电。抓住国家提高东北农网改造升级工程中央预算内资金补助比例政策机遇，加快推进四平市农网改造。深入实施国家新型城镇化规划，扎实推进国家新型城镇化综合试点和特色示范镇建设，加快老旧小区节能宜居综合改造。随着四平市基础设施建设、生态环境建设、信息惠民试点建设、智慧城市建设的快速推进，四平市宜居城市竞争力得以大幅度提升，在全国的排名显著提高。

二　问题与不足

（一）经济增长动力不足，综合经济实力有待提升

投资增速下滑，消费乏力，外贸增速较低，有效需求增长动力不足。多年来，投资一直是四平市经济增长的第一拉动力，但近年来投资增速明显放缓，2012 年四平市全社会固定资产投资增速达到 30.6%，2013 年达到 20.2%，2014 年达到 15.0%，2015 年达到 12.0%，2016 年达到 10.2%，投资增速已经连续五年大幅下滑。投资增速的下滑是经济增速放缓的重要原因，也将是未来经济下行风险的重要来源。而且，2016 年四平市社会消费品零售总额增长幅度持续收窄，2012～2016 年四平市的社会消费品零售总额增速依次为 16.9%、14.0%、12.0%、9.5% 和 9.9%，2016 年的社会消费品零售总额增速仅高于 2015 年的增速，显著低于前几年的增速。而且与全国平均水平相比，四平市最终消费对经济增长的贡献率偏低。此外，外需对经济增长的拉动作用弱化。2017 年初开始，四平市进出口贸易虽改变上年的负增长为正增长，但增速仍仅为 7%，对经济增长的拉动作用也较低。四平市三大需求增速的放缓，致使经济增长动力不足，全市 2016 年 GDP 增速去除价格因素实际仅增长了 3.1%，比 2015 年下降了 3.3 个百分点，比全省平均水平低了 3.8 个百分点，为全省的最低水平。随着经济增速的放缓，四平市综合经济竞争力指数比上年显著降低，在全国 295 个城市中的排名比上年下降了 38 个位次，降至第 196 位。

（二）产业影响力和竞争力不足，可持续竞争力受到制约

四平市作为老工业基地，工业在经济发展中长期处于主导地位，但近年

来四平市工业增加值增速持续下降。2016年,四平市第二产业增加值占全市GDP比重达到39.8%,分别超过第一、第三产业14.8个和4.6个百分点。然而,第二产业实现增加值479.8亿元,比上年同比下降了2.1%。其中,规模以上工业实现增加值501.1亿元,同比下降9.1%;销售产值1985.6亿元,产销率99.2%;实现主营业务收入1574.9亿元,比上年下降6.3%。而工业生产中又以高耗能产业为主,高耗能产业增加值占工业增加值的24%左右,装备制造业增加值仅占工业增加值的12%左右,高端制造业增加值更是仅有全省平均水平的一半左右。四平工业的传统化、重工业化特征,造成制造业对服务业的中间需求偏小,服务业发展也仍以传统的服务模式为主,金融、信息、商务等高端行业劳动产出率提升缓慢,个性化、集成化、高附加值的服务模式未能形成。此外,目前四平市的公共服务仍以政府为主导提供,居民对公共服务多样化、多层次的需求难以得到满足。受此影响,行业活力和市场竞争力不高,造成四平市的公平包容性、文化多元化、城乡一体化、信息开放便捷化程度仍较低,影响了四平市可持续竞争力的提高。

(三)居住环境、公共设施改善缓慢,宜居城市竞争力排名仅居中位

2016年,四平市宜居城市竞争力虽有显著提升,但仍只位于289个城市中的第104位,处于中位水平。宜居城市竞争力所涉指标包括教育环境、医疗环境、社会环境、生态环境、居住环境、基础设施和经济环境七大指标。其中,四平市仅教育和经济环境指数位于前百位,分列第90位和第87位。医疗环境、社会环境和基础设施指标居289个城市的中位,分列第109位、第133位和第126位。而生态环境和居住环境指标却位于289个城市的末端,分列第240位和第210位。各类指标所涉及的具体内容中,教育环境指标中的最好大学排名在全国近750所大学中列第293位,在东北三省34个城市中列第8位;经济环境指标中的城镇居民人均可支配收入为25530元,增长率达到19.4%。四平市这两项指标在东北三省34个城市中分列第12位和第5位,排名均靠前。与之相对应的是生态环境指标中所涉及的空

气质量指标和建成区绿地覆盖率，分别为 62.6ug/m³ 和 35%，在东北三省中分列第 30 位和第 29 位，拉低了生态环境指数得分。同样的，居住环境指标中所涉及的剧院、影院数量仅有 2 个，人均影院数量仅有 0.0060975 个，仅高于东北三省中的通化和松原两市，而且住宅销售额和销售面积分别达到 47.5 亿元和 156.5 万平方米，均在东北三省中居第 24 位，两类指标较低的得分拉低了居住环境指数得分。四平市仍需加大影院、图书馆、艺术馆、文化馆等公共设施建设，降低单位 GDP 能耗，减轻空气污染，改善居住环境，继续提升宜居城市竞争力。

三　现象与规律

（一）GDP 增速持续下降，产业结构调整缓慢

"十三五"初期四平市经济增速继续下滑，且下降幅度较大。"十二五"时期，四平市经济增速分别为 17.6%、12.3%、9.1%、6.4% 和 6.4%，下降幅度逐年缩减，由 5.3 个百分点的降幅缩减至 3.2 个百分点和 2.7 个百分点，在"十二五"期末降幅再次收窄，2014 年和 2015 年的 GDP 增速一致。然而，在"十三五"开局之年，四平市的 GDP 增速再次降至 3.1%，降幅增至 3.3 个百分点。此外，四平市的产业结构仍需调整。"十二五"时期四平市第二产业在 GDP 中的占比依次为 45.2%、45.8%、45.7%、46.2%、44.8%，第三产业比重依次为 28.7%、25.3%、25.1%、24.1%、30.1%。可以看出，"十二五"期间四平市仍以第二产业为主，第二产业比重远高于第一、第三产业，且第二产业在 GDP 中占比下降缓慢，五年间仅下降了 0.4 个百分点，第三产业比重仅提升了 1.4 个百分点。"十三五"初期，三次产业比重进一步调整，且调整幅度略有加大，但仍未改变第二产业的主导地位，第二产业在 GDP 中占比仍达到 39.8%，比第三产业的占比（35.2%）高出了 4.6 个百分点。

（二）城乡建管能力切实加强，生态经济发展环境持续改善

2016 年，四平市编制完成城市总体规划、四梨同城化、地下综合管廊、海绵城市、棚户区改造、城市供水工程等重大规划，城市发展的系统性、整体性明显增强，基础设施建设强力推进，城乡面貌大幅改观。城市规划馆、旭日立交桥成为地标性建筑，紫气大路、东丰路公铁立交桥开工建设。地下综合管廊形成廊体 23 公里，海绵城市建设成为全省试点，中心城区供热、燃气、排水管网基本实现全覆盖。市政道路总长度达到 422 公里，全市公路总里程达到 9992 公里。实施城区环境综合整治，市区街路机械化清扫率达到 85%，国家卫生城复审初步通过。新农村建设步伐不断加快，累计投入资金 17.3 亿元，集中打造 12 个精品片区，形成美丽乡村建设"四平模式"。生态环境明显改善。深入实施"四绿工程"，累计造林绿化 104.7 万亩。淘汰燃煤小锅炉、工业企业污染治理、餐饮业油烟净化、黄标车整治、秸秆禁烧等工作稳步实施。四平污水处理厂、梨树污水处理厂改造升级，全市出省境河流断面水质明显好转。基础设施和环境质量的改善，促使生态经济发展环境随之改善，生态城市竞争力逐年提升，全国排名由 2013 年的第 234 位升至 2014 年的第 216 位，随后升至 2015 年的第 213 位，2016 年继续升至第 151 位。

（三）科技研发投入增长，知识城市竞争力逐年提升

2016 年四平市共向上级科技部门推荐科技项目 64 项，其中，25 个项目被省科技厅批准立项，争取资金 3006 万元。欧维姆机械有限公司承担的吉林省重大科技攻关项目"通用性多边形钢筋笼数控机"、益民堂制药承担的"吉林省重大科技研发人才团队补助基金项目"分别获 200 万元资金补助。四平市成功举办了首届"中国·四平科技成果展洽会"，共邀请部级、省级、市级领导，高校、科研院所专家学者，世界 500 强企业代表，国内知名投资机构精英，吉林籍企业家等共 430 余名嘉宾参会，北京大学、中国运载火箭技术研究院等 13 家知名高校和科研院所参与协办，

在国内外引起了广泛关注并取得了良好的成效。此次会议共达成合作协议53项，有4名国家级专家及院士受聘成为四平市政府高级顾问，中科院、中国科协、中国运载火箭技术研究院、天津大学、中欧生产力中心5家单位在四平市建立了科技成果转移转化中心。会议期间共展出各类科技成果318项，编印成《首届中国·四平科技成果展洽会科技成果项目汇编》，并已向全市企业发放。科技研发投入的增长，促使四平市知识城市竞争力逐年提升，由2013年的第201位升至2014年的第200位，随后2015年升至第172位，2016年又提升至第84位。

四　趋势和展望

（一）"三去一降一补"任务稳步落地，经济发展有望稳中提质

深化供给侧结构性改革。扎实推进"三去一降一补"重点任务，积极化解钢铁、水泥等落后产能，通过化解过剩产能甩掉包袱、轻装上阵。加大棚户区改造货币化安置力度，引导房地产市场健康有序发展，消化房地产库存21.4万平方米，定向发行置换债券18.39亿元；拓宽粮食销售渠道，去粮食库存30亿斤。支持企业市场化、法治化债转股，加大股权融资力度，降低企业杠杆率。优化信贷投向，提高直接融资比重，有序推进政府存量债务置换。着力抓好降成本措施落地见效，按照国家和省政策适当减免企业税费。开展质量提升行动，发扬工匠精神，强化品牌建设，提高企业产品质量和核心竞争力。随着一系列转变措施的实施，四平市经济增长的动力机制也发生转变，有望在新常态下实现经济发展稳中提质。

（二）全面深化改革加速推进，经济内生增长动力有望增强

"放管服"改革成效初显。大力推进简政放权，实施并联审批，开展领办代办，服务效能明显提升。推进商事制度改革，实施"五证合一、一照一码"登记制度，推行"双随机、一公开"机制，联合惩戒失信市场主体，

实现"一处违法、处处受限"。整合不动产登记职能，减少办证环节，下调失业工伤生育等保险费率，落实用电补贴政策，减少企业负担，拉动投资。深入推行税制改革，"营改增"全面实施。出台金融产业发展实施意见，村镇银行实现县（市）区全覆盖。梨树县被确定为国家级农村金融综合改革试验区，拓宽企业投融资渠道，扩大企业"助保贷"融资规模。教育文化等领域改革渐次展开。商业学校、轻化工学校等职业教育体制改革顺利推进。市艺术团、话剧团、电影公司转企改制圆满完成，促使各类艺术团体融入市场，满足市场需求。

（三）完善创新体系，城市可持续竞争力有望提升

强化创新引领，着力在促升级中提质增效。实施"四平创造"工程，推进域内企业与科研院所、高等院校深度合作，引导更多创新要素汇聚四平。加强科技大市场后续建设，加快四平换热器国检中心和省换热设备技术研发中心改革步伐，提升换热器、农机等设备装备公共技术研发平台建设水平。围绕"三四三"产业体系，着力推动传统产业与科技嫁接、与设计联姻、与品牌联动，打造"中国换热器城""中国农机城"。大力发展光电、医药健康、新能源汽车等新兴产业，推进吉高物流等现代物流项目建设。

五　政策与建议

（一）保持发展动力，着力在稳增长中推动振兴

第一，稳定工业增长，推动转型升级。全力做强工业，增加规模以上工业企业数量。深化与大企业合作，推进停产企业重组改造，加快恢复生产步伐。加快建设大数据、换热器、农机等千亿级产业群，争创"中国制造2025"试点示范城市。第二，加快招商引资步伐，融入"一带一路"建设。立足四平市换热器、农业机械化等产业和资源优势，融入"一带一路"倡议，围绕装备制造业、现代化物流、农产品加工等重点产业，进行

有针对性的招商引资。推动经济协作区发展，对接世界级大型企业等投资者，提升对外开放水平。第三，强化要素供给，优化政府投资方向。健全并完善政府与社会资本对接模式，充分发挥政府资金的引导作用，提升金融服务业，降低企业融资成本，加快企业上市步伐，优化政策资源配置方式。

（二）强化创新引领，优化供给方式

第一，坚持创新驱动战略，增强发展内生动力。继续开展"院士专家四平行"等活动，推动四平市企业与省内外高校、科研院所密切合作，引导创新资源汇聚四平。提升四平农机、四平换热器等设备公共技术研发平台建设水平，加快建设四平智能制造、现代农机、专用汽车等院士工作站。第二，加快推进"三去一降一补"，化解过剩产能。化解煤炭、石油等高耗能行业过剩产能，拓宽玉米等农产品销售渠道，引导房地产市场"去库存"，降低企业杠杆率，适当减免企业税费，降低企业成本。第三，加快产业结构调整步伐，实现产业结构优化。围绕"三四三"产业体系，向传统产业注入科技性、设计性和品牌性，把四平市打造成为"中国换热器城""中国农机城"。加快新能源、医药健康等新兴产业发展，推进现代物流项目建设。加快旅游业发展，打造国家旅游装备制造业集聚区，建设特色旅游项目。

（三）发展现代农业，着力在强基础中激发活力

第一，加快"三大体系"建设，加快农业现代化进程。调整粮食种植面积，扩建棚膜园区，加强黑土地保护治理，推进现代化农业示范田建设。落实农机购置补贴政策，实行耕种收全程机械化，构建现代农业生产体系。加快玉米产业化发展，推进玉米深加工，构建现代农业产业体系。培育新型农业经营主体，引导合作社开展信用合作，构建现代农业经营体系。第二，发展特色城镇，加快农村改造步伐。加快将四平市一些城镇打造成为农业大镇、工业强镇、商贸重镇和旅游名镇。加快农村改造步伐，争创省级美丽乡村。

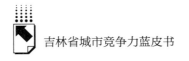
（四）推进惠民工程建设，提升城市竞争力

第一，加快基础设施建设，建设宜居城市。着眼打造哈长城市群国家Ⅱ类大城市，启动城市交通规划、水资源综合规划等规划编制，加快推进管廊、公路、立交桥等基础设施续建、新建。完善城市管理体制，加快建设智慧城市，推动全域大数据中心云平台、公共基础数据库、智慧官网子系统等项目建设。加快生态保护基础设施建设，加大重点河流污染综合整治力度。加大造林、绿化面积，谋划东辽河干流综合治理等重点建设工程。第二，加快文化基础设施建设，提升城市文化竞争力。加快推进图书馆、博物馆、大剧院等项目建设。确保滑冰馆项目开工、体育馆全面竣工。筹备举办第22届全国百城市自行车赛四平赛区决赛。第三，推进教育优质均衡发展，提升教育质量。实施学前教育"三年行动计划"，促进义务教育均衡发展，形成普通高中教育特色化，加强民族教育和特殊教育，提升教育信息化建设水平，推动各阶段教育教学质量全面提升。第四，提升社会保障水平，提高城市就业率。聚焦"两确保、两不愁、三保障"目标，大力推进精准扶贫活动。深入推进创业就业，实施大学生帮扶援助"三项计划"，激发创业热情，增加城镇就业人口，控制城镇失业率。

参考文献

《四平市2015年政府工作报告》，四平市人民政府网。

《四平市2016年政府工作报告》，四平市人民政府网。

《2016年四平市国民经济和社会发展统计公报》，四平市人民政府网。

《2016年吉林省国民经济和社会发展统计公报》，吉林统计信息网。

《四平市国民经济和社会发展第十三个五年规划纲要》，四平市人民政府网。

《中共四平市委关于制定四平市国民经济和社会发展第十三个五年规划的建议》，四平市人民政府网。

吉林省城市竞争力（松原市）报告

张丽娜*

摘　要： 松原市作为一座年轻的城市，经济社会发展取得巨大进步。但近年来受国际油气市场萎缩以及东北经济下行的影响，松原市支柱产业发展受到严重制约，而医药健康、新能源等产业未能形成有效支撑，导致松原市城市综合经济竞争力排名出现持续下滑的现象。2016年，松原市生态城市竞争力、全域城市竞争力、文化城市竞争力指标表现较好，优势得以发挥，但知识城市竞争力和信息城市竞争力指标一直是发展的短板，可持续竞争力不强。未来时期，松原市需要通过加快产业转型升级、巩固生态优势、改善营商环境等措施提升综合竞争力。

关键词： 综合竞争力　可持续竞争力　产业转型升级　松原

松原是1992年成立的年轻的地级市，行政区划土地面积2.2万平方公里，土地资源丰富，素有"世界黄金玉米带、黄金水稻带和黄金葡萄带"之称。民族特色突出，有汉、满、蒙古、回等40个民族，总人口达到278.37万。下辖宁江区、扶余市、前郭尔罗斯蒙古族自治县、长岭县、乾安县和3个国家级开发区（松原经济技术开发区、松原农业高新技术开发区、海峡两岸吉林生态农业合作先行实验区）、4个省级开发区（查干湖旅游经济开发区、哈达山生态农业旅游示范区、松原石油化学工业循环经济园

---

　* 张丽娜，吉林省社会科学院软科学所所长，研究员，研究方向：宏观经济和产业经济。

区、前郭经济开发区），全市共有 78 个乡（镇）、1123 个行政村。松原处于东北地区的几何中心，位于哈长城市群核心区域，作为东北和蒙东地区重要的交通枢纽和物流集散地，连接 8 市 14 县（市），辐射人口 3400 多万。

表 1　2016 年松原市基本情况

项目	市域数据
土地面积(万平方公里)	2.2
总人口(万人)	278.37
地区生产总值及增长率(亿元,%)	1712.67,6.5
三次产业比例	15.7:44.0:40.3

资料来源：2016 年松原市国民经济统计公报。

松原市是一个典型的资源型城市，以油气资源的开采和加工为主要支柱产业。近年来，松原市经济转型取得一定进展，但接续产业和新兴产业发展仍显缓慢。松原市经济受国际市场油气量价齐跌以及国内经济下行影响程度较深，表现在市综合经济竞争力指标上，就是出现持续、大幅的下滑现象。2016 年松原市综合经济竞争力全国排名为第 203 位，较 2015 年下降了 66 个位次，下降的幅度进一步扩大；从吉林省内的情况来看，其综合经济竞争力较 2015 年下降，排名由第 3 位降至第 4 位。由于新旧动能转换较慢，经济增长缺乏内生动力，可持续竞争力小幅下降。2016 年松原市可持续竞争力全国排名第 234 位，较 2015 年下降了 21 个位次，下降的幅度较上年略微缩小（2015 年下降幅度为 26 个位次）。可持续竞争力在省内排名保持不变，仍居末位。这说明松原市需要加快产业转型升级的步伐，转变经济发展方式，促进提质增效，进而提升城市的综合竞争力和可持续竞争力。

一　现状与格局

（一）总体概况

1. 经济社会保持平稳发展

2016 年，松原市以吉林省西部生态经济区建设为统领，以"建设绿色产业城市和生态宜居城市"为目标，积极调整产业结构，加速推进改革创新，经济社会保持了稳定发展的态势。全市地区生产总值实现 1712.67 亿元，按可比价格计算，同比（下同）增长 6.5%，2011～2016 年平均增长 7.8%。地方级财政收入完成 50.7 亿元，同比增长 1%；全社会固定资产投资完成 1415.7 亿元，增长 10.1%；社会消费品零售总额完成 669.2 亿元，增长 9.7%；外贸进出口总额实现 1.86 亿美元，同比增长 30.6%；城镇和农村常住居民人均可支配收入分别达到 30830 元和 10087 元，分别增长 6.5% 和 5.5%。三次产业结构由 2015 年的 17：44.3：38.7 调整为 15.7：40：44.3，产业结构逐步优化。

2. 现代农业加速升级

松原农业基础良好，全市有耕地 125 万公顷，是国家大型商品粮基地和油料基地，粮食年产量达到 750 万吨，所辖四个县（市）均为全国粮食生产先进县。2016 年，松原市第一产业增加值达到 268.8 亿元，比上年增长 4%。农业生产能力显著提升，粮食总产量为 743.96 万吨，比上年增长 0.8%。畜牧业和渔业发展兴旺，全市生猪、肉牛、肉羊、禽分别发展到 532 万头、77 万头、400 万只、6358 万只，华西希望生猪养殖、正邦集团 200 万头生猪养殖加工一体化等一批畜牧业精深加工项目落地建设。鱼类品种丰富，年产水产品 4 万吨，其中查干湖胖头鱼为国家 AA 级绿色食品。面对国内玉米收储价格放开的新形势，松原市积极调整种植业结构，大力发展特色经济，中药材、棚菜等特色作物种植面积进一步扩大。杂粮杂豆年产量近 30 万吨，是全国最大的杂粮杂豆集散中心；黑玉米种植规模达 1.2 万公顷，松原是当之无愧的"黑玉米之都"；"善德良米"有机大米成为杭州 G20 峰会指定用米。松原市着力推进规模化、集约化经营，紧紧围绕打造绿色产业城市和绿色农业城市，加快建设水稻、花生、马铃薯、大豆等 50 个绿色农业示范基地，海峡两岸（吉林）生态农业合作先行试验区获批建立，庆丰米业绿色水稻、春风合作社大豆、天丰谷物黄小米种植区被评为省级农业标准化示范区。

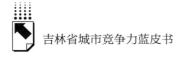

3. 工业经济加速转型

深度调整产业结构一直是近年来松原市工业经济发展的主要内容。2016年，松原市第二产业实现增加值 753.1 亿元，比上年增长 6%。其中，规模以上工业实现增加值 647.4 亿元，比上年增长 6.2%。油气开采和化工、农产品加工、食品、商贸和旅游五大支柱产业累计实现增加值 435.7 亿元，比上年增长 6.4%。结构调整初见成效，非油工业增加值和税收分别达到 545 亿元、11.5 亿元，分别增长 10% 和 5.5%。发挥农业产业优势，延伸农业生产、加工链条。围绕农业生产，大力发展肥料、农机项目。史丹利 60 万吨复合肥、中盐红四方 80 万吨复合肥一期、新洋丰 80 万吨新型复合肥等项目竣工投产，中粮集团饲料厂投入试生产，新研牧神农机项目二期完成设备安装。依托农业产业园区，做大做强农产品加工业。查干湖大米产业园投产达效，天船马铃薯全产业链和国鑫冷藏农产品加工项目主体完工，10 万吨玉米全籽粒高值化综合开发项目生产车间封顶，盼盼食品产业园项目二期开工建设。2016 年，农产品加工业增加值首次超过油气开采业，成为第一主导产业。高新技术产业取得进一步发展，一批高精尖项目顺利推进。达肺草口服液项目投入试生产；阳光凯迪生物质合成油战略示范基地和天润风电制氢国家级示范项目完成桩基工程；中科惠锋光电材料产业园项目完成规划设计。

4. 服务业加速发展

2016 年，松原市大力发展服务业，总量规模进一步扩大，质量逐步提升，服务内容不断拓展，对经济的贡献持续增加。2016 年服务业实现增加值 690.8 亿元，比上年增长 8.3%；增速高于同期 GDP 和第二产业增速 1.8 个和 2.3 个百分点。优先发展旅游业。松原市注重依托生态、民族优势，突出发展特色旅游业，推进旅游资源大市向产业强市转变，不断配套完善基础设施，共接待海内外游客 620 万人次，同比增长 13.94%；实现旅游总收入 100 亿元，同比增长 13.30%。大力发展节庆会展活动。不断创新营销手段，扩大对外影响力，成功举办首届查干湖莲花文化旅游节；查干湖冰雪渔猎文化旅游节荣膺"全国首批最具影响力特色节庆"称号。加快发展商贸物流业。镜湖半岛商贸体建成运营，大润发超市江北店完成征地拆迁，永正国际沃尔玛超市项目顺利推进。瑞禾仓储物流园被评为省级现代服务业集聚区。稳步发展房地产业。2016年，完成投资25亿元，开发房地产76万平方米；销售商品房75万平方米，同比增长7.5%。积极发展金融业。截至2016年末，存贷款余额分别增长14%和15.3%，贷款增量创百亿元新高。光大银行松原分行获批设立。中华联合财险公司在松原市设立分支机构。阳光村镇银行全国农业金融服务暨松原市电子商务中心投入运营。延边农商行松原分行、扶余惠民和长岭蛟银村镇银行开业运营，村镇银行实现县域全覆盖。

5. 社会事业发展成效显著

2016年，松原市突出实施民生行动计划，紧紧围绕生存性、安全性和发展性三大民生需求，启动实施了百姓安居、环境治理、市政便民、饮食饮水、医疗教育、社会救助六大工程32件民生实事，就业形势表现稳定，2016年新增城镇就业4.5万人，转移农村剩余劳动力70万人次。发放创业担保贷款1.1亿元。养老、失业、工伤、生育等社会保险进一步扩面。城镇常住居民养老保险覆盖总人数达到36.2万人，比上年增长2.4%。医疗保险参保人数达到90.62万人，增长0.02%。全面完成城乡低保标准提高。全年发放城乡低保资金4.1亿元，其中城市低保金2.16亿元，农村低保资金1.9亿元。发放救灾救济资金232万元。改造棚户区和城区危房55万平方米、农村危房8113户，建设购买安置住房5671套，分配廉租房和公租房650套。完成油田矿区"暖房子"工程169万平方米。新建、改造中心城区背街巷路6条。市城区集中供热联网面积达到2900万平方米。积极开展扶贫攻坚工作，62个贫困村实现脱贫摘帽，21366户44185名贫困群众告别贫困。

（二）现状格局

1. 综合经济竞争力明显下降

2016年，松原市综合经济竞争力在全国的排名为第203名，由中段水平跌至后段，排名较2015年下降了66个位次，下降趋势明显。综合经济竞争力指数是反映经济发展水平的指标，松原市综合经济竞争力指数由2015

年的 0.074 下降到 2016 年的 0.055，表明松原市经济转型升级进展缓慢，缺乏潜在的竞争力。松原市经济主要依靠油气产业以及农产品加工业，产品大多属于初级产品，受国际原油市场价格低迷以及国内粮食收储价格放开因素的影响较大，抗击市场波动的能力较弱；加之高技术产业、新兴产业等发展还不充分，未能形成经济的主体支撑，所以造成其在全国综合经济竞争力的排名大幅下滑。从综合增量竞争力指标看，松原市总量规模扩大的程度不高，指数由 2015 年的 0.085 下降到 2016 年的 0.06，处于持续下降的状态，在全国的排名由第 116 位下降到第 188 位，下降了 72 个位次。在东北地区范围内，松原市综合增量竞争力指标由 2015 年的第 9 位跌至第 14 位。在吉林省内，位次由第 3 位下降到第 4 位。从综合效率竞争力指标来看，松原市经济发展的效率变动较小，而且在东北区域内效率略有提升，综合效率竞争力指数与 2015 年持平，保持在 0.003 的水平，在全国的排名下降了 8 个位次，下降的幅度缩小（上年下降了 10 个位次）。在东北区域内，松原市的综合效率竞争力指标排名由 2015 年的第 17 位上升到第 14 位，前进了 3 个位次，在吉林省内的排位没变，排名第四。这说明东北地区经济发展的效率水平都有待进一步提高，松原的综合效率竞争力基本处于全国的下游水平。

表 2　2015 年与 2016 年松原市综合经济竞争力及分项指数排名

年份	综合经济竞争力	排名			综合增量竞争力	排名			综合效率竞争力	排名		
		全国	东北	省内		全国	东北	省内		全国	东北	省内
2015	0.074	137	10	3	0.085	116	9	3	0.003	196	17	4
2016	0.055	203	8	4	0.060	188	14	4	0.003	204	14	4

资料来源：中国社会科学院城市与竞争力指数数据库、吉林省社会科学院城乡发展指数数据库。

2. 可持续竞争力进一步下滑

由于缺少创新驱动以及新兴产业的接续，松原市经济发展的新旧动能转换进展缓慢，未见明显成效，可持续发展的后劲不足，2016 年松原市可持续竞争力呈现继续下降的态势，可持续竞争力指数由 2015 年的 0.226 下降为 2016 年的 0.2；在全国排名由 2015 年的第 213 位滑落至第 234 位，下降了 21 个位次，处于全国的下游水平。在东北区域范围内和吉林省范围内，松原市可持续竞争力排名保持不变，分别排在第 28 位和第 8 位，在东北地区排名靠后，在吉林省内排名末位。从构建可持续竞争力的分项指标来看，表现各不相同。知识城市竞争力和信息城市竞争力指标一直是松原市可持续竞争力提升的短板，二者排名均靠后，而且近年来逐步下降，滑落至全国排名的末端。知识城市竞争力指标的全国排名由 2015 年的第 268 位下降到 2016 年的第 280 位，下降了 12 个位次，在东北地区下降了 3 个位次，在省内也下降了 1 个位次；信息城市竞争力指标的下降幅度较大，由 2015 年的全国第 222 位跌至 2016 年的第 274 位，下降了 52 个位次，在东北地区下降了 7 个位次，省内下降了 3 个位次。这说明松原市信息化程度较低，发展速度较慢。和谐城市竞争力指数变动幅度较大，2014 年全国排名第 91 位，2015 年排名第 146 位，2016 年排名第 212 位，从上游圈跌至下游圈。生态城市竞争力指数保持稳定，排名全国第 80 位，比 2015 年提升了 5 个位次，省内排名第 2 位。文化城市竞争力和全域城市竞争力指数都有所提升，其中全域城市竞争力提升较快，全国名次由 2015 年的第 214 位上升至 2016 年的第 142 位，上升了 72 个位次。

表3　2015 年与 2016 年松原市可持续竞争力及分项指数排名

年份	可持续竞争力	知识城市竞争力	和谐城市竞争力	生态城市竞争力	文化城市竞争力	全域城市竞争力	信息城市竞争力
2015	0.226	0.129	0.292	0.522	0.115	0.160	0.277
2016	0.200	★	★	★★★★	★	★★★	★

年份	排名			排名			排名			排名			排名			排名			排名		
	全国	东北	省内	全国	东北	省内	全国	东北	省内	全国	东北	省内	全国	东北	省内	全国	东北	省内	全国	东北	省内
2015	213	28	8	268	30	7	146	21	7	85	7	3	232	34	8	214	33	8	222	27	5
2016	234	28	8	280	33	8	212	35	8	80	9	2	223	25	8	142	19	5	274	34	8

资料来源：中国社会科学院城市与竞争力指数数据库、吉林省社会科学院城乡发展指数数据库。

3. 宜居城市竞争力优势逐渐发挥

2016 年松原市紧扣生态，突出宜居，统筹推进城乡建设，改善宜商宜居环境。从宜居竞争力指数来看，进步显著。2016 年松原宜居竞争力指数为 0.428，全国排名由 2015 年的第 238 位提升至第 142 位，前进了 96 个位次，达到了全国的中游水平。从分项指标来看，经济环境指标表现突出，在全国排名第 65 位，处于上游水平，这和松原市深化改革、全面治理软环境息息相关。2016 年，松原市全力推进政务公开和政务服务"一张网"建设，持续深化"放管服"改革，增强政府服务能力，提高公职人员服务意识和机关行政效能，加大行政监察和审计监督力度。着力深化金融、农村领域改革，为全市经济转型、招商引资等提供了强有力支撑。生态环境指标表现良好，在全国排名第 101 位，保持稳定。松原市始终注重生态的保护与开发，进行生态补水、水环境综合治理等工程，积极改善生态环境。基础设施指标表现较好，全国排名第 128 位。2016 年松原市不断加大基础设施建设力度，被列为全国重大市政工程领域 PPP 创新工作试点城市，进入吉林省 PPP 项目库的项目数量居全省首位。城市建设进行顶层设计，《滨江生态控制性概念规划》和海绵城市、城市燃气、轨道交通等 19 个专项规划编制高标准完成。立体化交通网络逐步实现，查干湖机场、宁江客运站陆续完工，铁科高速、长白快铁、长西铁路松原段和客运交通枢纽与站前综合改造等重大交通项目建设进展顺利。社会环境指标表现不俗，全国排名第 120 位。松原市着力加强社会治理，从严治政，"打非治违"专项行动全面开展，公安武警武装联勤实现常态化，群众的安全感和满意度进一步提升。

表4   2015 年与 2016 年松原市宜居竞争力指数及排名

年份	宜居城市竞争力	排名		
		全国	东北	省内
2015	0.243	238	20	3
2016	0.428	142	20	7

资料来源：中国社会科学院城市与竞争力指数数据库、吉林省社会科学院城乡发展指数数据库。

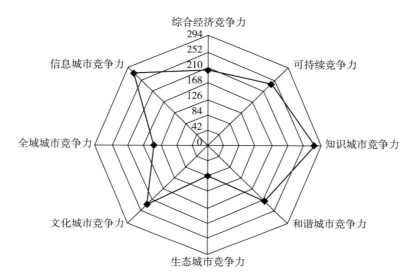

图1　2016年松原市城市竞争力全国排名雷达图

资料来源：中国社会科学院城市与竞争力指数数据库、吉林省社会科学院城乡发展指数数据库。

二　问题与不足

（一）社会保障能力需要提升，和谐城市竞争力大幅下滑

和谐城市是我国新型城镇化的终极目标，也是中国和谐社会发展的根本落脚点。和谐社会竞争力指标主要包括户籍与非户籍人口之间的公平性、社会保障程度、人均社会保障、就业和医疗卫生财政支出、每万人刑事案件逮捕人数5项指标，体现的是社会的公平性和包容性。近年来东北经济下行对和谐城市竞争力影响较大。这主要是因为东北三省国有企业比重偏高，原有基础较好，社会保障水平较高，但随着经济出现下滑，和谐城市竞争力也呈现下降的趋势。2016年松原市和谐城市竞争力全国排名为第212位，较上年下降了66个位次，在东北区域范围内下降了14个位次，排名第35位，在吉林省排名末位。从分项指标上看，体现户籍公平度

的指标得分仅为 2.7，说明随着城乡一体化的推进，松原市户籍制度方面的公平性有所欠缺，制度需要进一步完善。反映社会保障水平的人均社会保障、就业和医疗卫生财政支出增速回落，2016 年社会保障和就业支出 29.0 亿元，同比增长 5.9%，增速较上年下降 6.1 个百分点，低于同期吉林省 1.7 个百分点；医疗卫生支出指标表现较好，医疗卫生支出 23.1 亿元，同比增长 27.8%，高于上年 8.3 个百分点，高于同期吉林省 17.5 个百分点。每万人刑事案件逮捕人数指标得分为 3.86，表现最好，说明社会环境较为安全。

（二）外贸依存度不高，信息城市竞争力持续走低

信息城市竞争力主要是考察一个城市的开放与便捷程度，主要包括外贸依存度、国际商旅人员数、千人互联网用户数以及航空交通便利程度等指标。2016 年，松原市信息城市竞争力排名继续下滑，在全国排名第 274 位，较 2015 年下降了 52 个位次，处于全国的下游水平，在东北和吉林省都处于中下游水平，排名分别下滑了 7 个位次和 3 个位次。松原市可以说是一个内陆城市，产品一直以油气产品和农产品为主，精细化程度不高，多数处于初加工和"原字号"的状态，直接影响了对外贸易的水平和吸引外资的能力。2016 年松原市累计实现外贸进出口总值 18624 万美元，比上年增长 30.6%，增速较快，但总量占全省的比重不到 1%。全年实际利用外资 38557 万美元，占全省总额的 4%。旅游的国际知名度有限，吸引境外游客的数量较少，国际商旅人员数指标得分较低。松原市近年来大力发展信息服务业，深入落实"互联网＋"行动计划，"爱松原"工程正式启动，供销宝电子商务平台成功上线，北京鼎九互联网服务、农业大数据示范工程、金融大数据中心和量子通信产业园项目稳步推进，信息化指数有一定程度的提升。松原市机场在 2016 年还处于建设过程之中，没有正式通航，所以航空交通的里程指标进一步拉低了信息城市的竞争力排名。

（三）创新发展基础较为薄弱，知识城市竞争力成为短板

发展与转型的原动力是创新，城市经济的转型需要不断地孕育出新的增

长点，如果缺乏创新，那么很难实现这一目标。从知识城市竞争力指标来看，2016 年松原市知识城市竞争力指数在全国排名第 280 位，较上年下降了 12 个位次，在东北地区排名第 33 位、吉林省内排名第 8 位，均处于较低水平，表明松原市的知识城市竞争力水平低下，不足以支持经济发展与转型。近年来，松原市的科技研发投入受财政收入困难的影响而呈下降的趋势，科技投入占 GDP 的比重仅为 0.1%。从专利指数来看，2016 年全市共申请专利 382 件，其中授权专利 225 件（发明 17 件、实用新型 157 件、外观设计 51 件）。专利申请数量和授权量在东北地区都处于中等偏下水平。全市拥有师资力量雄厚的高中等职业技术学校 13 所，大专院校数量极少，尤其是没有一所综合性大学，最好的大学在全国排名第 701 位，缺少人才储备和人才输出。金融、科学研究、技术服务、计算机软件开发与服务等相关人才极度匮乏。高新技术企业发展缓慢。2016 年，高技术制造业实现增加值 10.56 亿元，同比增长 1.6%，仅占全市规模以上工业企业增加值的 1.6%。

三　现象与规律

（一）生态建设力度加大，生态城市竞争力稳固

松原市生态基础良好，坐落在科尔沁草原东端、美丽的松花江畔，生态环境保持完好。境内有"三江、一河、一湖"（松花江、第二松花江、嫩江，拉林河，查干湖，查干湖是全国第七大淡水湖），草场面积广阔。国家级自然保护区指数较高，拥有国家级自然保护区、国家级地质公园、国家级水利风景区、省级自然保护区和湿地保护区多达 10 个，旅游资源单体总量达 714 个（其中 A 级以上景区 16 处）。松原市坚持以生态为主导，保护与恢复并重，以湿地、草地、盐碱地、沙地为生态修复载体，加大黑土地资源保护力度，并以"两带（南部草原、湿地、盐碱、沙地生态恢复带和东部黑土地保护带）、两区（查干湖和大布苏两个国家级自然保护区）、多点

（扶余大金碑国家湿地公园、宁江省级森林公园、长岭腰井子羊草草原和龙凤湖湿地省级自然保护区等为重点的湿地、草地、沙地、林地）"为核心进行生态建设，实施河湖连通、引松入扶、沿江百里绿廊等工程，持续改善生态系统和环境质量。松原市坚持绿色生态发展道路，大力促进节能减排，空气质量、水质量都达到了合格级别，市区空气质量达到国家二级标准天数为302天。2016年单位GDP耗电和单位GDP二氧化硫排放量指标均优于全国平均水平。松原市着力打造宜居环境，建设美丽家园，成效显著，人工绿色面积指标显著上升。2016年松原市生态城市竞争力指标在可持续竞争力中处于领先地位，并且保持平稳前进，在全国排名第80位，较上年提高了5个位次，处于全国的上游，在东北地区排名第9位，比上年下降了2个位次，居吉林省第2位，前进1个位次。

（二）城乡一体化进程加快，全域城市竞争力优势得以发挥

全域城市竞争力指标包括城市的宏观层面、城市的主体层面、城市的自然形态层面以及城市微观层面四个维度，考察的是城乡一体化水平、城乡居民所能共享的社会改革发展成果的公平与权益以及生产要素的自由流动、合理配置。2016年松原市全域城市竞争力排名显著提高，由2015年的第214名提高至第142名，前进了72个位次，在东北区域范围内排名第19位，省内排名第5位，这说明松原市城乡一体化进程加快推进。城乡人均支出比指标反映的是城乡居民的收入差距，对全域城市竞争力指标影响较大。2016年，松原市城乡居民收入差距状况明显改善，全市城镇常住居民人均可支配收入达到23947元，比上年增长6.9%；农村常住居民人均可支配收入达到10258元，比上年增长7.3%，城乡居民人均收入倍差为2.3，比上年缩小0.7个点。城乡人均收入比的缩小体现了城乡社会保障和公共服务方面的差距在慢慢减小，社会的公平程度日益提高。每百人公共图书馆藏书比达到42.49，城乡人均道路面积比为15.8，均比上年有所提升。2016年松原市常住人口城镇化率已达44.8%，低于全省平均水平1个百分点，城镇化水平有所提高。这些因素都有助于全域城市竞争力的提升。

（三）文化优势深度挖掘，文化城市竞争力有所提高

2016 年松原市文化城市竞争力指标全国排名第 223 位，较上年提升了 9 个位次，在东北区域和省内排名均有所提高，分别前进了 9 个位次和 4 个位次。松原市是一个文化底蕴深厚的城市，也具有文化的多元性。辽金文化、满蒙文化、草原文化、渔猎文化、农耕文化、佛教文化、石油文化交融共生，百花齐放，形成了松原独有的文化特质。境内历史文化古迹丰富，远古猛犸象化石、辽帝春捺钵遗址群、青山头遗址、大金得胜陀颂碑、塔虎城、王爷府、孝庄祖陵等诸多历史遗迹记录着松原悠久的历史。从指标上看，松原的历史文明程度较高，国家级非物质文化遗产数量达到 10 个，主要包括蒙古族乌力格尔、马头琴音乐，查干湖冬捕习俗等，在东北地区排第一位。相对于历史文化指标，代表现代文化的每万人剧场、影剧院数量指标表现不佳，得分只有 0.015，处于东北三省的末位。从城市的国际知名度来看，松原市的得分处于东北地区中等偏下的水平，说明城市文化的碰撞与融合、新思想新观念等需要进一步激发。每万人文化、体育和娱乐业从业人数指标得分处于东北区域内的中下游，代表松原市的文化产业发展滞后，文化价值转换为经济价值的能力有限。总体来看，松原市的文化潜力仍需要深度挖掘，加快发展文化产业，促进文化竞争力的提升。

四　趋势与展望

（一）抢抓机遇，为经济发展创造环境

一是抢抓"一带一路"倡议机遇。"一带一路"倡议的提出为吉林省经济发展提供了新的发展机会。中蒙、中俄签署《关于深化中欧班列合作协议》，预计设立资金总规模 1000 亿元人民币的中俄地区合作发展投资基金，中国东北地区与俄罗斯远东开发合作等政策利好，松原市应更好地发挥其地处欧亚通道北线重要节点优势，抓住机会，加强基础设施建设、能源资

源开发利用和通道物流等方面的对外合作，加快发展。二是抢抓新一轮东北振兴机遇。国务院印发的《关于深入推进实施新一轮东北振兴战略加快推动东北地区经济企稳向好若干重要举措的意见》《关于印发东北地区与东部地区部分省市对口合作工作方案的通知》等文件，有利于松原市承接产业转移，加速产业升级。松原市应该吃透政策，将政策红利转化为助推经济加快发展的重大项目和"真金白银"。三是抢抓农业现代化机遇。《吉林省率先实现农业现代化总体规划》明确提出，建设黄金玉米带和黄金水稻带，做优棚膜蔬菜产业，推进秸秆收储和综合利用，等等。松原市应该利用自身地理优势、资源优势全力争取项目、资金和政策支持，促进农业现代化的早日实现。

（二）加快转型，为提高综合竞争力增加动力

长期以来，以油气为主的资源型经济对松原市经济增长做出了突出贡献，形成了一业独大的产业格局，对油气资源的过度依赖也导致松原市抵御市场风险的能力较差。2008 年以前，资源型经济对松原经济增长的贡献率一直处于较高水平，其中采矿业对经济增长的贡献率在 2005 年甚至接近70%。2009 年以后，资源型经济对松原经济增长的贡献明显下降。尤其是近年来国际市场油气量价齐跌以及国内经济下行，松原市经济发展压力骤增，GDP 和财政收入出现大幅下滑，传统发展方式弊端凸显，粗放单一的产业结构亟待调整。作为资源型城市，松原市自 2013 年开始出台了一系列政策措施进行经济转型，在接续产业和新兴产业发展以及新兴工业园区与产业集聚发展等方面取得了一定的进展，但短期内很难解决对资源型经济过度依赖的问题。从可持续竞争力来看，由于区域创新能力薄弱，经济转型的任务十分艰巨。并且从长远来看，未来的资源枯竭问题以及国际资源市场价格的波动都会直接影响松原经济增长稳定性。目前来看，松原市原有比较优势产业（部门）缺少竞争优势，对经济增长的正效应消失，而接续产业与新兴产业发展仍存在基数小、速度慢的问题，而且经济转型需要的制度、科技与人才等方面要素保障明显不足。新形势下推动松原市

经济可持续发展，应在产业扶持、支撑体系建设、制度保障和体制机制改革等方面下足功夫。

五　政策与建议

（一）促进产业结构转型升级，构筑经济发展支撑力

一是加快推进农业深化改革。深入推进农业供给侧结构性改革，大力调整种植业结构，重点抓好黑玉米、大豆、油莎豆、中药材等特色农作物种植，促进实现稳产增产，促进农业增效和农民增收。加快农业基础设施建设。重点推进哈达山水利枢纽收尾、松原灌区、河湖联通、引松入扶和松花江干流治理、高效节水灌溉等项目建设，加快提高农业综合生产能力。加快绿色生产基地和畜牧业小区建设。以绿色基地为中心，推进规模化、产业化、品牌化建设，实现农产品的精细化生产和加工；充分发挥畜禽建设投资公司拉动作用，进一步加快牧业小区建设，加快延伸全产业链。二是重点促进工业的转型发展。要加大对工业企业的扶持力度，认真梳理现有重点工业企业，有针对性地制定细化扶持政策。特别是对市场前景好、有成长潜力的停产半停产企业，要进一步加强调度和帮扶力度，确保加快发展。要进一步发展民营经济，在开拓市场、信贷支持、降低成本等方面提供精准服务，为民营经济发展提供强有力的支撑。三是积极促进服务业提档升级。旅游方面，以查干湖为主体，进一步实施"查干湖＋"行动计划，进一步促进产业的融合发展。加快查干湖景区的基础设施建设，扩大查干湖冰雪渔猎文化旅游节的品牌知名度，进一步做大"冬捕经济"和"查干湖经济"。商贸物流方面，加快建设松原国际商贸物流城，积极推进前郭沃尔玛商超、大润发超市江北店等重点项目，开工建设"居然之家"家居建材购物中心。金融方面，扎实推进松花江金融工程，推动光大银行松原分行建成运营，进一步做好宁江惠民村镇银行等企业上市培育工作。

（二）提升生态竞争力优势，加快绿色产业发展

松原市应该扩大生态城市竞争的优势，形成生态城市竞争力对可持续竞争力和综合经济竞争力的有力支撑。紧扣生态宜居城市建设，着力加强城乡基础设施建设和人居环境管理。一是进行生态建设的顶层设计，重点启动哈达山区域生态景观规划等编制工作；继续抓好海绵城市、圣湖补水、沿江百里绿廊和纳仁汗公园改造及地下管廊等工程建设；促进生态环境的进一步改善。二是加大基础设施建设的力度。突出抓好客运交通枢纽与站前综合改造等重点项目建设，加快长白快铁和查干湖机场项目的推进，打造各具特色的县镇村形态。三是大力发展绿色产业。坚持绿色高效发展方向，推动形成绿色发展方式，加快构建绿色低碳循环发展产业体系，建成经济社会发展与资源环境承载力相适应的高效生态经济区。

（三）积极改善发展软环境，加大对外开放力度

一是完善招商引资的软环境建设。要切实加快项目审批进度，特别是对重点项目要开辟绿色通道，对项目立项、审批、环评、土地供应等方面即来即办、特事特办，绝不能让项目耽误在"路上"。二是积极开展招商推介。借助吉林省东博会、吉商大会、央企吉林行、浙商吉林行等系列活动，搞好对接，做好项目准备、包装和推介等工作，扩大国际知名度，吸引国外和国内先进地区的投资。同时，努力将少数民族运动会和查干湖冬捕节等节会活动，打造成为宣传松原、推介松原的重要窗口，促进招商引资工作取得成效。三是努力搭建招商平台。进一步发挥好北京市松原商会、驻京办、驻长办、松原商业联合会等载体的作用，瞄准行业前沿技术，广泛收集领军企业投资意向，为引进战略合作伙伴提供信息支持和平台支撑。四是扎实开展招商活动。组织开展好赴长三角、珠三角、闽台等地的招商引资活动，争取引进与松原市产业具有互补性的重点企业、重点项目，深化与浙江等地的对接沟通，做好产业项目承接工作。

参考文献

《2017 年松原市政府工作报告》。

《2016 年松原市国民经济和社会发展统计公报》。

《松原城市发展"十三五"专项规划》。

倪鹏飞主编《中国城市竞争力报告 No. 14》，中国社会科学出版社，2016。

B.10
吉林省城市竞争力（通化市）报告

吴　妍[*]

摘　要： 本文分析了通化市城市竞争力基本情况。通过城市竞争力指数和排名的变化，发现问题，找出规律，预测通化市城市竞争力发展趋势。笔者认为：通化市综合经济竞争力全国排名下降，综合效率竞争力不高；可持续竞争力全国排名降幅明显，与省内首位城市长春市差距拉大；深厚的历史文化资源、优良的自然资源尚未有效转换成现实的竞争力；公共资源投入和公共服务供给水平制约宜居竞争力提升是通化市城市竞争力存在的主要问题。展望未来，通化大健康产业发展有望拉动城市综合经济竞争力提升；信息城市竞争力进一步提升；生态质量的提升、公共服务投入的增加促进城市宜居竞争力进一步提高。

关键词： 通化　城市竞争力　综合经济　宜居　可持续

2016 年通化市经济社会发展成绩显著，实现"十三五"良好开局。城市综合经济实力明显提升，综合经济竞争力稳中向好。全市地区生产总值增速明显，2016 年通化市地区生产总值增长率为 7.9%，跑赢了吉林省地区生产总值增速，也高于国内生产总值增长率。区位优势显著增加，城市功能明显提升，创新发展能力不断提高，人民生活水平大幅提升。城市可持续竞争

---

* 吴妍，吉林省社会科学院副研究员，研究方向：区域经济、城市化。

力稳居全省前三位，城市宜居竞争力明显提升，经济环境活跃。"十三五"是通化市全面建成小康社会决胜期、绿色转型发展关键期，新一轮东北振兴战略实施、长吉图战略向东开放和面向环渤海向南开放、打造大健康产业等为通化市发展提供新机遇和新动力，可以预期通化市城市竞争力将在稳定发展中得以提升。

表 1　2016 年通化市基本情况

土地面积（平方公里）	15612
全市总人口（万人）	219.85
GDP 总量及增长率（亿元，%）	1060.5，7.9
三次产业比例	8.0∶51.0∶41.0

资料来源：2016 年通化市国民经济和社会发展统计公报。

一　格局与优势

（一）总体概况

2016 年是"十三五"开局之年，通化市抓住机遇，创新发展理念，经济社会发展成效显著，全市经济运行稳中向好。2016 年通化市实现地区生产总值 1060.5 亿元，增速为 7.9%，比 2015 年 7.2% 的增速快 0.7 个百分点，高于同期吉林省 GDP 增速 1 个百分点，人均 GDP 48100 元，比 2015 年增长 7.9%，在经济新常态的大背景下表现抢眼。产业结构进一步优化，三次产业比例为 8.0∶51.0∶41.0，第三产业对经济增长贡献率为 50.3%，比 2015 年增加 16.4 个百分点，超过第二产业对经济增长的贡献率。财政收入情况转好，全年一般预算全口径财政收入 124.7 亿元，增长 7.4%。其中，地方级财政收入 82.8 亿元，增长 6%，全年税收收入 93.1 亿元，增长 5.5%。全年新增就业 5.13 万人，登记失业率为 3.40%，比 2015 年低 0.25 个百分点。

在综合经济实力稳步提升的前提下，通化市城市功能、人民生活水平明显提升，对内凝聚力和对外影响力增强。通化市中心城区完成供水、供热、供电、燃气管网改造和道路、桥梁等多项重点工程，城市承载能力增强。城乡居民收入年均增速分别为11.4%、10.6%，高于GDP增速。2016年通化市获得"中国最具幸福感城市""全国首批绿色发展优秀城市""未成年人思想道德建设先进城市"等多项殊荣。

（二）现状格局

1. 经济新常态背景下，综合经济竞争力表现基本稳定

2016年通化市综合经济竞争力指数为0.049，全国排名第225位；与2015年相比，综合经济竞争力指数下降0.0112个点，全国排名下降16个位次。从东北三省34个地级以上城市排名看，通化市综合经济竞争力排名第18位，稳中有升，比2015年上升4个位次。在吉林省8个地级以上城市中排第五位，表现稳定，与2015年排名一致。从综合经济竞争力分项数据看，2016年通化市综合增量竞争力指数为0.048，与2015年相比，小幅下降；从排名看，全国排名位次下跌幅度较大，比2015年下降28个位次，但是东北地区排名上升一个位次，省内排名则保持不变。2016年通化市综合效率竞争力指数为0.003，与2015年相比基本持平；从排名看，2016年综合效率竞争力全国排名第216位，与2015年相比略有下降，东北地区排名第17位，上升4个位次，省内排名保持不变。

从指数和排名的变化来看，近几年东北地区经济不景气对通化市综合经济竞争力在全国的排名影响较大，与国内先进地区的差距有扩大的趋势。但是，通化市在东北三省34个地级以上城市中的排名上升，综合经济竞争力、综合增量竞争力、综合效率竞争力均进入前20名，表明通化市在东北三省地级以上城市中综合经济竞争力增强，这也充分印证了通化市转换经济发展动能、产业结构优化升级、深化供给侧改革取得成效。

表2 2015年与2016年通化市综合经济竞争力及分项指数排名

年份	综合经济竞争力	排名			综合增量竞争力	排名			综合效率竞争力	排名		
		全国	东北	全省		全国	东北	全省		全国	东北	全省
2015	0.0602	209	22	5	0.0541	187	20	5	0.0025	213	21	6
2016	0.049	225	18	5	0.048	215	19	5	0.003	216	17	6

资料来源：中国社会科学院城市与竞争力指数数据库。

2. 可持续竞争力保持在全省前三位，个别指标省内排名略降

相比以往，2016年中国社会科学院可持续竞争力指标体系做了更新和调整，指标体系的变动导致与2015年相比，通化市可持续竞争力指数及全国排名出现较大幅度变动。但从省内城市可持续竞争力排名看，通化市可持续竞争力基本与2015年一致，个别分项指标排名微降。

2016年通化市可持续竞争力指数为0.269，低于全国可持续竞争力指数均值（0.326），也低于吉林省可持续竞争力指数均值（0.279），排在全国第176位，整体水平表现一般，居全国中下游水平。指标体系调整后，通化市可持续竞争力与国内先进城市差距扩大。但从省内排名看，通化市可持续竞争力排名继续保持在全省第三位，连续三年居省内前三位。从可续竞争力分项指标看，通化市和谐城市竞争力表现抢眼，全国排名从2015年的第92位上升到2016年的第79位，省内排名居第2位。这表明通化市着力保障改善民生、着力加强民主法治建设取得显著效果。2016年，通化市生态城市竞争力和全域城市竞争力排名皆在全国前150位，处于全国中等水平。生态城市竞争力在全国289个地级及以上城市中排名第135位，省内排名由2015年的第5位上升到2016年的第4位，这与通化市大力加强生态文明建设，划定生态保护红线，推进污染防治项目，改善市区空气环境质量，持续推进水源保护等密切相关。全域城市竞争力在全国排名第137位，这表明通化市在缩小城乡收入差距、推进城乡一体化、建设城乡一体的全域城市方面表现较好。与省内多数城市一样，通化市文化城市竞争力、信息城市竞争力相对较弱。2016年通化市文化城市竞

力在全国排名第 205 位，信息城市竞争力在全国排名第 195 位，处于全国中下游水平。尤其是文化城市竞争力是可持续竞争力六个分项指标中唯一一个排在全国 200 名之外的指标。通化市历史文化资源丰富，自然禀赋优异，文化城市竞争力排名靠后，主要是因对文化资源挖掘不够、文化基础设施不健全、文化产业不发达等所致。

表 3　2015 年与 2016 年通化市可持续竞争力指数及分项指数排名

年份	可持续竞争力			知识城市竞争力		和谐城市竞争力		生态城市竞争力		文化城市竞争力		全域城市竞争力		信息城市竞争力	
	指数	排名		排名		排名		排名		排名		排名		排名	
		全国	全省	全国	全省	全国	全省	全国	全省	全国	全省	全国	全省	全国	全省
2015	0.322	123	3	117	3	92	2	129	5	156	4	87	2	202	4
2016	0.269	176	3	175	4	79	2	135	4	205	3	137	4	195	2

资料来源：中国社会科学院城市与竞争力指数数据库。

3. 城市宜居竞争力明显提升，经济环境表现优异

2016 年，全国 289 个地级及以上城市宜居竞争力指数均值为 0.422，全国有 145 个城市的宜居竞争力指数低于平均水平。而通化市城市宜居竞争力指数为 0.443，高于全国平均水平，也高于东北地区平均水平（0.431），排在全国第 134 位，这与东北地区宜居竞争力快速提升的趋势相符。

2016 年城市宜居竞争力指标体系有了更新和变动。城市宜居竞争力指标由优质的教育环境、健康的医疗环境、安全的社会环境、绿色的生态环境、舒适的居住环境、便捷的基础设施和活跃的经济环境共 7 个分项指标组成。在宜居竞争力 7 个分项指标中，通化市的经济环境表现活跃，经济环境省内排名居于首位，全国排名第 57 位。社会环境表现次之，全国排名第 88 位，省内排名第 3 位。基础设施在全国排名第 122 位，处于中等水平。生态环境和教育环境排名分列第 172 位和 183 位。居住环境和医疗环境表现较差，都排在全国 200 名以外，分别为第 214 位和第 234 位。

表4　2016年通化市宜居竞争力指数及分项指数排名

宜居竞争力		优质的教育环境		健康的医疗环境		安全的社会环境		绿色的生态环境		舒适的居住环境		便捷的基础设施		活跃的经济环境	
指数	排名	排名		排名		排名		排名		排名		排名		排名	
	全国	全省	全国	全省	全国	全省	全国	全省	全国	全省	全国	全省	全国	全省	全国	全省
0.443	134	6	183	6	234	6	88	3	172	4	214	5	122	4	57	1

资料来源：中国社会科学院城市与竞争力指数数据库。

4. 通化市城市竞争力的整体特征

通过分析通化市城市竞争力的总体表现情况，可以总结出如下特征和优势。第一，综合经济竞争力东北地区排名上升。虽然2016年通化市综合经济竞争力在全国排名位次下降，但其在东北地区无论是整体的综合经济竞争力还是综合增量竞争力、综合效率竞争力排名均有上升，特别是综合效率竞争力在东北地区排名上升4个位次。近几年，通化市经济增长势头良好。GDP增速连续三年稳步提升，通化市2014年GDP增长6.7%，2015年增长7.2%，2016年增长7.9%。产业特色明显，通化市构建以大健康产业为引领，以医药、食品、旅游三大支柱产业为支撑，以山区特色农业为基础的特色产业体系初见成效，医药、食品产业增加值占地区生产总值的比重分别达到35%和8.5%。第二，对外交流和联系能力不断增强。从通化市可持续竞争力分项指标数据可以看出，与2015年相比，其他分项指标的全国排名均有不同程度下降，唯有和谐城市竞争力和信息城市竞争力排名提升。这表明通化市近年来主动融入"一带一路"建设，着力推进向南开放窗口建设，城市对外物流、人流和信息流联系整体推进。第三，经济环境活跃，社会环境安全，生态环境良好，城市的宜居性和可持续发展能力增强。2016年通化地区城镇常住居民人均可支配收入23929元，同比增长6.9%；农村常住居民人均可支配收入10877元，同比增长7.5%，人民生活水平进一步提升。生态文明建设成果显著，颁布实施《通化市生态文明建设示范市创建规划》，市区空气环境质量优良天数超过300天，东昌区、集安市列入国家重点生态功能区，石湖获批国家级自然保护区。城市管理水平提高，社会治安良好，民生保障水平不断提高。

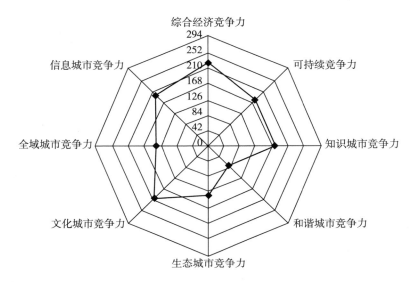

图1　2016年通化市城市竞争力全国排名雷达图

资料来源：中国社会科学院城市与竞争力指数数据库、吉林省社会科学院城乡发展指数数据库。

二　问题与不足

（一）综合经济竞争力全国排名下降，综合效率竞争力不高

2016年通化市综合经济竞争力全国排名比2015年下降16个位次，比2014年下降3个位次；从指标构成看，综合效率竞争力指数低于综合增量竞争力指数，也低于综合经济竞争力指数，可以说，综合效率竞争力弱拉低了通化市综合经济竞争力整体水平。近几年，虽然通化市GDP增长保持稳中向好的趋势，但是经济结构优化不到位，关键领域改革有待深化、自主创新能力不足等问题的存在影响经济效益的提升。一方面通化市虽然产业结构优化转型取得诸多成效，但是2016年通化市三次产业比例为8∶51∶41，第二产业比重仍占一半以上，可是第二产业对经济增长的贡献率为46.6%，低于第三产业对经济增长的贡献率3.7个百分点，产业结构有待进一步优

化；另一方面，经济发展新旧动能转换尚未完成，新型产业体系尚未完全形成。虽然通化市经济增长动能转换初见成效，大健康产业布局全面展开，但是其对经济增长的带动作用仍需加强。

（二）可持续竞争力全国排名降幅明显，与省内首位城市长春市差距拉大

与2015年相比，通化市可持续竞争力指数及在全国排名降幅明显。可持续竞争力整体排名由第123位降为第176位，下降53个位次。从可持续竞争力分项指标排名看，只有和谐城市竞争力、信息城市竞争力两个分项指标排名上升，其余四个分项指标全国排名大幅度下降。知识城市竞争力排名由第117位降为第175位，下降58个位次；生态城市竞争力由排名第129位降为第135位，下降6个位次；文化城市竞争力由第156位降为第205位，下降49个位次；全域城市竞争力由第87位降为第137位，下降50个位次。

虽然，通化市可持续竞争力排名保持在省内前三位，但是与排在首位的长春市在全国排名的差距拉大。与2015年相比，2016年通化市与长春可持续竞争力全国排名差距由86个位次扩大到145个位次，知识城市竞争力由88个位次扩大到153个位次，生态城市竞争力由100个位次扩大到113个位次，文化城市竞争力差距由82个位次扩大到150个位次，全域城市竞争力差距由领先6个位次变为落后94个位次。这种现象的产生一方面由于长春作为吉林省的省会，既是全省的政治、经济、文化、科技和交通中心，也是东北地区重要的区域中心城市，受区域位置、资源要素、产业结构等因素影响，长春市人口和经济集聚效应明显，同省内其他城市差距越来越大；另一方面与长春市相比，通化市缺乏公共服务资源优势，省内大多数优质教育资源、医疗资源等重要资源集中在省会城市，经济的发展、城市化进程的加快为通化市带来了诸如环境污染、城市承载能力下降等问题，影响了城市人口集聚，限制了城市规模的扩大，影响了城市可持续发展能力的进一步提升。

（三）深厚的历史文化资源、优良的自然资源尚未有效转换成现实的竞争力

通化市文化底蕴深厚，历史文化资源丰富。通化是高句丽文化、满族萨满文化的发源地。高句丽王国在这里设都428年，留存了大量珍贵文物和文化遗址。全市各种文化遗址有300多处，有4处国家级文物保护单位，15处省级文物保护单位，其中万发遗址是中国十大考古新发现之一。通化有汉族、满族、朝鲜族等24个民族，各民族文化相互融合，创造了独特的地域文化和民俗风情。通化具有光荣的革命传统，抗日战争时期，民族英雄杨靖宇在这里浴血奋战。解放战争时期，这里是"四保临江"的主战场。通化市地处长白山区和鸭绿江开发带，具有丰富的自然资源。全市森林覆盖率67.03%，林木绿化率为67.48%，全市有国家级森林公园4处；有龙湾火山群、罗通山、五女峰等奇特的自然景观；有植物药、动物药和矿物药，是全国"五大药库"之一。虽然近年来通化市在特色农业、医药、食品、旅游业、生态文明建设等领域不断增加投入，也取得丰硕成果，但是2016年其生态城市竞争力在全国排名不升反降，文化城市竞争力更是跌到全国200名以外，与先进地区差距扩大，这表明通化市对自身深厚的历史文化资源和优秀的自然资源挖掘利用不够，尚未充分将其转换成现实竞争力。

（四）公共资源投入和公共服务供给水平制约宜居竞争力的提升

公共资源投入和公共服务水平是决定城市生活质量的重要因素，也是承载宜居竞争力的城市软硬环境的重要体现，同时也是吸引人力资本流入的关键要素。有学者研究发现，"以教育为代表的公共资源成为决定城市宜居竞争力的重要因素"①。从通化宜居竞争力分项指标也可以看出，教育环境、医疗环境和居住环境排名靠后，拉低了通化城市宜居竞争力水平。从统计

---

① 李博：《中国城市宜居竞争力报告》，见《中国城市竞争力报告 NO.15》，中国社会科学出版社，2017。

数据看，无论是中学指数、大学指数，还是三甲医院数等，通化市都远远落后于省会长春市。从公共资源投入水平看，为提高教育、医疗、就业、社会保障等公共服务水平，通化需要政府进行大量的财政投入，而经济发展水平影响着一个地方政府的财政收入，而财政收入则直接制约着基本公共服务水平。通化市与先进地区相比，经济总量偏小、财政收入偏少。相对落后的经济发展水平影响了公共资源投入，从而制约了基本公共服务水平的提升。

三　现象与规律

（一）特色产业成为带动经济发展的重要力量

通化市是全国"五大药库"之一，依托独具特色的自然资源，通化市大力发展医药产业。通化市实施"医药城"发展战略以来，经过20多年的建设，全市医药产业实现从单兵作战到集群发展、从膏丸散丹到生物制药、从传统线下销售到O2O线上交易的巨大跨越。近五年的医药产业年均增速为21.2%，总量和效益一直占全省的60%左右。医药产业对经济增长贡献率不断提高。尤其是通化市大健康产业布局全面展开，实施"健康＋N"模式："健康＋医药""健康＋医疗""健康＋食品""健康＋养生""健康＋旅游""健康＋康体"，做大做强独具特色优势产业，带动经济发展。

（二）民营经济活跃程度与活跃的经济环境存在正相关关系

通化市民营经济活跃，2016年民营经济占经济总量的比重达到53.7%，高于吉林省民营经济占全省地区生产总值比重2.3个百分点。2016年，全市规模以上工业企业中有民营企业529户，实现增加值558.7亿元，同比增长9.4%，增幅大于吉林省民营工业企业增加值增幅1.9个百分点；全市规模以上民营工业企业实现利润139.3亿元，占吉林省规模以上民营工业企业实现利润总值的21%，同比增长12.0%，比吉林省规模以上民营工业企业实现利润增幅大 4 个百分点。从 2016 年吉林省城市经济环境活跃程度全国排名看,通化市排名第 57 位,省内排名第 1 位,这也是通化市城市竞争力所有指标中唯一排在省内头名的指标。

四　趋势与展望

(一)大健康产业发展有望拉动城市综合经济竞争力整体水平提升

近年来,通化市着力发展以医、药、食、养和全域旅游为重点的大健康产业,大健康产业布局全面展开。通化市颁布《大健康产业五年行动计划(2016—2020 年)》,以大健康产业的快速发展为基础,2016 年通化市地区生产总值、规模以上工业增加值、全口径财政收入等主要经济指标表现良好。2016 年通化大健康产业总体规模超过 1800 亿元。其中,医药产业产值达到 1222 亿元,增加值 365 亿元,分别比 2015 年增长 10% 和 9.1%,医药产业增加值占通化市地区生产总值的比重达到 35%,近五年医药健康产业年均增长 21.2%,总量和效益一直占吉林省的 60% 左右;2016 年全市接待旅游者 1033.93 万人次,旅游总收入 154.3 亿元,同比分别增长 17.1%、25.6%。大健康产业的快速发展促进了通化市发展动能转换,为经济发展提供了新动力,可以预见随着大健康产业布局完善和通化市《大健康产业五年行动计划(2016—2020 年)》的实施,通化市经济总量及经济效率竞争力会得到明显提升,从而带动综合经济竞争力整体水平上扬。

(二)信息城市竞争力进一步提升

信息城市竞争力指标体系主要包括外贸依存度、国际商旅人员数、千人互联网用户数、航空交通便利程度等指标,主要用于衡量城市对外联系和交流的能力。国家"一带一路"建设为通化市带来新机遇,通化市主动融入国家"一带一路"建设,打造吉林省向南开放窗口。2016 年吉林省出台了《关于支持通化市建设向南开放窗口的若干意见》,支持通化建成吉林省向南开放的新通道、新平台、新窗口。到"十三五"末期，通化基础设施实现互联互通，开放平台功能健全完善，外向型产业体系初步建立，通化市与丹东港实现联动发展，与周边区域实现协同发展，开放窗口的辐射和带动作用显著增强，通化市成为吉林省国际物流新枢纽、开放发展新引擎、绿色转型发展新高地，构建起吉林省向南开放发展的新格局。① 通化市对外开放的重大突破，必将提升通化市对外联系和交流的能力，提升信息城市竞争力水平。

（三）生态质量的提升、公共服务投入的增加促进城市宜居竞争力进一步提高

一方面，2016 年通化市颁布实施《生态文明建设示范市创建规划》，初步划定生态保护红线，不断加大环境污染治理力度，加强对大气、水、土壤污染防治和重点区域生态环境综合整治，强化环境执法检查，提升生态环境质量。重点推荐水源保护建设，加快改造城镇污水处理设施；提升城市建设管理水平，市容环境得到明显改善。另一方面，近几年，通化市不断加大基本公共服务投入，提高基本公共服务水平。2016 年，社保、医疗、教育等公共服务支出 200 亿元，占公共预算支出 79.5%。企业退休人员养老金、城乡低保标准、城镇居民医疗补助标准不断提高，社会保障能力不断增强；义务教育设施、公共卫生设施、公共文化设施质量不断改善。生态环境的改善与公共服务质量的提升将会有力地增强通化市城市宜居竞争力。

五　政策与建议

（一）增强自主创新能力带动经济动能转换，实现经济可持续发展

当今世界，自主创新能力已经成为获取竞争优势的决定性因素。自主创

---

① 《我省出台〈若干意见〉支持通化市建设向南开放窗口》，http：//www.jlxy.gov.cn/news.aspx？id=106120。

新带来的技术创新与技术进步能够改变资源供给对区域经济发展的限制，扩大资源供给的有效途径。因此，自主创新是转变经济增长模式，实现经济可持续发展的关键。为增强自主创新能力，通化应从以下三方面着手。一是要大力弘扬自主创新文化，构建自主创新的良好环境。具体来说要强化自主创新意识，提高民众自主创新素质，实施科技创新人才引进和培养战略。二是要加强企业尤其是医药企业技术创新中心建设，提升企业自主创新能力。企业是微观经济的主体，企业自主创新能力直接影响产业转型升级。三是要完善自主创新制度安排。要完善激励民营企业创新的政策制度。通化市民营经济比重较高，民营经济占经济总量的比重达到53.7%。要促进产学研协同发展，为民营企业提供智力支持。要完善科技创新投融资机制，为自主创新提供资金保障。

（二）打造特色文化品牌，加强文化硬件设施建设，提升城市文化竞争力

从可持续竞争力六个分项指标的全国排名看，通化市文化城市竞争力排名靠后，也是唯一一个排在200名以外的指标。文化城市竞争力由城市的历史文明程度，每万人剧场、影剧院数量，城市国际知名度，每万人文化、体育和娱乐业从业人数四个指标构成。历史文化底蕴是影响文化城市竞争力的重要因素之一，历史文化积淀深厚的城市一般来说其文化竞争力会较高。除此之外，现代文化产业发展也对文化城市竞争力产生一定的影响。从2016年全国文化竞争力排名前十位城市看，这些城市或是具有深厚历史文化底蕴或是拥有独具特色的现代文化产业。为提高文化城市竞争力，通化应加强以下三个方面建设。一是要充分挖掘自身拥有的独具特色的高句丽文化、萨满文化发源地的文化资源优势，形成独具特色的文化城市形象。二是要加大文化硬件设施建设，提供文化发展和传播平台。三是要促进文化产业与大健康产业有机融合，提高城市知名度。

（三）科学合理确定公共服务建设重点，提高城市宜居竞争力

城市宜居竞争力的提升与公共服务水平密切相关。提高社会管理水平，

提升公共服务水平必须提高政府对公共服务的财政投入。一般而言，经济发展水平越高，公共服务水平越高。2016 年通化市近八成的公共预算支出用在公共服务方面，在短期内大幅度提高财政投入不现实，也不可持续，因此应科学合理安排公共服务建设重点，在现有经济发展水平下最大限度地满足人民对公共服务的需求，提升民众对公共服务的满意度。从通化宜居竞争力分项指标也可以看出，主要是教育环境、医疗环境和居住环境排名靠后，拉低了城市宜居竞争力水平。为此，一是要加大教育投入，为当地企业输送科技人才和技术工人；二是要加大公共卫生投入；三是要平抑房价，改善市容市貌，提升居住环境质量。

参考文献

倪鹏飞主编《中国城市竞争力报告 NO. 15》，中国社会科学出版社，2017。

崔岳春、张磊主编《吉林省城市竞争力报告（2016～2017）》，社会科学文献出版社，2016。

《2016 年通化市国民经济和社会发展统计公报》。

《2016 年吉林省国民经济和社会发展统计公报》。

《2017 通化市政府工作报告》。

B.11
吉林省城市竞争力（辽源市）报告

徐 嘉*

摘 要： 近年来，辽源市在环保、资源转型发展、新型城镇化建设方面都着力进行了诸多改革与创新尝试。但由于国内外宏观经济形势趋紧、生态环境保护需求迫切、文化发展多样性等多方面因素影响，辽源市综合经济竞争力排名有了一定波动，可持续竞争力也有较大的上升空间，宜居竞争力有了较大幅度的提升，是辽源市表现最为突出的城市竞争力指标。辽源市在关乎民生社稷方面攻坚克难，进行了卓有成效的改革与实践。"十三五"发展阶段，辽源市应该以知识城市竞争力与信息城市竞争力、文化城市竞争力与全域城市竞争力为突破口，加速可持续竞争力的全面提升。

关键词： 辽源 城市竞争力 转型发展

　　辽源市位于吉林省中南部，地处东辽河、辉发河上游，在吉林省东部长白山区向西部松辽平原的过渡地带，以丘陵为主，间有少量低山，属低山丘陵区，属于典型的"双马鞍形"地势。行政区划土地面积为5140.45平方公里，占吉林省总面积的2.8%。其中市区（包括郊区）行政区划土地面积432.37平方公里，东辽县行政区划土地面积2184.4平方公里，东丰县行政区划土地面积2523.68平方公里。区域内平原地势平坦，土质肥沃，其母质

---

* 徐嘉，吉林省社会科学院城市发展研究所副研究员，硕士，研究方向：城镇化与城市管理。

多为近代冲积物和黄土堆积物，是重要的农业区。辽源市历史悠久，清代被辟为皇家"盛京围场"，1902 年弛禁后设立县制，1983 年辽源市升格为地级市。目前下辖两县三区，两县分别是东丰县与东辽县，三区为龙山区、西安区、省级经济开发区，总人口 119.8 万，其中城区人口 46 万。辽源市享有多项美誉，诸如"中国梅花鹿之乡""中国二人转之乡""中国农民画之乡""中国剪纸之乡""中国袜业名城"等。同时，辽源市还是中国智慧城市试点、中国转型试点城市、中国铝业加工基地、环保模范城市等。

从辽源市作为多个试点城市可以看出，辽源市在环保、资源转型发展、新型城镇化建设方面改革的决心与取得的成绩。2016 年作为"十三五"的开局之年，尤为重要，为整个"十三五"发展奠定基础。2016 年，辽源市继续进行经济转型升级，全市经济稳步增长，社会各项事业持续发展，但受国内外宏观经济形势趋紧、刚需下降、生态环境保护需求、文化发展多样性等因素影响，辽源市综合经济竞争力有所下降，在 294 个城市排名中列第 230 位，在全国排名较上年下降 17 个位次。可持续竞争力方面，辽源市指数和排名双双下降，排名降幅较大，而且在东北地区和省内均呈下降趋势，表明辽源市可持续竞争力发展表现不稳定，亟须在多项指标上进行加强，以文化城市竞争力和知识城市竞争力为代表的可持续竞争力分项指标，连续三年表现不佳，均影响可持续竞争力的整体排名，已经成为需要重点与持续关注的方面。

从宜居竞争力排名方面来看，辽源市 2016 年指数与排名均大幅度提高，在全国排名提高了一百多位，是 2016 年辽源市表现最为突出的城市竞争力指标，辽源市在关乎民生社稷方面攻坚克难，进行了卓有成效的改革与实践。

表 1 2016 年辽源市基本情况

项目	数据
土地面积(平方公里)	5140.45
总人口(万人)	119.8(户籍总人口)
GDP 及增长率(亿元,%)	766.85,6.7
三次产业比例	7.7:57.3:35.0

资料来源：《2016 年辽源市国民经济和社会发展统计公报》。

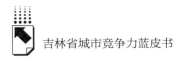

一 现状与优势

（一）总体概况

2016年作为"十三五"规划的开局之年，也是"十三五"规划实施的关键之年。在东北经济形势发展困难、下行压力依然较大的情况下，辽源市委市政府积极推进供给侧结构性改革，全市各项改革进入攻坚阶段，困难与成绩并存，经济发展以创新、提质、稳进为主要特征。全市实现地区生产总值766.85亿元，比上年增长6.7%，低于上年同期0.3个百分点。从产业来看，第一、第二、第三产业分别实现增加值59.06亿元、439.26亿元和268.53亿元，分别增长3.8%、7.3%和6.5%。三次产业比值为7.7∶57.3∶35.0。第一、第二产业比上年分别下降了0.4个、0.5个百分点，第三产业占比上升0.9个百分点。全年人均地区生产总值为63744元，增长5.9%。全年全社会固定资产投资666.24亿元，比上年增长9.6%。全市实现外贸进出口总额29868万美元，比上年增长8.9%。全市实现社会消费品零售总额226.19亿元，增长9.4%。

一手抓经济一手抓民生，辽源市政府为切实提高人民生活水平，改善居住条件，完善社会保障制度，提高城市承载能力，在社会民生保障与城市建设方面投入了较多的精力，取得了一定的成绩。辽源市被列入国家首批"老工业基地产业转型技术技能人才双元培育改革试点城市"。截至2016年末，城乡居民基本养老保险参保人数33.95万人，比上年增长0.5%，全市发放城市低保资金2.40亿元，比上年增长11.6%。当年城镇新增就业人数40844人，其中城镇失业人员再就业6787人，就业困难人员实现就业3501人。登记失业人员期末实有人数11641人，城镇登记失业率为3.4%，比上年下降0.01个百分点。全市农村劳动力转移就业人数18.07万人。建设"引松入辽"辽源干线、东辽河城区段防洪、中小河流治理等水利工程，启动建设配套净水厂和污水处理厂。大力规范城市交通秩序，创建市容市貌专项整治 3 条示范街、8 条严管街。实施"智慧城市"大数据基础平台和 31 个智慧社区建设，推动信息及各类资源共享。坚持精准脱贫与整村推进相结合，建立健全产业到户到人的扶持机制，发展农林、旅游、电商等特色产业。

（二）现状格局

第一，综合经济竞争力排名在全国呈下降趋势，在东北区域与省内保持稳定。根据表 2 的数据，2016 年辽源的综合经济竞争力整体处于下降趋势，无论是指数还是排名均有不同程度的降低。在全国排名中，综合经济竞争力下降了 17 个位次，排在第 230 名；综合增量竞争力下降 28 个位次，位列第 249 名，处于全国靠后水平；综合效率竞争力是经济指标中表现较好的，也下降 12 个位次，居第 149 位。综合经济竞争力指数由 2015 年的 0.060 下降到 2016 年的 0.049，综合增量竞争力指数由 2015 年的 0.040 下降到 2016 年的 0.036，综合效率竞争力指数是唯一与上年持平的指数，仍旧是 0.0055。从排名来看，由于东北区域整体经济环境处于劣势，因此，尽管辽源市综合经济竞争力的各项指数表现不佳，但在东北区域和吉林省内的排名依然较为稳定。综合经济竞争力在东北区域比上年提升了 2 个位次，居第 21 位，在吉林省内的 8 个地级市城市中仍处于较为靠后的第 6 位。综合增量东北区域排名与上年持平，仍旧是第 24 位，处于中游水平，在省内则下降 1 个位次，列第 7 位，亟待提升。综合效率竞争力一向是辽源市表现最为稳定和良好的经济竞争力指标，经济增量虽然落后，但经济发展的效率保持良好，在东北区域进入前 1/3，列第 11 位，在吉林省内更是仅次于长春市，列第 2 位，而且是连续两年居第二位。对比近几年的经济指标变化，可以发现，辽源市经济综合效率竞争力一直较强，但这种优势没有加速综合增量竞争力的提升，从而也没有作用于综合经济竞争力的整体提升，产业升级转型依旧成为考验经济发展的重要问题，投入产出比把控优势，辽源市总体经济延续经济新常态以来的平稳运行、稳中有进的发展势头，虽然经济下行压力仍然较大，经济发展动力仍显不足，但主要经济指标增幅仍运行在合理区间。

表2　2015年与2016年辽源市综合经济竞争力及分项指数排名

年份	综合经济竞争力	排名			综合增量竞争力	排名			综合效率竞争力	排名		
		全国	东北	省内		全国	东北	省内		全国	东北	省内
2015	0.060	213	23	6	0.040	221	24	6	0.0055	137	10	2
2016	0.049	230	21	6	0.036	249	24	7	0.0055	149	11	2

资料来源：中国社会科学院城市与竞争力指数数据库、吉林省社会科学院城乡发展指数数据库。

　　第二，可持续竞争力指数排名略有下降，有较大提升空间。根据表3数据，辽源市在2016年的可持续竞争力指数较2015年略有下降，排名下降了51个位次，在全国289个城市的可持续竞争力排名中列第227位，降幅较大。同时，在东北三省的排名也下降了7个位次，在34个城市中排在第27位，在吉林省内也比上年下降1个位次，排在第6名，处于相对落后水平。这是辽源市可持续竞争力在全国和吉林省内的连续第二年下降，造成这种局面的原因是辽源市可持续竞争力分项指标中表现抢眼的指标优势逐渐缩小，表现低迷的分项指标上升仍然缓慢，整体综合结果势必呈现下降趋势。六个可持续竞争力分项指标中，和谐城市竞争力与信息城市竞争力，在2016年依然表现稳定，和谐城市竞争力排名与上年持平，信息城市竞争力无论是在全国、东北还是吉林省内的排名，均有较大幅度提升。同时值得肯定的是知识城市竞争力，其在经历了2015年的低迷后，2016年在全国和东北三省排名分别提高了7个位次和3个位次，但仍然分别处于较为落后的第255位和第25位，在吉林省内下降1个位次，位列第7，说明知识城市竞争力提升工作不可有任何松懈，情况依然较为复杂。全域城市竞争力作为辽源市可持续竞争力在省内排名提升幅度最大的分项，由上年的全省第6位上升到全省第3位，可见城市基础设施建设方面，辽源市下了大功夫并切实取得了成效。作为老大难的文化城市竞争力依然继续下降，在全国下降了68个位次，东北三省下降了5个位次，全省也仅仅列第7位，可见依旧未能引起足够重视。最令人遗憾的是，在辽源市一直保持最佳发展势头的生态城市竞争力分项，在东北和吉林省内普遍重视生态环保工作的形势下，其优势不再突出，在全国、东北和吉林省内排名均大幅度下降，分别下降了 53 个位次、9 个位次、2 个位次，需要引起政府反思。

表 3　2015 年与 2016 年辽源市可持续竞争力及分项指数排名

年份	可持续竞争力			知识城市竞争力			和谐城市竞争力			生态城市竞争力			文化城市竞争力			全域城市竞争力			信息城市竞争力		
2015	0.260			0.145			0.337			0.527			0.157			0.268			0.243		
年份	排名			排名			排名			排名			排名			排名			排名		
	全国	东北	省内	全国	东北	省内	全国	东北	省内	全国	东北	省内	全国	东北	省内	全国	东北	省内	全国	东北	省内
2015	176	20	5	262	28	6	106	17	5	84	7	3	189	26	6	116	22	6	236	30	8
2016	227	27	6	255	25	7	106	24	4	137	16	5	257	31	7	118	17	3	229	28	5

资料来源：中国社会科学院城市与竞争力指数数据库、吉林省社会科学院城乡发展指数数据库。

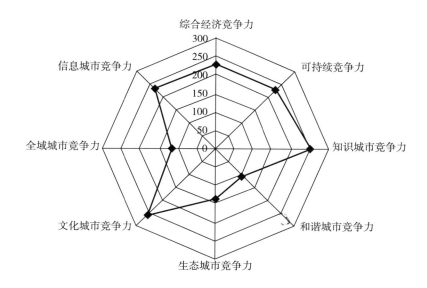

图 1　2016 年辽源市城市竞争力全国排名雷达图

第三，宜居竞争力指数大幅度提升，具有一定的潜在优势。综合分析表 4 的数据，2016 年辽源市宜居竞争力指标体系的建立更为全面与完善，从教育环境、医疗环境、社会环境、生态环境、居住环境、基础设施与经济环境来综合考察一个城市的宜居竞争力。辽源市 2016 年宜居竞争力指数达到0.448，在全国列第 129 位，比上年上升 119 个位次，可谓大幅度提升，在东北三省排名也上升了 6 个位次，进入前 1/2，在吉林省内宜居城市竞争力排名均有较大提升的情况下，在省内排名第 5 位。

表4　2015 年与 2016 年辽源市宜居竞争力指数及排名

年份	宜居城市竞争力	排名		
		全国	东北	省内
2015	0.222	248	22	4
2016	0.448	129	16	5

资料来源：中国社会科学院城市与竞争力指数数据库、吉林省社会科学院城乡发展指数数据库。

第四，辽源市城市竞争力特征。首先，综合效率竞争力稳定，且发展潜力大。辽源市的资源利用率、产业优化程度持续上升，这在综合效率竞争力上体现得较为明显。因此，如何通过综合效率的提升，实现经济效益的提升，实现经济持续稳定增长，从而带动经济增量指标的提升，是值得辽源市政府关注与亟待解决的问题。特别是在大企业指数、企业经营增长指数、企业软环境、外贸依存度等方面，辽源市政府需要下大力气制定政策，转变观念，优化环境，改革攻坚。辽源市经济总体虽保持平稳增长，但增长势头依然弱于全国多数城市，因此综合经济竞争力标准化指数保持平稳，但其全国排名下降。

其次，全域城市竞争力、和谐城市竞争力与生态城市竞争力有望挺进全国百强。这三项可持续竞争力分项在全国的排名分别是第 118 位、第 106 位和第 137 位。生态城市竞争力看似排名较落后，但其前几年一直处于全国百强行列，有良好的基础。全域城市竞争力与和谐城市竞争力均与辽源市的城市建设与社会保障、民生建设等方面息息相关，这也是辽源市近几年来工作的重点，2017 年，辽源市在推进新型城镇化建设促进区域协调发展、建设平安辽源全力维护社会稳定、统筹保障改善民生等方面均有新政策新举措。未来辽源市全域城市竞争力及和谐城市竞争力值得期待。

最后，信息城市竞争力、文化城市竞争力、知识城市竞争力可作为三极协同发展。辽源市作为全国"智慧城市"试点城市之一，其信息城市的基础设施与政策扶持发展环境相对较为完善，文化城市竞争力与知识城市竞争力一直是辽源市综合竞争力提升的短板，单独提升见效甚微。而这三项可持续竞争力分项指标其实是相互促进、交叉共存的。创新驱动提升辽源市的科技发展与知识利用水平，文化教育得到提升的同时，城市的文明程度与人口素质也会得到提升，交通便利与对外开放作为信息城市竞争力分指标，同时也可以为城市文化宣传、城市知名度的提高提供便捷、开放、包容的城市环境，可以吸引更多高素质的科技人才与管理人才。可见，在三个分项指标"单打独斗"提升效率较低的情况下，可考虑整合指标，出台创新驱动、人才引进、信息基础设施建设、文化教育等方面的政策，全面交互作用提升可持续竞争力。

二　问题与不足

（一）经济增长内生动力不足，综合竞争力相对较弱

2016 年吉林省经济发展整体平稳运行，但整个周边的经济环境依然没有得到根本扭转，经济下行压力依然存在，经济发展的内生动力依然不足。辽源市仍处于调结构、促增长、转型升级的发展过程中，综合经济竞争力指数远落后于全国平均水平，也低于长春 0.098 个点，差距较大。综合增量竞争力指数也低于长春 0.267 个点，落后 224 个位次，处于全省落后位置，只有综合效率竞争力排名全省第 2，在整个经济竞争力指标中，是辽源市唯一进入东北三省前 1/3 排名的指标。辽源市经济效率竞争力的提升得益于近年来经济结构的持续调整与城市转型升级发展，但经济增量竞争力未见起色，表明结构性矛盾依然未得到妥善解决，产业结构调整力度仍待加强，调结构

促增长的经济带动作用尚未凸显。继续增强内生动力，持续不断探索产业结构优化，依然是辽源市在今后一段时期内的工作重点。

（二）文化软实力亟待加强，制约可持续竞争力发展

文化城市竞争力的持续低迷，已经成为制约辽源市可持续竞争力整体发展的一大顽疾。在历史文化指数、非物质文化遗产指数方面，辽源市都不具有任何优势，这是辽源市作为具有丰富历史文化内涵城市的不足，也是文化部门可以探索挖掘的地方。另外在文化城市竞争力指标体系所涉及的每万人剧场、影剧院数量，每万人文化、体育和娱乐业从业人数等方面，辽源市的标准化得分都不容乐观，而这些都是可以通过文化基础设施建设来进行弥补的。在城市国际知名度指标中，城市搜索条数只是一个参考标准，但从侧面反映了辽源市网络文化建设、对外宣传方面的弱势，这些都是可以通过短期集中制定文化宣传政策来提升的。辽源市并非不具有文化资源与历史条件，需要的是决策上的重视、人才的招揽、政策的制定与行之有效的战略措施，需要切实把提升文化软实力作为转变经济增长方式、加强新型城镇化发展的有效路径来考量。

（三）生态城市竞争力水平下滑，优化环境力度有待加强

在衡量生态城市竞争力的单位 GDP 耗电量、单位 GDP 二氧化硫排放量方面，辽源市均保持在较稳定的区间，优于东北多数城市。但在国家级自然保护区指数、人均绿地面积标准化指数方面出现下降趋势，因此总体生态城市竞争力水平呈现下滑态势。同时也应注意到，辽源市生态城市排名在全国、东北和吉林省均下降的原因，也在于整个国家在生态文明建设上加大力度，对环境保护的重视均见成效，在全国都踏步前进的情况下，辽源市稍有裹足不前，就可能出现排名大幅度下降。此外，在宜居城市竞争力的生态环境排名中，辽源市全国排名第 191 位，东北三省排第 23 位，吉林省内排名第 5 位，绿色生态环境并未体现出宜居的优势所在。

三　现象与规律

（一）产业结构调整优化，经济运行稳中提质

根据辽源市 7.7∶57.3∶35.0 的三次产业比例，可以看出辽源市依旧以工业作为产业主体。工业经济虽然规模较小但运行平稳，2016 年，辽源市规模以上工业实现总产值 1563.04 亿元，同比增长 7.5%；实现工业增加值 470.64 亿元，同比增长 8.5%；实现工业销售产值 1509.00 亿元，同比增长 6.7%，产销率高达 96.5%；实现利润总额 29.65 亿元，同比增长 3.1%。全市 33 个大类工业行业中，七成以上行业产值增速同比上升，其中有五成以上行业产值增速高于全市平均水平，全市工业生产普遍向好的势头，带动了整体工业经济的平稳增长。轻工业作为辽源市的优势产业，不断拉动经济增长。"五大特色"产业实现工业总产值 254.64 亿元，同比增长 18.8%，增速是全市工业增速的 2.5 倍。民营经济作为辽源经济长期发展的亮点与特点，2016 年依然表现优异，规模以上民营企业 299 户，占全市规模以上工业企业户数的 94.0%，实现工业增加值 143.85 亿元，同比增长 7.9%，高出辽源市工业平均增速 0.4 个百分点。2016 年，全市完成全社会固定资产投资 666.24 亿元，同比增长 9.6%。从投资结构来看，受产业结构调整依旧不完善影响，第一、第二、第三产业分别完成投资额 45.61 亿元、432.13 亿元和 188.50 亿元，同比增长 11.0%、11.7% 和 4.9%。三次产业投资结构比值为 8.0∶65.0∶27.0，第一产业和第二产业较上年同期均提高了 0.1 个百分点，第三产业下降了 0.2 个百分点。这表明辽源市第三产业发展依旧滞后，转变观念与开放市场亟待加强，辽源市的文化、信息、知识可持续竞争力的落后就是辽源市第三产业，特别是战略性新兴第三产业发展短板的集中体现。

（二）创新驱动能力尚待加强，知识城市竞争力提升任重道远

知识城市竞争力的各项指标中，大学指数、专利指数辽源市的排名都

较为落后；金融业从业人员指标，科学研究、技术服务和地质勘查业从业人员指标，信息传输、计算机服务和软件业从业人员指标的标准值均不高，宜居城市竞争力中的教育环境指标排名在全国第 177 位、东北三省第23 位、吉林省第 5 位，可见辽源市创新体系依然不够完善，全市拥有省级企业技术中心的企业占比较低，研发经费投入不足，科技成果转化率低。科研成果本地转化机制尚未形成，自主创新的基础条件相对薄弱；自主创新产品和项目不多，发明专利比重小，缺少在国际国内和局部区域形成核心竞争力和真正垄断地位的项目和产品，持续发展能力亟待提高；受人才外流影响，研发创新人员不足；企业创新意识不强，人才结构不尽合理，缺乏高层次人才，企业一线的专业技术人员不足，缺少高水平技术带头人。

四 趋势与展望

（一）城市综合承载能力提升，全域城市竞争力后劲可期

辽源市的宜居城市竞争力无论是指数还是排名都在飞速提升，其中特别是反映城市综合承载能力的便捷基础设施排名列全国第 48 位，在东北三省排在前 5 名，在吉林省内仅次于白山市。全域城市竞争力作为 2016 年辽源市提升较快的一个可持续竞争力分项，具有较大的发展潜力。其具体指标体系中城乡人均收入比、每百人公共图书馆藏书量均处于中等水平，城乡人均道路比、城市化率都有较大上升空间。结合辽源市近年来在城市基础设施建设与公共服务提升方面所做的工作，辽源市依旧会在城市规划建设管理提档升级方面下足功夫，继续完善各类管网，城市 24 小时供水率提高到 97%，城市垃圾、污水处理率达到 100%。继续启动东辽河综合整治、辽源矿山湿地公园建设，完成大气污染减排、水污染减排和农业污染源减排项目，积极打造省级园林城、卫生城、生态城，为全力提升全域城市竞争力创造更多过硬指标。

（二）民生社保投入加强，和谐城市竞争力发展态势良好

辽源市和谐城市竞争力发展前景良好，在全国排名与上年持平，省内提升一位，进入前五。未来辽源市在巩固现有成果基础上，继续在民生社稷方面有切实举措，包括加大户籍改革力度，居住证制度积极推进，采取积极的人才引进政策，增强城乡居民公共服务均等化力度。精准扶贫政策覆盖面广，加大财政、金融、土地等政策扶持力度，创新政府、企业和社会组织联动机制，强化医疗、教育、养老、助残等专项扶贫。积极解决就业与创业问题。扶持大学生创业，鼓励城乡居民进行电商、家庭农场等多种模式的"双创"行动，鼓励科研人员科技成果转化与离岗创业，促进就业，加速转移农村剩余劳动力。完善社会保障制度，建立多层次养老服务体系与社会救助体系、制定合理的失业金发放标准，根据市场规律与生活水平适当提高养老金发放标准。推动城乡教育均等化，加速解决上学远、上学难等问题，启动健康卫生"七大工程"。这些都是和谐城市竞争力指标体系的组成部分。

五　政策与建议

（一）提升自主创新能力，加快创业就业步伐

加快知识城市竞争力、信息城市竞争力提升速度，全面深化自主创新的体制机制改革，要善用机遇"借力打力"。一是要学会依托科技创新服务平台的资源优势，以吉林省科技大市场的辽源分市场为主平台，推动科技企业与技术的信息覆盖，做到信息通畅、资源共享、实时对接、高效及时。以企业为科技创新主体，充分利用辽源民营经济发展环境好的特点，加大对民营企业中科技型企业的引导与扶持，强化企业的技术更新意识，鼓励企业把技术优势和独立研发能力作为生存之本。二是重点围绕矿山设备、汽车及汽车零部件等行业，深入技术原创与核心技术附加值的开发，提升企业的创新能力。着力推动制药企业加快具有自主知识产权的新药创制，做强现代中药、

做大化学药品、做优保健品。培育做强中聚新能源、鸿图纸业、辽源市有色合金有限公司等一批高新技术企业，推动战略性新兴产业实现集群发展。加快建设高精铝加工产业园，把辽源建设成为吉林省高精铝精深加工高新技术特色产业基地；建设医药产业园，把辽源建设成为吉林省医药高新技术产业基地；扩大东北袜业产业园规模，打造以东北袜业园等企业为主的针纺产业创新链。三是鼓励支持重点企业与科研院所合作，建立完善自主创新机制，从根本上提升自主创新能力，提高科技对经济增长的贡献率。四是创新完善人才引进机制。要积极吸纳各类高层次创新型科技人才，在辽源市打造新材料、新能源、生物医药、现代农业以及战略性新兴产业的人才优势。五是推进金融服务创新，加大财政科技投入，加快培育发展科技金融，吸引天使投资引导基金、创业投资引导基金，鼓励参股投资、直接投资、跟进投资等多种投资方式，撬动社会资本为创新创业服务。深入开展"大众创业、万众创新"活动，激发全社会创新创业活力。

（二）重视文化软实力发展，强化城市影响力

辽源市有着诸如"示范城""试点城市""特色城市"等称号，也拥有很多自身独特优势，但在文化城市竞争力指标连续几年的考察中，其城市知名度、城市搜索率、城市影响力等方面一直处于落后水平，甚至成为制约可持续竞争力整体提升的瓶颈。这要求辽源市转变观念，积极谋求文化软实力、文化产业与城市品牌和发展。一是利用好较为成功的"智慧城市"发展模式与基础，把"智慧辽源"的重点范围扩展到文化创意产业与城市品牌和形象建设上来。二是深入挖掘辽源市的历史文化资源、凝练人文特色、开发民族风俗，把文化旅游与城市宣传结合起来，在推广旅游产品的同时，把城市品牌作为整体理念宣传。推动辽源的道教文化、矿山文化、田园文化以及二人转、农民画等非物质文化遗产申报工作，引导推动文化产业与旅游的融合发展。

（三）强化内生发展动力，突出民营经济发展优势

民营经济作为辽源市经济的一大特色，一直是辽源市政府主要培育的经

济增长点。近年来，民营经济逐步成为辽源市经济整体发展的主力军，特别是民营工业的总产值、增加值和对产值增长贡献率均高于全市水平。2016年民营工业实现利润总额 36.13 亿元，比上年增长 11.3%，比全市规模以上工业利润总额增速高出 8.2 个百分点；民营工业亏损额比上年减少68.1%，实现了增产增收。民间投资完成 581.34 亿元，比上年增长 16%，占全市固定资产投资总额的 87.3%，民间投资比重比上年提高 5.2 个百分点。民间投资增幅比国有企业投资增幅大 44 个百分点，民间固定资产投资在保持全市投资稳定增长中做出了突出贡献。未来继续促进民营经济增长要做到以下几个方面。一是培育优势产业，不断加快建立各种要素服务平台，加速产业升级步伐，在引导资金、技术、人才等要素流动方面，让民营经济逐渐向优势产业集聚。二是力推全民创业，促进就业人群不断壮大。利用实施创业孵化基地工程，开展创业指导服务和综合服务，积极引进和培养创业人才，发挥人才带动作用，提高创业的成功率。三是建立就业信息资源数据库，开通辽源市就业服务局网站。运用微机、微博、手机 APP 等平台，多渠道、点对点发布和推送就业信息，精准促进人岗匹配，打造便捷高效的"互联网＋就业服务"模式；及时发布民营企业就业创业信息，线上线下开通政策咨询、项目推介等服务，加强就业市场供需衔接和精准帮扶，提升网络平台创业主体和小微企业创业主体贷款的便捷性和可获得性。

（四）开拓区位优势，扩大对外开放

继续推动辽源市开放便捷的信息城市发展，打造开放、包容、合作、共赢的对外发展新局面。一是要贯彻"五大发展"理念，在"一带一路"倡议的引导下，特别是在吉林省向南开放总体实施方案及"长平经济带"和"白通丹经济带"发展规划先后出台的情况下，辽源市应抓住认真谋划"四辽铁通"经济协作区的机遇。二是新材料、医药、能源及装备制造业方面利用好周边通道。以哈长城市群与环渤海经济圈为两极，推动以辽源为节点的长春、沈阳产业走廊联通、轨道交通等装备制造配套。培育辽源—通辽铝制品及新材料产业集群、辽源—四平医药健康产业集群、辽源—铁岭能源及

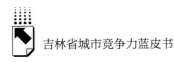

能源装备产业集群。建设与通化、西丰连接的以梅花鹿产业为代表的健康产业走廊。三是以辽源市特色主导产业为引领,包括轻工业、服务业、信息技术、电子商务等具有可开拓潜力的产业,承接长三角、珠三角和长江经济带产业转移,优化软环境,简化行政审批手续、压缩投资成本、提高资金效率,推进投资项目落地。为本地骨干企业扩大规模、学习先进技术与管理经验创造条件,吸引上下游关联企业,合作建设特色产业集群。

参考文献

《2016 年辽源市国民经济和社会发展统计公报》。
倪鹏飞主编《中国城市竞争力报告 NO. 15》,中国社会科学出版社,2017。
《2017 年辽源市政府工作报告》。

B.12
吉林省城市竞争力（白城市）报告

姚震寰*

摘　要： 在我国区域经济平衡发展战略的引领下，随着新一轮东北振兴战略的实施，白城市应利用自身区位和资源优势，继续推进产业转型发展，推动核心竞争力能级提升；深入实施特色城镇化战略，促进城乡均衡发展；加大开发开放力度，创建开放便捷城市；优化教育、医疗环境，补齐宜居城市短板；大力推进文化城市建设，塑造多元一本的城市文化，加快提升综合承载能力，不断提升可持续发展能力，最终实现城市竞争力的整体提升。

关键词： 城市竞争力　产业转型　白城

2016 年，面对日趋复杂的国内经济发展环境，白城综合经济竞争力指数在全国排名较 2015 年有所下降，排第 254 位，东北地区排在第 25 位，吉林省内排第 7 位。白城可持续竞争力指数居全国中等偏下水平，排在东北地区第 31 位、吉林省第 8 位。其中，生态城市竞争力指数表现优异，在全国、东北和省内排名均比上年有所提升；知识城市竞争力指数表现稳定，继续保持在全省第 5 位；和谐城市竞争力下降明显，从省内第 1 位下降到第 6 位；文化、全域和信息城市竞争力指数相对较低，分列东北地区第 32 位、第 34

---

* 姚震寰，吉林省社会科学院城市发展研究所助理研究员，硕士，研究方向：城镇化建设与城市环境。

位和第 31 位，全省第 8 位、第 8 位和第 7 位。白城宜居城市竞争力指数表现较好，在东北地区排名较 2015 年上升 10 个位次。"新常态"下，白城市经济发展坚持稳中求进，注重提高经济发展质量和效益，在经济下行和结构调整的双重压力下，紧紧抓住建设特色城镇化和吉林西部生态经济区的战略机遇，持续推进供给侧结构性改革，做好稳增长、促改革、调结构、惠民生等工作，积极改善宜居和宜商环境，加快提升综合承载能力，白城城市竞争力将有望获得更快提升。2016 年白城市基本情况见表 1。

表 1　2016 年白城市基本情况

项目	数据
土地面积（平方公里）	25758.73
总人口（万人）	193.5
GDP 总量及增长率（亿元，%）	731.2，7
三次产业比例	15.0∶46.9∶38.1

资料来源：《2016 年白城市国民经济和社会发展统计公报》《吉林统计年鉴 2017》。

一　格局与优势

（一）总体概况

面对全国各区域经济增长普遍乏力和东北地区的经济增长形势恶化的压力，白城市围绕建设吉林西部生态经济区的主题，大力实施"三大战略"，打造"六大功能区"，全力推进经济社会长足健康发展。2016 年，白城实现地区生产总值 731.2 亿元，比上年增长 7%。其中，第一产业增加值 109.7 亿元，增长 3.9%；第二产业增加值 343.4 亿元，增长 7.7%；第三产业增加值 278.1 亿元，增长 7.2%。三次产业结构由 2015 年的 16.5∶45.6∶37.9 调整为 15.0∶46.9∶38.1。按年平均人口计算，人均 GDP 达到 37308 元，比上年增长 16.7%。全市公共预算全口径财政收入完成 64.1 亿元，比上年增长 4.6%。全社会固定资产投资完成 729 亿元，同比增长 10.5%。其中第一产业投资完成 112.6 亿元；第二产业投资完成 425 亿元；第三产业投资完成 191.4 亿元。2016 年白城市城镇和农村常住居民人均可支配收入分别达到 21090 元、8387 元，比上年增长 6.4%、8.2%。总体来看，白城市三次产业结构进一步优化，经济总量、固定资产投资、人均可支配收入等经济指标稳中有升。

白城市城镇体系建设不断完善，积极落实推进特色城镇化战略决策，充分发挥资源优势，统筹安排、突出重点、完善设施，努力推动新型城镇化建设。林海镇·生态新区被列为国家新型城镇化试点，镇赉县荣获"中国宜居城镇"称号。2016 年，全市城乡居民基本养老保险参保率达到 101.15%。交通网络总体完善。全市公路总里程达到 10460 公里，比 2010 年增加了 1178 公里。珲乌高速和嫩丹高速公路镇赉至白城段建成通车，通车里程达到 261 公里。白阿和长白铁路扩能改造工程开工建设。白城机场主体工程竣工并达到通航条件。在我国区域经济平衡发展战略的引领下，随着新一轮东北振兴战略的实施，白城市利用自身区位和资源优势，不断提升可持续发展能力，可实现城市竞争力的整体提升。

（二）现状格局

1. 综合增量制约综合经济竞争力水平提升，综合效率相对平稳

2016 年，白城综合经济竞争力指数为 0.041，较上年指数略有下降，在全国 294 个城市中排在第 254 位，较上年下降 15 个位次；在东北 34 个地级市城市中排在第 25 位，在吉林省 8 个城市中排在第 7 位，和上年持平。从综合经济竞争力指数的分项看，白城综合增量竞争力指数为 0.036，列全国第 246 位，与上年相比，下降 18 个位次，列东北地区第 23 位、吉林省第 6 位，分别较上年提升 2 个位次、1 个位次。综合效率竞争力指数为 0.001，在全国排名第 268 位，较上年下降 3 个位次；在东北地区排名第 22 位，较上年提升 6 个位次；吉林省排名第 8 位，与上年没有变化。综上所述，白城综合竞争力发展水平略有下降，综合增量竞争力制约综合经济竞争力水平提升。

表2 2015年与2016年白城综合经济竞争力及分项指数排名

年份	综合经济竞争力	排名			综合增量竞争力	排名			综合效率竞争力	排名		
		全国	东北	省内		全国	东北	省内		全国	东北	省内
2015	0.050	239	25	7	0.039	228	25	7	0.001	265	28	8
2016	0.041	254	25	7	0.036	246	23	6	0.001	268	22	8

资料来源：中国社会科学院城市与竞争力指数数据库、吉林省社会科学院城乡发展指数数据库。

2. 可持续竞争力居全国中下游水平，其中知识城市竞争力、生态城市竞争力有较大提升，文化城市竞争力、全域城市竞争力、信息城市竞争力表现一般

2016年，白城的可持续竞争力排名较上年下降明显，可持续竞争力指数为0.186，在全国289个城市中排在第241位，较上年下降52个位次，在东北地区列第31位、吉林省第8位，分别较上年下降6个位次、2个位次。从可持续竞争力指数的分项看，2016年，白城知识城市竞争力和生态城市竞争力表现较为突出，分列全国第186位和第146位，分别较上年上升了16个位次和55个位次，上升幅度较大，在东北均列第17位，指标维度中"知识产出"和"资源保护"优势较为明显；文化城市竞争力、全域城市竞争力和信息城市竞争力无论在全国、东北还是省内，排名均相对靠后，分别排在全国第258位、第273位和第250位，排在东北地区第32位、第34位和第31位，全省的第8位、第8位和第7位，需着力提升"信息交流""历史文化""城乡统筹"等指标竞争力，发展潜力和发展空间巨大；和谐城市竞争力表现相对较好，但较2015年下降明显，需要在"政府善治""服务均等化"等指标维度上加以改善。

表3 2015年和2016年白城可持续竞争力及分项指数排名

年份	可持续竞争力排名			知识城市竞争力排名			和谐城市竞争力排名			生态城市竞争力排名			文化城市竞争力排名			全域城市竞争力排名			信息城市竞争力排名		
	全国	东北	省内	全国	东北	省内	全国	东北	省内	全国	东北	省内	全国	东北	省内	全国	东北	省内	全国	东北	省内
2015	189	25	6	202	20	5	48	5	1	201	23	7	203	29	7	188	31	7	227	28	6
2016	241	31	8	186	17	5	142	29	6	146	17	6	258	32	8	273	34	8	250	31	7

资料来源：中国社会科学院城市与竞争力指数数据库、吉林省社会科学院城乡发展指数数据库。

3. 宜居城市竞争力表现突出，全国排名大幅提升

2016 年，白城宜居城市竞争力指数为 0.374，全国排名第 165 位，较上年提升 16 个位次；在东北三省排名第 21 位，较上年提升 10 个位次，处在中游水平，较能代表东北宜居城市建设的平均水准；在省内排名第 8 位，较上年下降 2 个位次。吉林省其他 7 个城市宜居城市竞争力排在全国 150 名以内，表明吉林省宜居城市建设整体水平较好，白城在省内竞争优势并不明显，但在全国和东北排名上升幅度较大。从其指标维度来看，白城在"社会环境""居住环境"方面优势明显，表明白城在社会文明安全、市政建设、社会福利及保障水平等方面重视有加。

表4　2015 年与 2016 年白城宜居城市竞争力指数及排名

年份	宜居城市竞争力	排名		
		全国	东北	省内
2015	0.074	281	31	6
2016	0.374	165	21	8

资料来源：中国社会科学院城市与竞争力指数数据库。

4. 白城市城市竞争力优势

白城市的城市竞争力优势体现在以下三个方面。第一，白城市是吉林省西部重要交通枢纽，依托区域特色资源和地缘的比较优势，其能源、农产品加工、装备制造、医药等重点产业不断壮大，工业用电量增速连续三年位居全省第一。经济总量快速增长，结构调整不断推进，综合增量指数虽在一定程度上制约白城综合经济竞争力指数和排名的提升，但综合效率指数相对平稳并有进一步上升的可能，未来通过提升经济增长活力，加大对外开放、改革创新力度，白城综合经济竞争力将有较大发展空间。

第二，在白城可持续竞争力指数的分项中，2016 年，和谐城市竞争力、生态城市竞争力在全国表现较好，是推动白城可持续竞争力发展的重要引擎。从和谐城市竞争力指标维度来看，"城乡协调发展""公共服务均等化"等方面得分较高，这说明白城在坚持共享发展、增进民生福祉、提高公共服务的共建能力和共享水平等方面具备发展优势。白城市未来发展应继续坚持共建

共享理念，突出普惠性、保基本、均等化、可持续。此外，生态城市竞争力提升幅度较大，这说明白城牢固树立"绿水青山就是金山银山"的理念，对河湖、森林、湿地、草原等生态系统实施有效规划和保护，生态建设与经济发展融合互促。

第三，宜居城市竞争力全国排名提升明显，省内排名有所下降，主要原因是吉林省宜居城市竞争力整体表现良好。从白城宜居城市竞争力的指标维度来看，"安全的社会环境"得分最高，表明白城政府在提升社会治理成效、增强社会保障能力方面表现突出，和谐稳定的社会环境为白城注重社会服务公平性、提升社会服务均等化水平创造条件。白城2016年全年一般公共预算支出完成222.5亿元，比上年增长9.6%；社会保障和就业支出36.8亿元，比上年增加0.9亿元；医疗卫生与计划生育支出18.6亿元，比上年增加1.1亿元。提升社会保障、教育、医疗财政支出成为白城宜居城市竞争力大幅提升的重要推力，未来白城应继续提升社会治理能力，更好地促进宜居要素均衡发展，推动白城宜居城市竞争力更快提升。

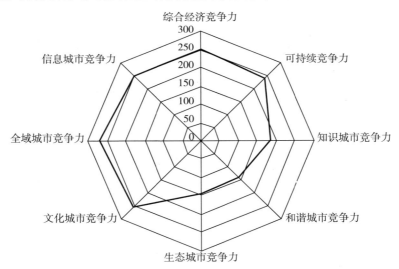

图1 2016年白城城市竞争力全国排名雷达图

资料来源：中国社会科学院城市与竞争力指数数据库、吉林省社会科学院城乡发展指数数据库。

二　问题与不足

（一）综合经济竞争力有待提升，与全省其他城市存在差距

2016 年，白城的综合经济竞争力指数略有下降，在全国排名有所下降，在东北、省内排名没有变化，但是排名相对靠后，在综合增量和综合效率方面的竞争优势也不明显，资源性产业优势已经减弱，新兴技术产业发展成效没有显现，与全省其他城市的经济发展情况相比差距依然存在。在我国部分重工业产能仍然过剩的宏观经济背景下，白城产业结构刚性特征明显，过度依赖于少数产业的发展和带动，由于其产业大部分为资源性产业，人均占有耕地、草原、宜林地、水面和芦苇面积均居全省首位，这也造成了其经济发展模式过度依赖资源等问题。而服务业和战略性新兴产业增长缓慢，白城第二产业增加值所占比例仍然很高，第三产业增加值增幅较小。白城整体经济竞争力处于全国中下游水平，在经济总量和效率方面均有欠缺，其原因之一是经济结构过度依赖第二产业，第三产业及民营经济缺乏市场活力和发展环境，这使白城在短期内较难获得新的经济增长动力。因此，在经济发展进入新常态的形势下，白城以西部生态经济区建设为契机，加强生态建设、发展生态经济、打造生态产业，依托增量优势和效率提升培育新的增长动力，经济发展方式由存量增量经济向效率质量驱动转变。

（二）文化城市竞争力、信息城市竞争力表现不佳，全域城市竞争力排名相对靠后

在可持续竞争力指标的分项中，白城的文化城市竞争力、信息城市竞争力水平较为落后，成为制约白城可持续竞争力提升的主要因素。在文化城市竞争力方面，2016 年白城市该项指数排名较 2015 年下降，列全国第 258 位、东北地区第 32 位、吉林省第 8 位，在全国、东北、省内排名均有下降。与全省大部分城市相比，白城文化基础设施建设能够满足人们的基本需求，

但"历史文明程度"和"城市知名度"指标水平相对较低，未来白城对文化资源的挖掘和开发、文化资源的深加工和包装仍需加强；完善产品体系、提高文化产品价值、加强产品内涵和品牌建设等是白城文化产业发展的关键。在信息城市竞争力方面，2016 年，白城该项指数排名在全国、东北和省内均有不同幅度下降，并仍处于下游位置，列全国第 250 位、东北地区第 31 位、吉林省第 7 位。从细分内容看，与全省其他城市相比，在客体贸易方面，白城的外贸依存度不高，远低于吉林省平均水平，从全市 2016 年外贸进出口总值来看，虽然进口有所增加，但出口有小幅下降。这表明对外贸易在白城市经济发展中的作用较小，开放便捷程度相对较低，短期内影响信息城市竞争力水平提升。在全域城市竞争力方面，吉林省 8 个城市除四平和白城外，其他城市的该项指数排名均进入全国前 170 位，而白城全域城市竞争力排名相对靠后，列全国第 273 位、东北地区第 34 位、省内第 8 位。从细分内容看，白城市城镇和农村常住居民人均可支配收入均比上年有所提高，但总体收入水平和省内其他城市比较，存在较小差距。城镇人口的快速增长，城市内部新出现的二元结构所带来的矛盾和问题进一步制约了全域城市竞争力的提升。在吉林省新型城镇化建设道路上，白城市应紧跟其他城市建设步伐，优化城镇体系格局、合理规划城镇发展模式、统筹城乡协调发展，促进城市健康可持续发展。

（三）教育环境和医疗环境短板明显，导致宜居城市竞争力下降

从白城宜居城市竞争力的表现来看，近两年该项指数有较大幅度提升。2016 年，白城宜居城市竞争力指数为 0.374，列全国第 165 位、东北地区第 21 位、吉林省第 8 位，除在省内排名略有下降外，在全国和东北地区排名较上年均有提升。但从宜居城市竞争力分项指标排名来看，白城市与其他城市差距较为明显，按照指标维度均值排名由高到低排序，依次是居住环境、社会环境、经济环境、基础设施、生态环境、医疗环境、教育环境。其中，"居住环境"排名靠前，列全国第 45 位，是 7 项指标排名中唯一进入前 50 的分项指标，表明白城在宜居城市建设中注重居民对城市的满意程度及感

受；"医疗环境"和"教育环境"排名表现欠佳，分列全国第 252 位、第 254 位。医疗环境方面，医疗改革发展缓慢、医疗市场不够健全及就医环境改善不足等制约了白城医疗环境建设水平提升；教育环境方面，加强基础设施建设、注重教育公平性、完善教育体制机制、提高教育行政管理水平等仍是白城在未来教育环境建设上的关键。可见，白城需加紧完善医疗和教育环境建设，尽快补齐宜居城市建设短板，促使宜居城市竞争力各要素均衡发展、稳步提升。

三　现象与规律

（一）综合增量竞争力和综合效率竞争力排名不高，经济运行仍处在变革调整期

2016 年，白城综合经济竞争力指数和排名较 2015 年均有所下降。从分项指标来看，白城的综合增量竞争力指数略有下降，在全国排名有所退步，在东北和全省排名有小幅提升，但排名仍处于下游水平。白城 GDP 的增量较小，新型产业业态的支撑和引领作用没有显现出来，未来白城应增加对规模较小、新兴但极有潜力产业的关注度。综合效率竞争力指数与上年相比没有变化，在全国排名略有下降，东北地区有所提升，省内排名较为稳定，但在全国、东北和省内排名均处于下游水平，表明白城人均 GDP 仍相对较低，城市产业和人口集聚的潜力没有得到充分发挥，对资源的集聚能力、利用程度较低。目前，白城的经济增长仍是粗放型增长，作为以食品加工、能源、物流和旅游服务为主的吉林省西部重要交通枢纽城市，白城应从依靠要素驱动转为创新驱动，大力发展优势产业，加强成果转化能力。可见，调结构、转方式、增活力、促发展仍是白城提升经济竞争力的关键所在。

（二）文化城市竞争力相对薄弱，城市知名度有待提升

在可持续竞争力指标的分项中，除全域城市竞争力外，白城的文化城市

竞争力落后态势也十分明显，无论在全国、东北地区还是在吉林省内，均处在下游靠后的发展水平。从文化城市竞争力的指标维度来看，"文体事业人数""影剧院数量""城市国际知名度"等指标都处于相对较低水平，文体场馆的投入和城市知名度制约了白城文化城市竞争力的提升。一是文化基础设施相对落后，每万人剧场、影剧院数量是文化城市竞争力中体现城市文化硬件设施建设水平的主要指标，而该项指标成为白城文化城市竞争力的短板所在，文化基础设施建设较为落后，缺少对传统文化的弘扬和传承以及对现代文化的发展和传播的平台。二是城市知名度仍需提升。文化城市竞争力的短板制约着白城生态城市竞争力优势资源的发挥，由于历史文化指数、国家级非物质文化遗产数量、城市知名度等短板，旅游业的发展并未得到足够重视。白城生态优势明显，人称"鹤乡"的向海国家级自然保护区是世界 A 级湿地、具有国际意义的 A 级自然保护区、国家 AAAA 级旅游景区；国家 AAAA 级景区莫莫格是全国林业科普基地、吉林省最大的湿地类型保留地。如何提升白城城市国际知名度，使更多的人了解向海、了解莫莫格？通过文化城市竞争力的提升带动生态城市竞争力的进一步提升是白城城市发展的方向之一。

（三）节能减排和环卫设施建设优势明显，引领生态城市竞争力稳中有升

2016 年，白城生态城市竞争力指数较上年有较大提升，列全国第 146 位、东北地区第 17 位、省内第 6 位，是可持续竞争力分项中除和谐城市竞争力外，唯一进入全国前 150 位的分项指标，在全国及东北地区处于中上游水平，竞争优势明显。生态宜居是新型城镇化建设的重要部分，自"可持续发展战略"实施以来，白城不断提升生态环境建设能力。城市污染物减排水平和人均绿地水平是决定生态环境竞争力的主要指标。从指标维度来看，"单位 GDP 二氧化硫排放量"和"国家级自然保护区"是白城生态城市竞争力稳中有升的主要推动因素，白城城市污染减排水平高于省内其他城市，表明白城在节能降耗方面成绩突出，加大了能源减耗力度。向海国家级

自然保护区、莫莫格国家级自然保护区的保护和完善进一步拉动了国家级自然保护区指数的提升；白城单位 GDP 耗电和人均绿地面积低于省内均值，未来白城新型城镇化建设应关注城市绿化，提升绿地系统建设水平，尤其在海绵城市、生态城市、宜居城市建设的背景下，注重生态保护、实施生态治理，加强节能减排和环卫基础设施建设，提高垃圾日处理能力，推动生态城市竞争力实现新的突破。

四　趋势与展望

（一）产业结构更趋优化，经济竞争力稳中有升

面对东北经济下行压力和"三期叠加"的双重挑战，白城抓住供给侧结构性改革这一主线，在建设吉林西部生态经济区的背景下，实施老城改造、促进经济稳步增长、优化产业结构、注重节能减排，不仅完成了节能减排任务，城乡居民收入与经济总量也实现了同步增长。同时，白城市完成了"十二五"规划的目标任务，而且为"十三五"发展集聚了动能，发展前景较好。白城积极响应全省建设东中西区域发展战略部署，在不断发展能源、农产品加工、装备制造、医药等重点产业的同时，大力发展商贸流通、现代物流、生态旅游等现代服务业，实现服务业增加值年均增长 8.6%，旅游业收入年均增长 25%。不仅如此，白城主动适应经济发展新常态，开发区平台集聚能力不断增强，白城工业园区被评为国家农业产业化示范基地，镇赉经济开发区荣获"中国示范园区"称号，开发区建设为新兴产业发展创造了平台和机遇，也为白城的经济发展创造了条件，白城经济竞争力有望提升。

（二）和谐与生态要素优势明显，可持续竞争力后劲增强

从白城可持续竞争力分项的综合表现和排名看，和谐城市竞争力和生态城市竞争力均进入全国排名前 150 位，全域城市竞争力和文化城市竞争力相

对落后。公平包容的和谐城市竞争力在可持续竞争力六大分项中得分最高，城市户籍与非户籍的公平性反映社会公平程度，白城的该项得分在省内位列第四，参加社会保障人口的比例在省内位列第七，说明社会的包容性较弱，人均社会保障、就业和医疗卫生财政支出位列第五，社会保障程度仍需不断提高；每万人刑事案件逮捕人数省内最低，犯罪率较低，表明城市社会非常安定。白城可持续竞争力指数较上年下降明显，保持和谐与生态要素核心地位，引领和带动可持续竞争力其他分项的稳步提升尤为重要。目前，白城积极开展精准脱贫攻坚工程，围绕"两不愁、三保障"这一目标主线，突出精准扶贫、精准脱贫；坚持着力惠民生、增民利，提升保险待遇水平和困难群众救助标准，切实增强社会保障能力，促进社会和谐稳定。与此同时，坚持以生态理念推进扶贫开发，实施资源环境可承载的产业项目，支持开展生态移民工程，让贫困人口从生态建设中得到更多实惠。在"和谐"与"生态"相互促进、共同发展这一目标的指引下，白城和谐城市竞争力和生态城市竞争力的优势地位将得到进一步巩固，从而推动可持续竞争力再上一个新台阶。

（三）创新发展引领产业转型升级，促进城市可持续发展

近年来，白城创新驱动发展的知识城市竞争力逐步提升，知识创新能力、知识投入产出比以及知识转化为生产的能力都是衡量知识城市竞争力的重要指标。白城知识城市竞争力中，专利指数和经济增长指数均落后于全省平均水平，但大学指数和科研从业人数位居全省前列，成为提升知识城市竞争力的重要引擎。专利指数和经济增长指数排名落后的原因在于科技投入不足、资源配置不合理、高级科研人才短缺、科技投入产出效率不高等；大学指数和科研从业人数排名靠前的原因在于注重知识的外溢和科研人员创新能力的培养。科技创新水平是衡量白城知识城市竞争力水平的核心指标，知识的积累和知识水平的提升是科技创新的基础。白城在"新常态"下拥有知识要素竞争优势，依靠创新驱动，解决城市发展中不平衡、不协调、不可持续问题，推动"互联网＋"创新创业，构建一批低成本、便利化、全要素、

开放式的创新创业平台。在提升知识城市竞争力方面，白城完善鼓励创业扶持政策，加大创新创业金融扶持力度，强化创业服务；积极支持高端人才创业，引导域外科研人才来白城创业；鼓励发展众创、众包、众扶、众筹等新模式。随着上述工作的不断落实，创新驱动将成为白城可持续发展的关键要素之一，知识城市竞争力有望与和谐城市竞争力、生态城市竞争力共同提升，推动白城可持续竞争力提升。

（四）城镇化水平逐步提升，城市功能趋于完善

近年来，白城城乡一体的全域城市竞争力指数下降明显，如何协调城乡发展、加速城镇化进程成为提升白城全域城市竞争力的关键。为此，白城市近年来大力实施海绵城市、管廊建设、标准街路、棚户区改造、"气化白城"等重点工程，通过生态新区建设带动城市经济发展与城镇化进程的迅速推进，通过城市扩容、提质、增效来实现产业集聚、人口集聚，增强城市的承载能力。在未来的工作中，白城在国家推进新型城镇化战略和吉林省西部特色经济区建设的背景下，继续提升城市发展空间和质量，科学规划城市发展空间格局、利用产业支撑集聚生态要素、城乡协调发展等方式提升城镇化水平；在节点城镇建设方面，启动实施县域经济转型升级示范工程，壮大镇赉、洮南、通榆、大安县域经济实力，引导产业和人口集聚，加快城镇化进程。总的来说，白城新型城镇化建设一定要突出内在发展质量，科学规划、统筹兼顾、宜居宜业、综合发展，白城市未来城镇化发展将向有内涵、高质量、可持续的方向迈进。

（五）城市面貌持续改观，宜居城市建设成果初显

2016 年，白城宜居城市竞争力指数提升明显，这与白城大力推进以人为本的宜居城市建设密不可分。首先，对老城区进行改造提升，并与老旧小区改造、"暖房子"改造、棚户区改造、历史街区改造等紧密结合起来，提升城市基础设施和公共服务设施水平。其次，白城加大交通建设投资，加快推进长白快铁和白阿铁路白城至镇西段扩能改造工程建设；推进长西（长

163

春—西巴彦花）铁路、通让铁路、平齐铁路电气化改造工程建设；重点建设雨水、供水、供热管网等工程，市政设施建设水平将有大幅提升。最后，白城强化环境治理与保护，建设美丽白城，继续降低单位 GDP 能耗，严控大气和水污染，推广"1＋N"治理模式，淘汰落后产能；加快建设生态工业集聚平台，实现集聚生产、集中治污、集约发展。随着白城在居住环境、市政设施、生态环境等方面不断取得新进展，白城的宜居城市建设水平将取得更大幅度提升。

五　政策与建议

（一）继续推进产业转型发展，推动核心竞争力能级跃升

近年来，白城抓住新一轮振兴东北老工业基地的机遇，进一步优化布局结构、产业结构和产品结构，推进信息化与工业化深度融合，尽管如此，白城的综合增量竞争力和综合效率竞争力指数均没有提升，导致综合经济竞争力水平整体下降。因此，在国家新型城镇化建设、吉林省建设西部特色经济区的形势下，白城作为重要区域组成部分，应牢牢把握这一发展机遇，以生态新区建设为主线，加大力度推进产业转型发展，通过一批重点发展产业竞争优势带动相关产业发展，通过对存量的优化调整来提升其质量和效率，同时通过发展新兴业态来优化产业结构。一是大力推进传统产业转型升级，重点做强农产品加工和清洁能源"两大支柱产业"，同时在行走机械配套产业、纺织服装产业、新型冶金材料产业、绿色环保建材产业和化工产业等领域，提升传统优势产业竞争力；二是壮大优势产业，发展新型装备制造业和医药健康产业，抓住全省建设国际一流轨道交通装备产业基地机遇，积极发展轨道交通产业，丰富医药健康产业内涵，提高市场占有率；三是做大做强现代服务业，积极培育生态旅游业和现代物流业"两大新兴产业"。通过增强产业发展的创新驱动来推进产业转型发展，将有利于白城继续推进供给侧改革、建设生态新区，进而提升城市核心竞争力，缩小与省内其他城市经济竞争力的差距。

（二）深入实施特色城镇化战略，促进城乡均衡发展

城乡均衡发展是经济社会和谐包容的必要条件。与可持续竞争力其他分项相比，全域城市竞争力指数偏低，城乡协同发展依然是城镇化建设中的重要任务，农村人口如何较好地融入城市、加快农村建设步伐、缩小城镇与农村的发展差距等问题直接关系白城城镇化进程与质量的提升。白城城镇化率虽有所提升，但由于道路、图书馆等基础设施城乡分布不均等，其全域城市竞争力仍落后于全省平均水平。十八大报告提出"要加大统筹城乡发展力度，增强农村发展活力，逐步缩小城乡差距，促进城乡共同繁荣"，并提出"人的城镇化"概念。城镇化建设要注重以人为本，注重人口、经济、资源和环境协调发展。白城应借助省委、省政府推进特色城镇化重大战略决策的契机，充分发挥资源优势，注重中心县城、重点小城镇、新型农村社区协调发展，努力推动新型城镇化建设。一是强化基础设施建设，提高城镇承载能力；二是强化产业支撑，提高城镇吸纳能力；三是实现城乡居民在养老、医疗和生育等待遇上的均等化，提高城镇社会保障能力。随着白城不断实践统筹城乡发展、城乡一体化，提升城乡公共服务均等化水平，以及大力完善城乡基础设施建设等，白城新型城镇化发展将得到有力推动，全域城市竞争力将得到明显提升。

（三）加大开发开放力度，创建开放便捷城市

在国家"一带一路"倡议指引下，白城要逐步摆脱对外依存度低、国际交流合作较少的劣势，一是扩大对外经济技术合作，通过提高技术产品比重来优化进出口产品结构，鼓励风电、石油设备和杂粮杂豆等优势产品出口，建立形成外向型产业体系。与此同时，注重资本、人才、先进技术等生产要素的引进，围绕重点产业和优势资源，着力引进一批投资额大、带动力强、支撑性好的大项目。二是畅通对外通道，实施大开放战略，以大通道建设为依托，构建长吉图—白城—阿尔山—蒙古乔巴山和哈尔滨—大庆—齐齐哈尔—白城—沈阳—丹东"十"字形开放通道，促进面向东北亚区域的交

流合作。力争把白城打造成长吉图西进的重要节点城市和面向东北亚的区域中心城市。三是努力构建开发开放平台，利用开放平台和开发区对产业的集聚功能，以及对周边地区的辐射带动力，区域间交流合作加强，为白城提升竞争优势创造条件。可以预见，随着白城积极参加国际分工与经贸合作，提高对外开放水平，构建全方位开发开放体系，开放便捷的信息城市建设将为白城未来城市发展注入活力。

（四）优化教育、医疗环境，补齐宜居城市竞争力短板

白城宜居城市竞争力提升明显，宜居城市建设成效显著。随着白城居民收入水平不断提高、居民素质的提升，居民对优质教育资源和医疗资源的诉求将日益强烈。在当前发展阶段，教育环境和医疗环境是白城宜居城市建设的短板，是白城宜居城市建设中重要的制约因素，白城教育环境和医疗环境指标排名处于全国中下游水平，有必要在接下来的工作部署中加大力度优化改善。一是优化教育环境。一方面增加教育资源投入，改善学校硬件、软件设施，提升师资水平，逐步改善学习环境；另一方面积极推进就业扶贫、教育扶贫等。二是改善医疗环境。一方面不断深化医药卫生体制改革，全力推进人人享有基本医疗服务，加强基础设施建设和增加财政投入，继续推进公立医院医疗服务价格调整，建立医疗服务价格动态管理制度；另一方面强化贫困人口基本公共卫生服务。在完善原有政策的基础上，提高救助水平，扩大救助范围，加大对贫困人口医疗兜底救助保障力度。随着白城加快优化教育、医疗环境，加紧完善相关保障机制，白城将不仅能够有效补齐宜居城市竞争力短板，还能够进一步增强城市宜居品质，宜居城市竞争力有望在未来发展中获得更快提升。

（五）大力推进文化城市建设，塑造多元一本的城市文化

在白城可持续竞争力指数分项中，文化城市竞争力排名在全国、东北和吉林均处于中下游水平，提升空间较大。白城抓住文化体制改革的有利时机，大力推进和发展文化事业与文化产业，形成了文化产业和文化品牌共兴

的新格局。在现有优势的基础上，白城需继续集聚和增强文化要素能力，加强文化城市建设。一是加快推动文化产业发展。一方面，打造一批具有白城特色的品牌文化旅游项目，完善旅游基础设施，借助向海、莫莫格等国家级自然保护区的区位优势，加强旅游度假区建设；另一方面，发展壮大一批创意设计、动漫游戏等文化新产业，积极培育榆联文化城、通榆墨宝园、镇赉白鹤节、风雷动漫产业等文化品牌，创建文化产业基地，使文化产业成为白城经济发展的重要增长点。二是继续加大非物质文化遗产保护工作力度，要求各级文化部门和从事非遗保护工作的人员恪尽职守，在民间美术类、民间生产技艺类、民间工艺类、民间文艺和民间医学等保护项目上，重视传承和保护。三是加强公共文化服务体系建设，进一步丰富城乡公共文化资源，完善公共文化设施网络。借助建设吉林省西部特色文化之乡的契机，白城在增强文化软实力、推动文化产业建设、非物质文化遗产的传承和保护等方面加快步伐，白城的文化城市建设将会取得更大进步，多元一本的城市文化也会日渐凸显，文化城市竞争力有望得到明显提高。

参考文献

倪鹏飞主编《中国城市竞争力报告 NO.15》，中国社会科学出版社，2017。

崔岳春、张磊主编《吉林省城市竞争力报告（2016～2017）》，社会科学文献出版社，2016。

《2017 年白城市政府工作报告》，白城市人民政府网。

《2016 年白城市国民经济和社会发展统计公报》，白城市人民政府网。

《吉林省西部生态经济区总体规划》，吉林省政报网。

《2016 年吉林省国民经济和社会发展统计公报》，吉林统计信息网。

B.13
吉林省城市竞争力（白山市）报告

王天新*

摘　要： 近年来，白山经济社会建设成果较为显著，但仍面临转方式、调结构、促转型的艰巨任务，综合经济竞争力提升不明显。白山的可持续竞争力止降反升，其中，和谐城市竞争力表现最优，宜居城市竞争力进步明显，位列全省前三强。未来随着白山加强供给侧结构性改革，持续积聚创新动力，强化城市文化魅力，白山的综合经济竞争力、可持续竞争力和宜居城市竞争力将迎来新的发展空间。

关键词： 城市竞争力　产业结构　宜居建设　城乡发展　白山

　　近年来，白山综合经济竞争力提升不明显，仍处在全国中下游位置。2016年，白山综合经济竞争力指数较上年略有下滑，列全国第264位、东北地区第27位、吉林省第8位。白山可持续竞争力指数止降反升，列全国第191位、东北地区第24位、吉林省第4位，其中，和谐城市竞争力指数表现优异，排名升至全国第9位、东北地区第4位、全省第1位；全域城市竞争力、生态城市竞争力指数稍显逊色，分列全省第6位和第8位；文化城市竞争力、知识城市竞争力和信息城市竞争力较为薄弱，处在全国及东北地区中下游水平，分列全省第5位、第6位和第3位。白山宜居城市竞争力指数表现较为出色，列全国第68位、东北地区第8位、吉林省第3位。经济

---

* 王天新，吉林省社会科学院城市发展研究所助理研究员，博士，研究方向：城市发展。

发展新常态下，白山的经济社会建设成果较为显著，但仍面临转方式、调结构、促转型的艰巨任务。未来随着白山全面落实省委"三个五"及东中西区域战略部署，全面融入国家"一带一路"和全省向东向南开放两翼并进战略，加强供需两侧结构优化，加快完善宜居宜游环境，强化提升城市品位和综合承载能力，白山的综合经济竞争力、可持续竞争力和宜居城市竞争力将迎来新的发展空间。

表 1　2016 年白山市基本情况

项目	数据
土地面积（平方公里）	17505
总人口（万人）	121.6
GDP 总量及增长率（亿元，%）	715.77, 7.6
三次产业比例	8.2：55.7：36.1

资料来源：《2016 年白山市国民经济和社会发展统计公报》《吉林统计年鉴 2016》。

一　格局与优势

（一）总体概况

2016 年以来，白山多措并举推进绿色转型，经济实力强于以往。从综合经济情况来看，白山的经济总量进一步扩大，实现地区生产总值 715.77 亿元，跃上 700 亿元台阶，比上年增长 7.6%；产业转型持续推进，三次产业比值由 2015 年的 9.0：57.1：33.9 转变为 2016 年的 8.2：55.7：36.1。从需求结构来看，白山完成固定资产投资 673.2 亿元，比上年增长 5.0%；实现社会消费品零售总额 292.7 亿元，比上年增长 10.0%。从要素结构来看，白山实现城镇新增就业 4.4 万人，失业人员再就业 1.6 万人，农村劳动力转移就业 12.7 万人。总体来看，白山的综合经济发展情况、需求结构、要素结构均较上年有所改善，综合经济竞争力具有提升的基础和空间。

在可持续竞争力要素方面，2016 年，白山的民生保障水平持续提升，城乡居民基本养老保险、城镇基本医疗保险参保人数继续增加；科学技术取得新进展，全市国内专利申请量和授权量分别实现了 6.2% 和 6.7% 的增长，31 个项目列入国家、省级科技发展计划项目；开放发展水平进一步提高，全年共引进省外（国内）资金 593.0 亿元，较上年增长 2%，实际利用外资 2.97 亿美元，增长 10%；生态环境改善明显，环境保护专项行动全面开展，城市环境突出问题得到综合整治；城乡面貌显著改观，美丽乡村建设加快，抚松新城建设、长白和靖宇旧城改造统筹推进。未来随着白山加快推进绿色转型发展，持续改善可持续竞争力要素，白山经济社会的发展活力将更加充沛，综合竞争力水平有望实现更快提升。

（二）现状格局

1. 综合经济竞争力有所下滑，综合增量竞争力和综合效率竞争力亟须提升

2016 年，白山综合经济竞争力指数为 0.0390，较上年指数有所下降，列全国第 264 位，较上年退后 22 个位次，列东北地区第 27 位，较上年下降 1 个位次，列全省第 8 位，与上年位次保持一致。从分项指数来看，白山综合增量竞争力指数为 0.0294，与上年相比有所下降，列全国第 262 位，较上年退步 32 个位次，列东北地区第 26 位、吉林省第 8 位，较上年保持不变；综合效率竞争力指数为 0.0015，与上年指数一致，在全国排名第 245 位，较上年后退 1 个位次，在东北地区排名第 23 位，较上年提升 1 个位次，全省排名仍停留在第 7 位。

表2　2015 年与 2016 年白山综合经济竞争力及分项指数排名

年份	综合经济竞争力	排名			综合增量竞争力	排名			综合效率竞争力	排名		
		全国	东北	省内		全国	东北	省内		全国	东北	省内
2015	0.0493	242	26	8	0.0354	230	26	8	0.0015	244	24	7
2016	0.0390	264	27	8	0.0294	262	26	8	0.0015	245	23	7

资料来源：中国社会科学院城市与竞争力指数数据库、吉林省社会科学院城乡发展指数数据库。

2. 可持续竞争力止降反升，其中，和谐城市竞争力表现最优，文化城市竞争力、全域城市竞争力有待强化提升

2016 年，白山可持续竞争力指数为 0.2433，与上年相比有明显提升，在全国排名第 191 位，较上年提升 12 个位次，在东北地区排名第 24 位、吉林省排名第 4 位，较上年各提升了 3 个位次。从分项指数来看，2016 年，白山和谐城市竞争力指标表现最优，居全省首位、东北地区第 4 位、全国第 9 位，较上年有大幅度提升，其中，"户籍与非户籍人口之间公平性""人均社会保障、就业和医疗卫生财政支出"指标的优势明显；文化城市竞争力指数表现欠佳，列全国第 235 位、东北地区第 26 位、全省第 5 位，尤其需要对"城市国际知名度"指标加以提升；全域城市竞争力指数表现一般，需着重改善"城市化率""城乡人均道路比""城乡人均收入比"等指标表现。

表 3　2015 年与 2016 年白山可持续竞争力及分项指数排名

年份	可持续竞争力			知识城市竞争力			和谐城市竞争力			生态城市竞争力			文化城市竞争力			全域城市竞争力			信息城市竞争力		
	排名			排名			排名			排名			排名			排名			排名		
	全国	东北	省内	全国	东北	省内	全国	东北	省内	全国	东北	省内	全国	东北	省内	全国	东北	省内	全国	东北	省内
2015	203	27	7	271	31	8	151	22	8	158	15	6	144	15	3	85	13	1	233	29	7
2016	191	24	4	248	24	6	9	4	1	186	24	8	235	26	5	168	22	6	206	26	3

资料来源：中国社会科学院城市与竞争力指数数据库、吉林省社会科学院城乡发展指数数据库。

3. 宜居城市竞争力表现不俗，位列全省前三强

2016 年，白山宜居城市竞争力指数为 0.564，较上年指数和排名均有大幅度提升，列全国第 68 位、东北地区第 8 位、吉林省第 3 位。该项指数之所以有明显提升，一方面是由于宜居城市竞争力指标体系较上年有新调整，另一方面则是与白山的宜居宜游建设努力密切相关。从现行指标体系来看，白山在"安全的社会环境""便捷的基础设施""舒适的居住环境"方面表

现较为突出，这在很大程度上得益于白山顺利开展了一批重点产业、重大基础设施、重要民生项目建设，以及扎实推进环境保护专项行动、治安防控网建设等。

表4 2015年与2016年白山宜居城市竞争力指数及排名

年份	宜居城市竞争力	排名		
		全国	东北	省内
2015	0.0740	281	31	6
2016	0.5640	68	8	3

资料来源：中国社会科学院城市与竞争力指数数据库、吉林省社会科学院城乡发展指数数据库。

4. 白山的竞争力优势

第一，和谐城市竞争力全省最优，成为拉动白山可持续竞争力提升的重要因素。近年来，白山持续推进民生建设，和谐竞争要素表现有明显改善。2016年，白山城乡居民基本养老保险、城镇基本医疗保险、失业保险、工伤保险、生育保险参保人数均较上年有所增加，年末城镇新增就业4.4万人，农村劳动力转移就业12.7万人；另外，白山还扎实推进治安防控网建设，群众安全感明显提升。未来随着白山继续大力推进社会保障、医疗卫生、就业创业等公共服务领域改革，持续稳固社会治安和安全生产形势，白山的和谐城市竞争力将有望成为其可持续竞争力的支柱性优势。

第二，信息竞争要素表现较好，信息城市竞争力首次位列省域三强。近三年，白山的信息城市竞争力在全国和东北地区的排名逐年提升，并于2016年首次进入省域三强。这主要得益于白山在信息基础设施建设、对外贸易发展等方面强力施策，使城市的开放便捷水平有所提升。2016年，白山的固定及移动互联网接入用户数继续增加；高速交通建设取得新突破，新机场项目列入"十三五"民航机场发展规划；借助"台企吉林行""首届全球吉商大会"等契机，白山还成功引入银泰等一批战略投资者。这些发展成果均有益于改善白山的信息竞争要素表现，信息城市竞争力将有望实现更快提升。

第三，宜居城市竞争力进步明显，"社会环境"和"基础设施"排名靠前。从宜居城市竞争力分项指数来看，在社会环境方面，白山在"户籍与非户籍人口之间公平性""人均社会保障、就业和医疗卫生财政支出"指标的得分最高，这表明白山公共服务领域的改革效果显现。此外，白山还全力实施长白山鲁能胜地、市区地下综合管廊等重大基础设施建设，统筹推进抚松新城建设、长白和靖宇旧城改造等工程，因而在基础设施建设方面也建立起了较为明显的优势。可以说，"社会环境"和"基础设施"共同成为助推白山宜居城市竞争力大幅提升的重要因素。未来白山有必要在保持现有优势的基础上，着重改善"经济环境""生态环境"等指标表现，争取在更高的水平上促进宜居要素均衡发展。

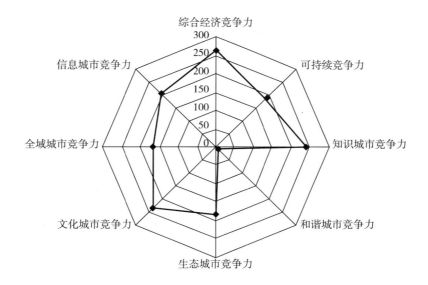

图1　2016年白山城市竞争力全国排名雷达图

资料来源：中国社会科学院城市与竞争力指数数据库、吉林省社会科学院城乡发展指数数据库。

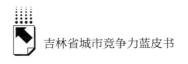

二 问题与不足

（一）综合经济竞争力表现不佳，产业结构转型亟待提速

2016 年，白山的综合经济竞争力指数继续下滑，在全国及东北地区的排名均有所退步，在吉林省排名末位的现状尚未改变。从分项指标来看，白山在综合增量竞争力和综合效率竞争力方面的表现均有所欠缺。2016 年，白山通过去产能、去库存等多措并举优化产业结构，"老三样"的 GDP 占比呈下降趋势，"新五样"占 GDP 的比重达到 61.5%。尽管如此，白山作为老工业城市，一直以高耗能的资源型工业为主导，2016 年三次产业比值为8.2∶55.7∶36.1，第二产业增加值占 GDP 比重依旧在 50% 以上，经济结构过度依赖第二产业的现状仍未得到根本性改变。另外，2016 年，白山服务业实现增加值 258.55 亿元，仅占全省服务业增加值的 4.1%，在九市（州）中列末位；实现增速 12.5%，高于全省 3.6 个百分点，列九市（州）首位，服务业发展增速快但总量小，存在增速与总量不匹配问题。可见，白山转方式、调结构、促转型的任务依然繁重，仍需提挡加速。

（二）文化城市竞争力和全域城市竞争力退步明显，生态城市竞争力表现一般

在可持续竞争力的分项指数中，白山的文化城市竞争力和全域城市竞争力较上年退步明显，成为制约白山可持续发展的主要因素。在文化城市竞争力方面，2016 年，白山该项指标位列全国第 235 位、东北地区第 26 位、全省第 5 位。与全省大部分城市相比，白山文化产业发展较快，但"国际知名度"和"历史文明程度"的指标得分相对较低，成为白山文化城市竞争力排名下降的主要原因。在全域城市竞争力方面，该项指标体系在 2016 年有新调整，现行指标体系下，白山的指数和排名均不如以往，总体处在全国中游位置，列全国第 168 位、东北地区第 22 位、吉林省第 6 位，其中，白

山的"城市化率""城乡人均道路比""城乡人均收入比"指标表现欠佳。

在生态城市竞争力方面，2016年，白山的该项指数列全国第186位、东北地区第24位，分别较上年下降28个位次和9个位次，处在中游发展水平；全省排名较上年退后2个位次，处在末位。从具体指标来看，白山的单位GDP耗电量、单位GDP二氧化硫排放量均低于全省平均水平，表明白山在节能减排、低碳环保方面的努力取得了积极成效；相对较弱的指标是人均绿地面积，得分为全省最低，成为影响白山生态城市竞争力的关键因素。

（三）教育环境、医疗环境、生态环境成为白山宜居要素短板

2016年，白山宜居城市竞争力指数为0.564，列全国第68位、东北地区第8位、吉林省第3位。根据现行指标体系，白山的教育环境、医疗环境和生态环境得分相对较低，分列全国第154位、第209位和第214位。具体而言，在教育环境方面，白山的中学指数和每百人图书馆藏书量指数表现较好，只是大学指数为0，在一定程度上拉低了白山教育环境的平均表现；在医疗环境方面，白山的每万人拥有医生数为全省最高，每万人医院床位数也高于全省均值，但三甲医院数为0，表明白山高水平医疗机构的发展不够，需围绕"健康白山"建设，进一步提升医疗条件；在生态环境方面，白山的空气质量较好，单位GDP二氧化硫排放量较低，但绿化覆盖率远低于全省平均水平，说明白山的生态建设压力依然较大。未来白山有必要加快补齐宜居要素短板，助推宜居城市竞争力进一步提升。

三　现象与规律

（一）综合经济实力不强，仍处在开放转型的关键期

2016年，白山综合经济竞争力指数和排名均有所下降。从分项指数来看，白山的综合增量竞争力指数为0.0294，为近四年最低水平，在全省排名末位，表明与全省其他城市相比，白山GDP连续五年的平均增量仍较小，

经济增长过度依赖少数产业的发展和带动；白山的综合效率竞争力指数与上年持平，在全国、东北地区及吉林省的排名变化不大，分列第245位、第23位和第7位，仍处在中下游发展水平，表明白山地均GDP相对较低的现状也未得到明显改变，利用地缘和资源优势创造和积聚财富的能力和效率均不高。可见，当前阶段，白山的综合经济实力不强，调整经济结构，促进经济质量和效率更加优化，依旧是提升综合经济竞争力的关键。

（二）和谐竞争要素表现出色，拉动可持续竞争力止降反升

2016年，白山的和谐城市竞争力升势明显，无论在全国、东北地区还是吉林省内的排名均实现大幅提升，首次进入全国十强、东北地区五强，并且高居全省榜首，成为拉动白山可持续竞争力止降反升的重要因素。从指标表现来看，白山的"人均社会保障、就业和医疗卫生财政支出"指标得分为全省最高，表明白山在保障民生、提高公共服务水平方面成效显著；"户籍与非户籍人口之间的公平性"指标得分也高于全省其他城市，这与白山积极推进户籍制度改革、促进农业转移人口市民化分不开。此两项指标是引领白山和谐城市竞争力取得优势表现的主要因素。此外，白山需要进一步强化的指标是"每万人刑事案件逮捕人数"和"社会保障程度"，吉林省城市在"每万人刑事案件逮捕人数"指标上的得分普遍较高，而白山的此项得分接近于全省平均水平，说明白山的总体表现并不差，仍有提升的空间；白山的"社会保障程度"指标得分相对较低，仍需进一步推进基本医疗、工伤、失业和养老保险提标扩面，并重视提高社会救助水平。

（三）城乡统筹发展不足，导致全域竞争优势回落

2016年，白山的全域城市竞争力下滑明显，列全国第168位、东北地区第22位、吉林省第6位，回落至中游发展水平。从指标表现来看，白山的"每百人公共图书馆藏书量比"指标表现较好，列吉林省第2位，表明白山文化基础设施建设较快，"四馆"服务水平较高。白山的"城乡人均收入比""城乡人均道路比""城市化率"指标得分明显低于全省均值，表明

白山的新型城镇化质量和水平仍有待提升。另外，白山的城乡居民人均可支配收入增速虽跑赢了 GDP，但与全省大部分城市相比仍存在一定的差距。也就是说，在白山的全域竞争要素中，以"每百人公共图书馆藏书量比"为代表的公共文化服务水平有一定的提升，不足之处体现在城乡统筹发展不够，需进一步在提升城乡收入、完善交通设施、提高城镇化质量方面做出努力。

四　趋势与展望

（一）产业结构调整加快，新旧动能转换呈加速趋势

近年来，白山以绿色转型为主线，加快推进煤、林、铁"老三样"及矿产新材料、矿泉水、医药健康、旅游和现代服务业"新五样"向规模化发展、中高端迈进，2016 年，"新五样"占 GDP 比重达到 61.5%，超越"老三样"，产业结构调整明显加快。可以预计，随着白山加快构建具有自身特色的绿色产业体系，推动产业从要素驱动转向创新驱动、从成本竞争转向技术品牌竞争，白山的产业结构将更趋优化，转型发展所需的新旧动能转换将呈现加速趋势。受此带动，白山经济的综合增量和效率有望止降反升，提质增效发展将迎来"新常态"下的新突破。此外，未来五年，全省将加快向东向南开放，着力打造鸭绿江开发开放经济带、长白国家重点开发开放试验区，这也为白山经济转型和特色产业发展提供了重要机遇，白山综合经济竞争力提升指日可待。

（二）民生保障持续增进，和谐竞争优势有望延续

2016 年，白山的可持续竞争力指数在连续三年下滑后迎来回升，从分项指数来看，和谐竞争要素的比较优势突出，有力地扭转了白山可持续竞争力发展的颓势。近年来，白山坚持"持续发展、规范管理、优质服务、保障民生"的理念和宗旨，不仅加快推进农业转移人口市民化、基本公共服务均等化，而且全力建设和谐、平安和法治白山，民生福祉持续增进，群众满意度明显提升；与此同时，白山还积极聚焦脱贫攻坚、基础设施、公共服

务领域改革，加快补齐民生保障领域短板，为维护全市和谐稳定发挥出了应有的作用。未来随着白山持续改善就业创业、社会保障、医疗卫生条件，努力提升城市安全治理能力，白山的民生保障水平势必进一步提升，和谐城市竞争力优势也有望得到延续。

（三）知识、信息要素日益优化，可持续增长极趋向多元化发展

从 2016 年白山可持续竞争力的分项指数来看，除了和谐城市竞争力发挥了重要引领作用以外，知识、信息竞争要素对于白山可持续竞争力止降反升的助力作用也不容忽视，与上年表现相比，白山的知识城市竞争力、信息城市竞争力指数和排名均实现了较大幅度提升。具体而言，白山不遗余力地提升科技创新能力，突出院士工作站、科技企业孵化器、产学研合作示范基地、重点实验室等创新平台建设，围绕专利创造、运用、保护、管理各个环节发力，提升知识产权管理水平，并且积极实施"域外人才回引工程""引进名校优生计划"，使越来越多的域外人才、创新人才加入服务白山的队伍中来。此外，白山还积极强化城市的开放便捷，不仅引入联通公司投资建设长白山数据基地，提升信息化和智慧城市建设水平，还加快推进"两高速、两高铁、一机构"建设，以互联互通服务于对外招商引资。随着上述各项工作逐步取得新进展，白山的知识和信息竞争要素表现势必得到进一步优化改善，未来主导白山可持续竞争力的增长极也有望由单一化趋向多元化发展。

（四）"文化白山"建设加快，城市特色日趋鲜明

2016 年，白山的文化城市竞争力排名下降明显，处在全国及东北地区中下游发展水平，在吉林省的排名也跌出三强，降至第 5 位，因此，对于白山而言，加强文化城市建设尤为迫切和重要。在这一发展形势下，2017 年以来，白山加强文化基础设施建设，提升文化惠民服务质量，持续增进城乡居民的社会福利；不仅如此，白山还加快发展文化产业，强力推进长白山国际度假区做精做优，积极构建"3 + X"冰雪全产业链，以及启动鸭绿江中朝国际旅游风情带建设。未来随着白山在历史文化传承、文化基础设施建

设、文化产业发展方面持续取得新成果，白山的地域文化特色有望得到进一步凸显，城市文化魅力也将日趋提升。

（五）生态、医疗环境持续改善，宜居竞争优势将更加凸显

2016 年，白山的宜居城市竞争力指数实现了大幅度提升，位列省域三强，这与白山加快完善社会环境、居住环境以及基础设施密切相关。从分项指数来看，白山在"安全的社会环境""舒适的居住环境""便捷的基础设施"方面排名靠前，这说明白山重视安全治理，城市综合承载能力较强，并且对居民安居乐业有所助益；白山在"绿色的生态环境"和"健康的医疗环境"方面排名靠后，表明白山仍需着重改善医疗条件，健全城乡医疗卫生服务网络。而这些已经在白山 2017 年的工作安排中有所体现，以改善环境质量为核心，开展重点区域生态环境综合整治，提高绿色覆盖面积，并且对市区环境卫生、市容市貌等进行攻坚整治。可以预见，随着白山在改善城乡生态环境方面持续加大投入，并且加快提升城乡医疗服务水平，白山宜居竞争要素的短板很快将补齐，有望构筑起宜居城市竞争力的新优势。

五 对策与建议

（一）深化供给侧结构性改革，加快推进绿色转型升级

近年来，白山以绿色转型为主线，持续推进产业结构调整，但从 2016 年综合经济竞争力的表现来看，与全省其他城市相比，白山的综合增量和效率仍相对较低，导致综合经济竞争力未能实现止降反升。因此，在这一发展形势下，白山有必要继续强化优势资源和重大项目对本地要素的激活作用，进一步深化推进供给侧结构性改革。一是推进"新五样"向中高端发展。一方面，引入战略性投资及具有成长性和创新性的产业项目，以企业带动和项目支撑促进"新五样"发展壮大，同时注重产业链上下游衔接，大力发

展包装设计、物流配送等配套服务，全方位打造绿色产业体系；另一方面，则应强化品牌建设，重视打造矿泉水、旅游等产业领域具有市场竞争力的知名品牌，为"新五样"向中高端迈进提供有力基础。二是重点推进现代物流、现代金融、信息服务、文化旅游、健康养老等现代服务业，以及网络约车、网上外卖、远程教育、在线医疗等新经济新模式发展，加快培育白山经济发展的新增长点。三是紧紧抓住白山被列为"东北地区民营经济发展改革示范城市"的重要机遇，深化商事改革，强化融资保障，完善有利于民营经济的政策环境，支持民营企业发展。

（二）持续积聚科技创新动力，努力培育壮大新动能

一直以来，白山始终坚持创新驱动发展，知识城市竞争力不断增强，未来应继续在加大资源投入、活化知识产出方面做出努力，持续为白山经济发展积聚科技创新动能。具体来讲，一是打造科技创新创业基地。完善创业服务、放宽创业政策、拓宽融资渠道、建设创新平台，激发科技创新团队的"双创"动力，强化科技创新型企业的创新能力；还可借助创新创业基地组织高端论坛等交流活动，推动科技创新型企业与科研院所、战略投资机构等社会多元主体进行资源对接和交流合作。二是畅通科技成果转化通道。着力打造科技成果转化服务平台和科技成果交易展示大厅，从科技创新成果展示推介、价值评估、技术交易等环节完善服务，以及形成线上的项目成果库和需求库。三是健全人才引进及激励机制。围绕白山重点产业人才需求，完善人才引进和激励机制，促进人才、知识、技术等高端要素加速向白山聚集。

（三）突出优化生态环境，构筑宜居城市新优势

近年来，白山生态竞争要素的表现呈现逐年下降趋势，因此，优化城市生态环境仍将是白山下一阶段宜居建设的重点。为此，一要继续加强节能减排。以2017年白山政府工作报告提出的"一个领先、四个更加"为目标，转变资源利用方式，鼓励将资金、技术等更多投向绿色产业，大力发展生态经济和低碳循环经济，提升白山的产业低碳化、可再生能源利用规模化水

平。二要提高城市绿化水平。一方面，加快实施山体水系森林等生态修复工程，提升森林覆盖率；另一方面，组织实施城市绿化工程，既要扩面增绿，也要在提升档次和品位上下功夫，切实提升白山整体绿化水平。三是加大城市环境保护力度。持续开展城市环境综合整治，严惩违法排放企业，并且注重宣传推广绿色生态理念和低碳环保生活方式。

（四）协调推进城乡建设，完善公共服务体系

2016年，白山的全域城市竞争力排名首次跌出省域三强，在城乡一体化建设及基本公共服务均等化方面落后于全省大部分城市，因此，白山市有必要在接下来的工作部署中强化协调推进城乡建设，加快完善公共服务体系，有力补齐全域竞争要素短板。具体而言，一是加快推进农业现代化，发展"生态效益型特色农业""农业＋旅游""互联网＋特色农业"等新产业新模式，广开群众致富门路，缩小城乡收入差距。二是促进农业转移人口市民化，在医疗、教育、文化服务等方面加快实现公共服务均等化。三是加强基础设施建设，新建改建公路、污水垃圾处理设施、卫生所、公办幼儿园等，促进解决农民"出行难""就医难"等民生问题。

（五）强化城市文化魅力，提升白山国际知名度

从2016年的文化城市竞争力表现来看，白山在历史文明程度、城市国际知名度方面仍存在短板，需继续优化文化要素表现，塑造具有白山特色的城市文化形象。为此，一是大力建设重点旅游项目。一方面，强力推动长白山国际度假区、鲁能胜地做大做强，并通过重点旅游项目之间的功能互补，形成白山四季"常年游"的发展优势；另一方面，积极推进鸭绿江中朝国际旅游风情带建设，并由此整合白山全景特色旅游资源，尝试打造白山旅游产业带。二是积极承办国际文化活动。白山应加大城市营销力度，积极举办国际赛事、经济论坛、文化活动，把长白山文化品牌及山水民情、民俗文化推向全国。三是加强旅游型特色小镇建设。深入挖掘小城镇旅游文化资源，完善旅游基础设施建设，打造一批具有白山特色和边境风情的宜居宜游小

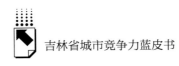

镇，这不仅能够活化地缘资源，还能够推进形成小城镇的特色城镇化模式，带动当地经济发展。四是加强对白山非物质文化遗产的宣传和保护，可利用微信、微博等社交媒体宣传白山的非物质文化遗产，从而促进对白山历史文脉的传承和发展。

参考文献

倪鹏飞主编《中国城市竞争力报告 NO. 15》，中国社会科学出版社，2017。

崔岳春、张磊主编《吉林省城市竞争力报告（2016～2017）》，社会科学文献出版社，2016。

《白山市政府工作报告》，白山市人民政府网站，http：//www. cbs. gov. cn/zw/jcxxgk/gzbg/201701/t20170113_ 45975. html。

《白山市 2016 年国民经济和社会发展统计公报》，吉林省人民政府网站，http：//www. jl. gov. cn/sj/sjcx/nbcx/gdzs/201704/t20170401_ 2481807. html。

县级市竞争力报告

Competitiveness of County-level City Reports

B.14
吉林省城市竞争力（梅河口市）报告

摘　要： 梅河口市是吉林省东南部的门户城市，也是中部城市群中重要的支点城市。多年来，其经济社会发展水平不断提高。2015 年梅河口综合经济竞争力在 20 个县级市中排在第 1 位，可持续竞争力排在第 4 位。在经济建设、公共服务、生态环境、创新驱动等方面梅河口取得较快发展，但仍然存在主导产业核心竞争力不强、交通优势弱化、文化产业薄弱、社会保障不足等问题。结合梅河口市特殊的地理位置和产业基础，以及存在的问题，为了进一步提高城市竞争力，梅河口市还应不断做强食品加工产业、壮大医药健康产业、提升现代服务业、大力培育和发展文化产业。未来，梅河口市必将成为

---

　* 倪锦丽，吉林省社会科学院农村发展研究所副研究员，硕士，研究方向：农业与农村经济。

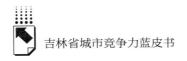
吉林省医药健康产业基地和东南部商贸物流中心。

关键词： 梅河口　产业群　可持续竞争力

梅河口市隶属通化市，地处吉林省东南部、辉发河上游、长白山西麓，位于长白山区与松辽平原的交接过渡地带。全市行政区划土地面积2179平方公里，下辖1个省级经济开发区、19个乡镇和5个街道办事处。全市总人口为60.59万人，城区常住人口为35万人，城镇化率已达到63%。梅河口市是吉林省东南部的门户城市，是中部城市群中重要的支点城市。2013年梅河口市成为扩权强县改革试点地区。

2015年梅河口综合经济竞争力指数为1，在20个县级市中排在第1位；综合增量竞争力指数为0.799，排在第4位；综合效率竞争力指数为0.833，排在第2位。总的来看梅河口市综合经济竞争力水平较高，各项指标排名都位居20个县级市前列。

表1　2015年梅河口市基本情况

项目	市域数据
土地面积（平方公里）	2179
总人口（万人）	60.59
GDP及增长率（亿元,%）	325.42,4.44
三次产业比例	7.78∶48.95∶43.27

资料来源：《吉林统计年鉴2016》。

一　格局与优势

（一）总体概况

2015年梅河口实现农林牧渔业总产值52.4亿元，其中农业总产值

23.92 亿元，林业 5.74 亿元，牧业 21.54 亿元，渔业 1.20 亿元。农林牧渔业实现增加值 27.6 亿元，同比增长 2.5%。全年粮食作物播种面积达到 9.4 万公顷，粮食总产量为 53.3 万吨，比上年下降 2.6%。其中，玉米产量为 30.9 万吨，同比下降 3.5%；水稻产量为 21.4 万吨，同比下降 0.5%。全年猪、牛、羊、禽等肉类总产量达到 4.6 万吨，比上年下降 0.5%。2015 年梅河口市有机食品、无公害农产品，以及绿色食品标志产品的产量达 4.5 万吨，实现 4.8 亿元产值，增加农民收入 0.76 亿元。全市农业产业化经营组织达到 310 个，同比增长 1.64%。

2015 年梅河口市有 144 户规模以上的工业企业，实现利润 44.5 亿元，同比增长 17.8%；实现增加值 154.3 亿元，同比增长 12.6%。其中，两大支柱产业——食品和医药实现利润 34.3 亿元，同比增长 4.6%，占规模以上工业企业总利润的 77.1%。

2015 年梅河口市一般全口径财政预算收入为 41 亿元，同比增长 8.5%；地方级财政预算收入为 30.5 亿元，同比增长 8.5%。农村居民人均可支配收入为 12880 元，同比增长 8.5%。城镇居民人均可支配收入为 26720 元，同比增长 8%；

2015 年梅河口市社会消费品零售总额达到 148.0 亿元，同比增长 9.8%。其中乡村消费品零售总额为 49.8 亿元，同比增长 10.6%；城镇消费品零售总额为 98.2 亿元，同比增长 9.4%。乡村消费品零售总额的增长幅度大于城镇 1.2 个百分点，并大于全市平均水平 0.8 个百分点。

2015 年梅河口市完成固定资产投资 301.67 亿元，同比增长 13.3%。从三次产业来看，第一产业投资达 10.74 亿元，同比下降 3.3%；第二产业投资达 174.38 亿元，同比增长 22.9%。其中，工业投资达 171.28 亿元，同比增长 22.5%，高于全部投资增速 9.2 个百分点。

（二）现状格局

1. 综合经济竞争力水平位居前列

2015 年梅河口市综合经济竞争力指数为 1，在 20 个县级市中排在第 1

位,比上年(21 个县级市)上升一个位次,超过延吉、九台等经济发展较好的县市。其中,梅河口市综合增量竞争力指数为 0.799,排在第 4 位,比上年上升两个位次,仅位于公主岭、榆树、德惠之后;综合效率竞争力指数为 0.833,排在第 2 位,和上年持平,位于延吉市之后。

表2 2015 年梅河口市在 20 个县级市中综合经济竞争力情况

县级市	所属地市	所属地区	综合经济竞争力指数	排名	综合增量竞争力指数	排名	综合效率竞争力指数	排名
梅河口	通化市	东部	1	1	0.799	4	0.833	2

资料来源:中国社会科学院城市与竞争力指数数据库、吉林省社会科学院城乡发展指数数据库。

2. 可持续竞争力水平排名靠前

2015 年梅河口市可持续竞争力综合指数为 3.832,在 20 个县级市中排第 4 位。其中,全域城市竞争力指数为 0.640,排在第 3 位;生态城市竞争力指数为 0.832,排在第 3 位;和谐城市竞争力指数为 0.493,排在第 11 位;信息城市竞争力指数为 0.602,排在第 7 位;知识城市竞争力指数为 0.908,排在第 3 位;文化城市竞争力指数为 0.358,排在第 8 位。

表3 2015 年梅河口市在 20 个县级市中可持续竞争力及分项指标等级

城市	可持续竞争力		知识城市竞争力	和谐城市竞争力	生态城市竞争力	文化城市竞争力	全域城市竞争力	信息城市竞争力
	指数	排名	等级	等级	等级	等级	等级	等级
梅河口	3.832	4	★	★★			★★★	

资料来源:中国社会科学院城市与竞争力指数数据库、吉林省社会科学院城乡发展指数数据库。

3. 城乡一体化的全域城市竞争力水平较高

2015 年梅河口市全域城市竞争力指数为 0.640,在 20 个县级市中排第 3 位。2015 年,城镇居民人均可支配收入为 24742 元,排在第 3 位,位于延吉市和公主岭市之后;农村居民人均可支配收入为 11872 元,排在第 3 位,城乡人均收入比为 2.08∶1。在公共服务方面,全市的公共图书馆藏书量占整个通化地区图书馆藏书量的16.06%，教育支出占整个通化地区教育支出的26.08%，医生数占整个通化地区医生数的29.29%。在公共设施方面，国际互联网用户数占整个通化地区的21.14%。在城乡结构方面，梅河口市城镇化率为54.82%。在空间一体化方面，梅河口市公路网密度为0.68公里/平方公里。在生态环境一体化方面，梅河口市绿化覆盖率为59.66%。

4. 环境友好的生态城市竞争力位居前列

2015年梅河口市环境友好的生态城市竞争力指数为0.832，在20个县级市中排第3位。梅河口市位于长白山西麓，辉发河上游，山清水秀。五奎山、鸡冠山和磨盘湖等风景区景色宜人，是旅游和休闲的良好场所；全市共有省级美丽乡村5个。梅河口市在资源节约方面，单位GDP耗水4.81吨，单位GDP耗电170.24千瓦时。在环境质量方面，梅河口市单位GDP二氧化硫排放量为0.004吨。在生态状况方面，梅河口市森林覆盖率达到26.99%，林木绿化率为27.07%，人均公共绿地面积为10.2平方米，年平均降水量713毫米，降水较为丰沛。

5. 创新驱动的知识城市竞争力水平较高

"十二五"期间，梅河口市积极推动科技创新，大力实施了"火炬计划"和"科技攻关"等科技发展项目，共申报了各级各类科技计划51项，并获得省和国家科技补助资金共5438万元。"十二五"期间，有8家高新技术企业获得省科技厅认定，共投入1.9亿元科技活动研发经费，并获得有效发明专利26个；6家省级技术中心企业在"十二五"期间，共投入3284万元科技活动研发经费，并获得有效发明专利5个。2015年梅河口市创新驱动的知识城市竞争力指数为0.908，在20个县级市中排第3位。其中，在知识需求方面，科技经费支出占财政收入的比例为3.93%，人均教育支出为1498.19元。在知识投入方面，中等以上学校（高中、成人高等学校、普通高等学校）学生人数占各级各类学校学生总数的15.45%。在知识经济方面，每万人拥有专业技术人员708.39人。

6. 多元一本的文化城市竞争力、信息城市竞争力居中游

2015年梅河口市多元一本的文化城市竞争力指数为0.358，在20个县级

市中排第 8 位。在文化事业方面，2015 年，梅河口市有 1 个文化馆、5 个剧场和影剧院、1 个艺术表演团体；1 个公共图书馆，馆藏图书 14 万册；全市有 337 个农村文化大院、303 个农家书屋，基本实现了文化服务全覆盖。2015 年，全市共组织 133 场次各类文化活动，其中开展 20 次广场文化活动，67 次"文化下乡"活动，17 次"文化信息资源共享工程"活动；全市有 310 个健身广场，358 个全民健身活动站点，254 个行政村配建了体育器材。2015 年梅河口市开放便捷的信息城市竞争力指数为 0.602，在 20 个县级市中排第 7 位。在对外贸易方面，全市外贸进出口总额共计 11430 万美元，同比增长 77.6%。其中，进口总额实现 6796 万美元，同比增长 94.3%；出口总额实现 4634 万美元，同比增长 57.8%。在信息交流方面，梅河口市千人国际互联网用户数 120.84 户，千人移动电话年末用户数 854.7 户。在物质交流方面，梅河口市有 3 条铁路，2 条高速公路，2 条国道。

7. 公平包容的和谐城市竞争力水平不高

2015 年梅河口市公平包容的和谐城市竞争力指数为 0.493，在 20 个县级市中排第 11 位。在社会保障方面，人均社会保障和就业支出为 1885.08 元，人均医疗卫生支出为 669.89 元，基本医疗、养老、失业保险参保人数分别为 287179 人、100614 人、24985 人，分别占总人口的 47.4%、16.61%、4.1%。2015 年，梅河口市共有 507 个医疗卫生机构，其中 17 家医院、4 个社区卫生服务中心、19 个乡镇卫生院、260 个村卫生室；共计 3792 名卫生技术人员，其中有 1678 名执业医师。

二 问题与不足

（一）可持续竞争力水平下降

梅河口市虽然可持续竞争力水平排名靠前，但无论是综合指数还是分项指标排名都有所下降。2015 年梅河口市可持续竞争力指数为 3.832，排在第 4 位，比上年下降了 2 个位次，位于延吉、集安、敦化之后。其中，全域城市竞争力指数为 0.640，排在第 3 位，比上年下降 1 个位次，仅次于延吉和图们；生态城市竞争力指数为 0.832，排在第 3 位，比上年下降 2 个位次，位于集安和扶余之后；和谐城市竞争力指数为 0.493，排在第 11 位，比上年下降了 2 个位次，排名较靠后；信息城市竞争力指数为 0.602，排在第 7 位，比上年下降了 3 个位次；知识城市竞争力指数为 0.908，排在第 3 位，比上年下降 2 个位次，排在延吉和敦化之后；文化城市竞争力指数为 0.358，排在第 8 位，和上年位次相同。与综合经济竞争力指数连续几年排第一相比，梅河口市的可持续竞争力却在逐年下降。

（二）交通优势弱化

梅河口市因交通而得以立市，便利的交通使它成为吉林省东南部重要的交通枢纽和商品集散地，围绕梅河口，方圆 200 公里内与吉辽两省 10 个县（市）和 7 个地级市毗邻，构成了极佳的经济圈。然而 2009 年吉沈高速铁路建成，由吉林经辽源到达沈阳，绕开了梅河口。2010 年营城子至梅河口、长春至松江河、吉林至沈阳以及梅河口到通化等高速公路建成通车，穿境而过。随着具有强大运力的铁路和高速公路的发展，梅河口周边各地的货流和客流不再以梅河口为中转站，梅河口的区位和交通优势弱化，交通枢纽地位降低。

（三）主导产业核心竞争力不强

在第一产业内部，以传统种植业为主，虽然梅河口入选国家级第三批现代农业示范区，新建了万亩高标准基本农田，中草药、棚膜蔬菜、食用菌和出口花卉等产业基地先后建成，但还没有形成竞争优势。在第二产业内部，以医药、食品和能源产业为主。医药工业中以中成药生产为主，生化药品和化学制剂生产为辅；食品工业以果仁、大米、酒精加工为主。果仁年均加工量占国内总加工量的 70%，加工能力位居亚洲第一；酒精的年均生产能力和规模位居全国食用酒精行业之首。梅河口的工业虽然较发达，但产业层次很低，创新产品很少，一些有优势的产业还没有形成自主品牌。多数工业企业只局限于劳动密集型的初级加工层次，以提供半成品为主，而向市场提供终端产品的技术含量较高的加工业比例很低，高新技术行业微乎其微。梅河口的第三产业，主要集中在交通运输、批发零售等传统服务业上，而与现代农业和工业相配套的信息咨询、电子商务、现代物流等现代服务业发展程度低。

（四）文化产业薄弱

梅河口市文化产业薄弱，一是体现在对历史文化挖掘不深。梅河口现有2个全国重点文物保护单位，5个省级重点文物保护单位，由于挖掘和创新不足，还没有开发出有特色的文化产品，形成相关产业；二是梅河口市文化产业主要集中在向广大群众提供文化服务上，如开展各类文艺演出、建农家书屋等，内容和形式比较单一，特色不足，规模也很小。而向其他行业或商品提供文化附加值的行业，如娱乐、策划、装饰、装潢、形象设计和文化旅游等少之又少。总的来看，梅河口市的文化产业发展不足。

三 现象与规律

（一）改革释放发展新活力

2013年梅河口市成为扩权强县改革试点地区以来，大力推进扩权强县改革，共承接了397项地级市经济社会管理权限，并由政务大厅直接行使所下放的行政审批权限，办理时限平均缩短到4.5天。机构改革不断推进，政府的工作部门由原来的31个精简到现在的24个。政府职能不断转变，建立了政府权力清单，保留了3273项行政职权，项目审批由451项减少到现在的244项，减少了46%。梅河口市深入推进重点领域改革共18项。基本完成了城乡户籍制度、农村土地承包经营权确权登记和颁证，以及居民用水阶梯价格等6项改革任务；农村产权制度和养老服务业等8项改革工作有序推进。梅河口市积极稳妥促改革，发展活力不断增强，综合经济实力在全省的县级市中已连续三年位居第一，成为县域经济发展的排头兵。

（二）城市承载能力不断增强

梅河口市围绕国家级卫生城、园林城、生态城和文明城创建，加快推进城市基础设施建设和功能配套，"十二五"期间累计投资 40 多亿元。同时，梅河口开发了工业新城和南山生态城，以及现代物流港等项目，使城市发展空间由原来的 81 平方公里扩展到现在的 120 平方公里，拥有了承载投资 50 亿元和 100 亿元大项目的能力，可容纳的人口达 50 万。建成区面积达到 30.3 平方公里。2015 年梅河口市绿化覆盖率达到 43.6%，人均公共绿地面积达到 12.8 平方米。城镇化率为 63%，比"十一五"期末提高了 7 个百分点。梅河口的城市承载能力，以及综合服务功能都得到了显著提升，逐步向建设中等城市迈进。

（三）开放层次明显提升

2015 年，梅河口市实际利用外资累计达到 1700 万美元，当年外贸进出口总额为 1.2 亿美元，先后引进了康美医药、北京四环和西安步长等大型医药企业集团，以及欧亚、苏宁和国美等国内知名的大型商贸企业。中科院和中关村科技产业园先后落户梅河口，梅海口与中关村共同出资建立了高新技术产业基金，新增 2 户省级企业技术中心。经济开发区已建成果仁食品、生物医药、商贸物流、轻工机械和冶金化工 5 个园区，落户企业已达到 240 家，2015 年经济开发区实现地区生产总值 161.71 亿元。经济开发区先后被评为"中国最具发展潜力工业园区""全国最佳投资环境工业园区"和全省第一批战略性新兴产业集聚区。

（四）民营经济占据主导地位

2015 年全市规模以上的工业企业中共有民营企业 119 户，与 2014 年相比增加了 10 户；民营企业共实现增加值 107.4 亿元，与 2014 年相比增长了

31.3%，增长幅度比全市规模以上工业企业平均水平高 18.7 个百分点；民营企业共实现利润 33.8 亿元，同比增长 2.2%。2015 年全市民营企业户数达到 1789 户，个体工商户为 3.4 万户，从业人员达到 18.9 万人。梅河口市的民营经济已成为扩大就业的重要渠道、增加财政收入的重要来源，以及拉动经济增长的重要动力。

四　趋势与展望

（一）吉林省医药健康产业基地

梅河口市地处长白山的门户，因此成为长白山各类中药材的集散地，丰富的药材资源成为其发展医药产业的优势。经过多年的发展，医药产业已成为全市的第一支柱产业，其财政贡献率在 2015 年达到 53%，其经济总量占全市工业经济总量的 40% 以上。规模以上医药企业增加值实现 73.1 亿元，占全市规模以上工业企业增加值的 47.4%。目前梅河口市有北环医药园区、弘美（中国）医药园、步长科技产业园和四环医药工业园等大型医药产业园区。医药产业园区先后被省科技厅和科技部认定为吉林省医药高新技术特色产业基地，以及国家火炬现代中医药特色产业基地。随着以人工胰岛素等为代表的生物工程项目落地经济开发区，梅河口市经济开发区成为吉林省首批战略性新兴产业集聚区。未来"十三五"期间，梅河口市以雄厚的医药产业基础为支撑，借助吉林省发展医药健康产业的战略机遇，必将成为全省的医药健康产业基地。

（二）吉林省东南部商贸物流中心

梅河口市地处吉林省东南部，重要的地理位置和便利的交通条件为梅河口成为东南部商贸物流中心提供了绝对优势。梅河口市已形成由铁路和公路构成的交通运输网络。梅河口车站是东北地区铁路交通的重要枢纽，是中国铁路 46 个主要编组站之一，可直达长春、大连、天津、北京、杭州和上海等大城市。梅集线、四梅线和沈吉线三条铁路交会并贯穿梅河口市，境内有大小车站 7 个，年均过往的客货车可达 200 列，年均货运量可达 1396.4 万吨。梅河口市境内公路交错纵横，有营城子至梅河口、长春至松江河、吉林至沈阳以及梅河口到通化 4 条高速公路通过，国道 303 线、202 线，省道 103 线贯穿全境。2015 年全市公路运输货运量达到 395 万吨，客运量达到 854 万人次。梅河口市公路客运站是吉林省所有县级市中唯一的一个一级客运站，可直达京津冀哈等地，日均发车达 280 多班次。2015 年梅河口市载货汽车达 4799 辆，同比增长 5.8%；载客汽车达到 33543 辆，同比增长 16.1%。便利的交通条件使 2015 年梅河口市交通运输业、邮政业和仓储业实现增加值 21.8 亿元，同比增长 0.7%。未来梅河口市将成为吉林省东南部的商贸物流中心。

五　政策与建议

（一）深化改革

一是继续简政放权。改革行政审批制度，对审批程序和行为予以规范，建立与重特大项目相配套的领办、代办和即办制度，并建立相应的监管体制，构建科学、规范、高效的行政审批制度。同时，应对政府权力清单、责任清单等进一步明确、细化，使简政放权落到实处，优化和完善相关服务。二是推动供给侧改革。坚持市场取向，加大供给侧结构调整力度。运用高新技术提升传统优势产业层次，如医药产业，注重引进科技含量高的生物医药企业；食品加工业，要有重点地引进国内外先进技术及设备，提高企业的技术含量，进行精深加工，提高产品附加值，延长产业链。三是加快专项领域改革，通过对土地制度、产业制度、财政制度、金融制度、税收制度、环保制度等的调整、完善和创新，清除调结构中存在的体制和机制障碍。

（二）壮大医药健康产业

经过多年的发展，梅河口的医药产业基础雄厚，借助吉林省发展医药健康产业大趋势，梅河口医药健康产业将迎来一个难得的机遇期。梅河口的目标是建成吉林省医药健康产业的基地和示范区。一是突出集群化发展，以打造医药健康产业园为载体，大力引进高科技医药企业。继续拓展与康美药业、国药集团、步长制药和四环制药等国内知名企业的合作范围和领域，以梅河口国家级现代中医药特色产业基地和医药高新技术特色产业基地为依托，逐步建立集医药科技研发、医药生产和医药企业孵化等于一体的医药产业集群。二是紧紧围绕医药健康产业，大力发展中药材种植、保健品和医疗器械生产以及研发、包装、物流等配套产业，构建原料生产、药品加工、产品销售一条龙的产业发展链条。

（三）做优食品加工产业

梅河口食品加工业有一定的资源和产业优势，尤其是果仁、大米和酒精产业，但竞争优势并不明显，产业层次较低。应积极推动食品加工业向规模化、高端化发展。一是要打造食品产业园，以园区为依托，推动域内果仁、大米和酒精产业进行资源整合，实现规模化生产、集约化经营，打造和培育龙头企业，推进食品加工产业向精深加工发展、产品向中高端迈进。二是集中打造优势产品品牌，要积极推进农产品地理标志、无公害农产品、绿色食品和有机食品的申请与认证工作，实现优势产品的品牌化。如打造梅河口牌大米等品牌，以品牌化扩大大米、果仁等产品的市场份额。三是借助电商平台，通过网络对品牌进行宣传和推介，推动产品的网络销售体系建设，以网络销售等新模式扩大市场占有率。

（四）做强现代服务业

梅河口是吉林省东南部的交通枢纽和商品集散地，良好的交通条件能有效带动服务业的发展。关键是要充分发挥区域中心优势，明确方向，深入挖掘潜力，提升质量，赋予新的内涵，培育和发展满足需求的现代服务业。一是打造商贸物流园，壮大商贸物流产业。重点建设北方药材展示交易中心和东北农特产品集散中心等新型特色市场；对现有的果仁、大米、农机、建材、农资和农贸等专业批发市场进行改造和升级，形成区域商贸和物资集散中心。同时，继续推进现代物流港规划建设，形成口岸功能。充分释放梅河口市的商贸物流优势。二是发展金融服务业，构建现代金融服务体系，以满足多样化、多层次的金融服务需求。要在国家金融服务发挥基础性作用的前提下，创新金融产品和服务，如建立工业区投资公司、城市社区银行、担保公司、典当行和融资租赁公司等；建立村镇银行、农业发展基金、资金互助合作社、小额贷款公司等，发展农村金融业；开展农民产权贷款、农村土地收益权质押贷款、惠农补贴抵押贷款和中小企业创业贷款等服务。三是积极践行"互联网＋"行动计划。应用物联网和云计算等技术，推进生产装备的工艺流程改造和智能化升级。鼓励企业探索移动社交等新渠道，发展"粉丝"经济和社交电商等网络营销新模式；加强互联网技术在农业生产、加工和流通等环节的推广和应用，大力推进电商村镇以及"村淘"试点工作。

（五）大力培育和发展文化产业

文化产业是朝阳产业，具有生态环保和附加值大的特点，未来其必然成为区域发展的有效模式。近年来各省市都在结合本地区实际打造特色鲜明的文化产业，如云南省的少数民族文化和江西省的红色文化等，文化资源的经济效益正在显现。梅河口市应依托现有文化资源，立足绿色生态和区位交通优势，不断挖掘和培育文化产业，提升文化产业竞争力。梅河口市辉发河上游的庆云摩崖石刻和石棚墓群是全国重点文物保护单位。南大桥东山遗址、吉祥遗址、吉乐遗址以及中共中央东北局梅河口会议旧址是省级重点文物保护单位。对这些珍贵的历史文化资源，要不断地深化和丰富其内涵，使其更具生命力。要注重发展文化产品的生产、销售以及为其他商品提供文化附加值的文化产业。大力培育发展传媒策划、演艺、会展等产业，积极承办省级或区域性文化、体育赛事，全面打造东南部区域文化中心。

B.15
吉林省城市竞争力（公主岭市）报告

于 凡*

摘　要：　公主岭作为全国中小城市综合试点，近年来城市发展活力不
断释放。综合经济竞争力优势显著，在吉林省20个县级市中
排名第2，其中综合增量竞争力指数表现强劲，位居榜首。
但可持续竞争力在现行指标体系排名中较为靠后，与公主岭
的实际发展面貌和综合竞争力水平反差强烈。文化城市竞争
力和信息城市竞争力由末位跃至居中位置，进步明显；知识
城市竞争力与和谐城市竞争力仍然处于末位水平。城市建设
任务仍较艰巨。未来应继续发挥地域优势、产业优势和交通
优势，构建开放合作格局、推动产业转型升级、加快创新驱
动，并不断加强教育科技投入，完善社会保障体系。

关键词：　城市竞争力　综合竞争力　可持续竞争力　公主岭

公主岭市是吉林省直管市，地处吉林省中西部、松辽平原腹地，市域广
阔，北宽南狭。东向和东北向与长春市朝阳区、农安县相邻，南向和东南向
与伊通满族自治县相连，西向与双辽市接壤，北向与长岭县交界。截至2015
年，公主岭市辖区面积4141平方公里，总人口105.74万人（见表1）。公主
岭下辖20个乡镇、10个街道、404个行政村、26个社区、3098个自然屯。

＊　于凡，吉林省社会科学院农村发展研究所助理研究员，博士，研究方向：农业经济理论与政策。

表1　2015 年公主岭市基本情况

项目	市域数据
辖区面积(平方公里)	4141
总人口(万人)	105.74
GDP 及增长率(亿元,%)	443.10,7.09
三次产业比例	23.17：40.71：36.12

资料来源：《吉林统计年鉴 2016》。

公主岭市是我国重要的商品粮基地、国家现代农业示范区和国家唯一命名的"中国玉米之乡"，也是粮食调出大县和生猪调出大县。2013 年，公主岭市正式成为吉林省直管县试点城市，被赋予地级市经济和社会管理权限。2015 年公主岭被确定为国家中小城市综合改革试点。近年来，公主岭市抓住扩权强县改革试点的机遇，坚持全面深化改革创新的基调，经济社会发展稳中快进、快中向好，综合实力向市州行列迈进，城市发展活力充分释放。

2015 年，公主岭市综合经济竞争力指数在吉林省 20 个县级市中排名第 2，指数为 0.934，仅位于梅河口市之后。其中，综合增量竞争力指数表现强劲，排名第 1。与之表现迥异的是，公主岭市的可持续竞争力在现行指标体系的排名为第 17，仅列在扶余、舒兰和双辽之前，与公主岭的城市实际发展面貌和其综合竞争力水平反差强烈。

一　格局与优势

（一）总体概况

公主岭市认真落实省委"三个五"战略部署，以改革创新为动力，以建设具有较强活力中等城市为目标，加快推动经济转型升级，农业大县和工业强县协同发展。

1. 传统农业大县优势稳定

粮食总产位居全国前列，粮食单产始终居全国首位，主要作物综合机械化水平达 90% 以上。2017 年，土地规模经营达 16.45 万公顷，占耕地面积的 51.9%。公主岭充分利用"中国玉米之乡"品牌优势，整合玉米企业，打造"公主岭玉米"地理标志品牌。规划 7.4 平方公里的玉米产业园区，打造玉米产加销产业集群。通过发展生物质能源项目，玉米秸秆、玉米须和玉米芯等副产品的工业利用率达到 68%。发展粮食产品加工企业 326 家，年加工转化粮食达 175 万吨。同时，公主岭市借助省农科院等科研单位力量，加强良种的研发和应用推广，成为东北玉米、水稻种子集散地，年销售种子 1 亿斤以上。再看畜牧业，作为全国瘦肉型商品猪（牛）基地县、肉鸡出口基地和全国首批生猪调出大县，公主岭市畜牧业产值达 90 亿元以上，牧业小区发展到 800 余个，以博泽牧业、高金食品为龙头的生猪加工企业，年加工屠宰生猪达 120 万头；以张氏牧业、五洲禽业和圣丰牧业为龙头的孵化、饲养、加工禽类产业链，年加工禽类达 2000 万只。

2. 工业、服务业集群加快形成

2016 年，据当地统计，公主岭地区生产总值和工业增加值在全省县域经济排序中保持第一位，地区生产总值、地方级财政收入分别达 465 亿元和 20.5 亿元，固定资产投资完成 342.9 亿元，投资产出效果系数达到 1.35，高于吉林省平均水平。公主岭市大力推进新旧动能转换，产业呈现集群发展态势，主导产业集聚度达到 78%。汽车零部件加工产业产值占全省汽车产业产值的 6.5%，经济开发区成为中国汽车零部件产业基地。现代服务业快速发展，大岭汽车物流产业园区集聚物流企业 67 户，占全市物流企业的 46%。大型商业银行增至 12 家，贷款余额 323.7 亿元，公主岭农合行改制一年多，累计实现税收近 2 亿元。中国玉米云商城上线企业达 500 户以上。

3. 城市综合承载能力逐渐提升

公主岭市旧城改造计划全面推进，岭西新区核心区基本建成。一批重大基础设施加快推进，综合管廊、热电联产、垃圾发电、城区备用水源等重大基础设施投入使用；实施岭西教育园区、"四管一中心"等公共服务设施建设，提升公园、广场、停车场、农贸市场等公共设施；城市建筑立面改造、内河改造、"绿化、美化、亮化、硬化"等系列工程集中实施。城市功能日趋完善，富民大街全线贯通，东风大街、腾飞大街、硅谷大街建设基本完成，环长经济带基础设施、公共服务设施实现与长春同城相通，全市建成区面积扩展到 53 平方公里，城镇化率提高到 56%。

（二）现状格局

1. 综合经济竞争力在领先中提升

2015 年，公主岭市综合经济竞争力指数为 0.934，在吉林省 20 个县级市中排名第 2（见表 2），仅随梅河口之后。从综合经济竞争力的两大子项看，综合增量竞争力在全省 20 个县级市中居于首位，而另一子项综合效率竞争力指数为 0.578，排名第 4，在 20 个县级市中处上游水平。总体上，公主岭市 2015 年综合竞争力表现强劲，由 2014 年排名第 5 跃升为第 2 位，源于综合增量竞争力和综合效率竞争力的双提升。

表 2　2014 年与 2015 年公主岭市在吉林省县级市中综合竞争力情况

年份	综合经济竞争力		综合增量竞争力		综合效率竞争力	
	指数	排名	指数	排名	指数	排名
2014	0.892	5/21	0.928	2/21	0.568	5/21
2015	0.934	2/20	1.000	1/20	0.578	4/20

资料来源：中国社会科学院城市与竞争力指数数据库、吉林省社会科学院城乡发展指数数据库。

2. 文化城市竞争力和信息城市竞争力跻身中游行列

2015 年公主岭市文化城市竞争力排名由上年的第 21 位升至第 11 位，在吉林省各县级市排名由末位跃至中等水平，进步十分显著（见表 3）。公主岭市在历史文化名城批次、非物质文化遗产数量方面不具先天优势，在体育场馆、剧场影院数量等方面也表现平平，因此其文化城市竞争力指数处于靠后水平。2015 年新增非物质文化遗产 1 项，尤其是剧场影院数量由 1 个扩至 9 个，助其文化城市竞争力指数较大幅度提升，改变了之前末位徘徊的状况，跻身中游行列。

同样，2015 年公主岭市信息城市竞争力排名也由上年的第 19 位提至第

13 位。公主岭市当年实际使用外资金额 81240 万美元，占全社会固定资产投资总额的 16.66%，在全省 20 个县级市中排名第 1，这一指标的突破性增长，拉动了公主岭市信息城市竞争力排名的大幅度上升。

表3 2014 年与 2015 年公主岭市在吉林省县级市中可持续竞争力排名及分项指标等级

年份	可持续竞争力		知识城市竞争力	和谐城市竞争力	生态城市竞争力	文化城市竞争力	全域城市竞争力	信息城市竞争力
	指数	排名	等级	等级	等级	等级	等级	等级
2014	1.291	19/21	★	★★	★★★	★	★★★	★
2015	1.468	17/20	★	★★	★★★	★★	★★	★★

资料来源：中国社会科学院城市与竞争力指数数据库、吉林省社会科学院城乡发展指数数据库。

3. 城镇化率对全域城市竞争力贡献突出

公主岭市是全国中小城市综合试点城市，范家屯镇被确定为第三批国家城镇化综合试点。公主岭市充分发挥地域优势、产业优势和交通优势，打造主城区到范家屯镇带城市，推动范家屯镇全域城镇化，打通农村与城市连接的通道。从构成可持续竞争力的 6 个子项看，2015 年公主岭市全域城市竞争力排名第 10，优于其他 5 项。从指标体系内部看，相对较高的城镇化水平对公主岭市全域城市竞争力贡献突出。从数值看，2015 年公主岭市县级市年平均人口 106.22 万人，地级市年平均人口 327.26 万人，县级市人口比例 32.45%，高出第 2 名梅河口市 5 个百分点。从指标体系标准化得分看，公主岭市城镇化率加权得分为 0.82，第 2 名的德惠市为 0.62。城镇化水平遥遥领先，全域城市竞争力综合得分半数由其贡献。

二 问题与不足

（一）综合效率竞争力仍待提高

2015 年公主岭市综合经济竞争力在吉林省 20 个县级市中排名第 2，从其两个分项指标看，其中综合增量竞争力表现较为抢眼，在 20 个县级市中排名第 1，而综合效率竞争力表现不甚理想，排名第 4，指数为 0.578，与排名前 3 位相比差距较为明显，仍有较大提升空间。在指标体系中，公主岭市综合效率为 1070.04 万元/平方公里，排名第 4，列于延吉市（1770.44 万元/平方公里）、梅河口市（1493.45 万元/平方公里）和德惠市（1179.18 万元/平方公里）之后，与前 2 名差距明显。2015 年，公主岭市 GDP 为 443.1 亿元，在 20 个县级市中排名第 1，但若看人均指标，人均 GDP 为 4.22 万元，仅排名第 12 位，属中等偏下水平，仅为第 1 名人均 GDP6.26 万元的 67.41%。另外，从单位 GDP 排放来看，2015 年公主岭市 GDP 与工业二氧化硫排放比为 551.19∶1，排名第 10，属中游水平，表明工业取得一定的发展，但是效率仍然不高。偏低的综合效率竞争力自然不足以支撑综合经济增量的持续性领先。

（二）科技与教育投入支出仍然不足

2015 年公主岭市知识城市竞争力在吉林省县级市中排名第 20，居于末位，2014 年这一排名也十分不理想，列第 19 位。构成知识城市竞争力的指标主要包括科技经费支出、教育经费支出以及专业技术人员数量比例等方面。2015 年，公主岭市财政收入为 21.03 亿元，其中科技经费支出 2087 万元，占比仅为 0.99%，尚不足 1%，科技经费支出占比在吉林省县级市中排名第 13 位，与前 5 名蛟河（5.54%）、梅河口（3.93%）、洮南（3.48%）、集安（2.85%）和龙井（2.81%）相比，差距显著；2015 年公主岭市教育支出 11.58 亿元，人均教育支出 0.109 万元，在吉林省县级市中排名第 16，仅以微弱差值略高于榆树、德惠、扶余和洮南 4 市，与第 1 位珲春市（0.294 万元/人）相比低了 62.93%，与全省县级市平均水平（0.125 万元/人）相比低了 12.80%。2015 年公主岭市专业技术人员 14106 人，总量上排名第 12，属中下游水平，若按平均人口测算，专业技术人员为 132 人/万人，在吉林省县级市中排名倒数第 1。教育投入、科技支出以及专业技术人员数量等指标普遍偏低，导致知识城市竞争力连年排在末尾。

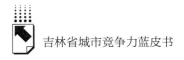
（三）医疗卫生与社会保障支出水平较低

2015 年，公主岭市和谐城市竞争力排名第 18 位，这一排名也是延续了上年的结果，主要表现在医疗卫生与计划生育、社会保障和就业两个方面，二者支出水平仍然较低。2015 年，公主岭市医疗卫生支出 6.81 亿元，按年平均人口计算，人均支出 0.064 万元/年，在吉林省县级市中排名第 18，只高于榆树和扶余两市，与第 1 位临江市人均 0.132 万元/年相比，仅相当于其一半。同样，2015 年公主岭市社会保障和就业支出 9.71 亿元，按年平均人口计算，人均金额为 0.091 万元/年，在吉林省县级市中排名依然靠后，排第 18 名，仅高于磐石市和扶余市，尚不足第 1 位龙井（0.305 万元/年）的 1/3。从社会保障程度看，基本养老、基本医疗和失业保险参保率分别为 11.56%、18.66% 和 3.36%，标准化值为 0.0936，在全省 20 个县级市中居下游，排名第 15，与排在首位的图们市参保率（37.26%、91.79% 和 20.54%）相比，差距十分显著。

三 现象与规律

（一）经济发展换挡期，外部环境基本向好

我国经济正处于增长速度换挡期、结构调整阵痛期和前期刺激政策消化期。经济形势向好的基本面没有变，新的增长点正在加快孕育。从省内看，吉林省正处在发展方式转变、结构优化升级的重要关口，确定了"发挥五个优势、推进五项举措、加快五大发展"战略，提出了东、中、西协调发展的三大区域板块，科技人才和产业潜能优势逐步释放，新技术、新业态、新成果与传统领域加速融合，轨道客车、汽车、农产品加工等优势产能和石化、建材、钢铁等过剩产能迎来国际新市场，光电子、新材料等部分新兴产业市场前景广阔。经济发展在新常态下趋势有所改变，正处于高速向中速的"换挡期"，呈现经济增速放缓、结构调整加快、发展动力转换等特征，改

革开放、科技创新、"四化"融合、产业创新、管理创新等成为发展的主动力。

（二）城乡发展不平衡不充分，中等城市建设任务艰巨

公主岭市城乡收入差距仍然较大，城市教育、医疗、消费、就业、公共投入等社会事业资源和投入远高于农村，农村消费水平低、社会保障能力弱、公共服务不完善不配套，农村学生辍学流失和农民因病致贫返贫的现象仍然存在。地域之间发展不平衡，农村经济发展能力表现为从城中村向近郊农村、远郊农村逐渐递减的特征，邻近市区、毗邻长春的乡镇远远好于其他乡镇，中部乡镇好于南部、北部乡镇，乡镇内部村屯之间也存在发展不平衡问题。产业发展也不够平衡，工业和第三产业大多集中在主城区和环长经济带重点镇以及交通节点镇，其他乡镇的产业发展水平则相对较低，自身发展能力较差。按照中等城市城区人口超过 50 万的标准计算，公主岭市将城区和范家屯、怀德城镇人口全部计算在内仍有近 15 万人的缺口。中等城市主城区面积 50 平方公里以上，人均公园绿地面积 9 平方米、福利设施面积 0.4 平方米、文体设施面积 1.5 平方米，公主岭市相对应数据为 40 平方公里、2.3 平方米、0.16 平方米和 0.3 平方米，还有很大差距。按中国社会科学院中部农业转移人口市民化人均成本 10.4 万元测算，每年人口转移成本为 31.2 亿元。中等城市建设有赖于较高的发展速度来支撑，目前公主岭市公共服务配套设施的不足以及医疗、教育、人口承载能力等条件有限，建设中等城市任务艰巨。

（三）内生动力不足，新型城镇化内涵仍需加强

公主岭市固定资产投资多集中在基础设施建设、房地产项目和劳动密集型、科技含量低的原材料加工行业，利用先进技术装备、推进结构调整、促进产业升级的大项目少，经济发展缺乏持续强劲的内生动力，对产业发展形成制约。目前，公主岭市主城区承载能力仍显不足，水、电、气、路、桥等基础设施还有欠账，文化体育、休闲娱乐、生活消费、市场广场等公共服务

设施还很不完备，绿化、美化、亮化、清雪保洁等城市管理工作还有很多做得不到位的地方，产业支撑、社会保障等也存在不足。除范家屯、怀德等几个节点镇外，其他多数乡镇尚不具备集中供热、垃圾处理、污水处理等基本的城镇功能。农村公路建设还有很多欠账，一些村屯出行难的问题没有得到根本解决。空心村、空心屯数量逐年增加，村屯环境仍待改善和提高。

四 趋势与展望

（一）以区位优势开创全新局面

公主岭市位于松辽平原腹地，处于哈大经济发展轴带中心和东北亚几何中心，是《吉林省主体功能区规划》中创新转型的重点开发区域，也是吉林省主体功能区以长吉一体化区域为核心的中部城市群南向发展、形成一体化城市空间经济带的重要节点城市，毗邻长春，靠近一汽。伴随着国家、省区域发展战略的实施和与长春区域合作的推进，公主岭市必将开创项目建设、招商引资、服务业发展、新型城镇化建设的全新局面。

（二）以资源优势拓展发展空间

公主岭市地处世界"黄金玉米带"，是"中国玉米之乡"，以玉米为主的粮食资源十分丰富。随着科技应用的发展，玉米产业已经形成籽粒加工、玉米秸秆和玉米芯开发利用的全产业链，为发挥资源优势和产业基础优势，做大做强玉米产业提供了广阔的发展空间。丰富的风能、太阳能、地热、油气、膨润土等资源，为打造多元支撑的产业格局提供了条件。同时，随着土地规模经营的加速推进，大量的农民将从土地上解放出来，农村劳动力资源优势也将日益凸显。

（三）以交通优势提升承接能力

公主岭市处于全国南北铁路公路交通的主轴，是东北地区重要的交通枢纽，是吉林省交通运输的咽喉。哈大高速铁路的建设，使公主岭与长春、哈尔滨、沈阳、大连乃至北京的时空距离大大缩短，区位条件得到明显改善，为公主岭发展拓展了新的空间，为发展现代物流业提供了新的契机。长深高速公路的新建和长平高速公路的扩建也将有力提升公主岭的通达度。随着环长春一小时经济圈高速公路的贯穿，对接长春的五条重要通道建设以及城际铁路、城际快速路的规划建设，将加速推进公主岭区域同城化、一体化进程，为承接长春的产业转移和资本外溢创造了便利条件，对提升公主岭在哈长城市群的地位具有战略意义。

（四）以发展优势打造战略平台

公主岭市有 3 个省级开发区、2 个省级工业集中区，省内同级城市开发区数量最多。3 个省级开发区环长春布署，初具规模，发展潜力巨大；岭东工业集中区的化工园区省内仅有 3 家，怀德工业集中区战略位置极为重要。这些园区为承接产业转移、实现产业集聚发展提供了载体，也为实现与长春经济关联、要素合理配置、产业衔接、资源共享提供了平台支撑。

五 政策与建议

（一）融入长春发展战略，构建开放合作格局

融入长春、同城发展，编制与长春有序衔接的规划体系，依托经济开发区、国家农业科技园区、大岭汽车物流经济开发区以及环长春的大岭、范家屯、响水等乡镇，积极承接长春的产业转移，针对长春的高端产业配套服务，形成不可分割的经济整体。与长春建立稳定、完善的沟通协作机制，形成信息互通、优势互补、资源共享的工作互动关系。协调长春西新区、汽开区和朝阳区，规划建设项目共建、收益共享的经济合作区。探索对外通道新模式，充分发挥哈长城市群、吉林省中部创新转型核心区重要节点城市、长吉图开发开放先导区"桥头堡"作用，加快东融西联步伐，在东融长春的

同时，积极向长吉图开放先导区和中蒙俄经济走廊拓展，主动融入国家"一带一路"倡议。向西积极融入四平、辽源、铁岭、通辽经济协作区，承接沈阳、大连、鞍山、营口、铁岭等地区的产业转移，推进优势产业的合作。畅通"东融西联"通道，为建设长春—公主岭—四平经济合作区奠定基础。

（二）推动产业转型升级，为经济发展提质增效

发挥产业基础优势，着眼产业转型升级和增强核心竞争力，形成产业发展新格局。加快汽车配件加工业和农产品食品加工业两大支柱产业的结构优化和规模扩张。推动汽车配件加工业内部结构调整，产业技术升级，整车品牌提升，生产服务领域拓展，由粗笨重低向多车型配套，向总成、整车系统化、模块化方向发展，向电子化、智能化、轻量化产品拓展，逐步向汽车零部件展示、汽车美容装饰、维修保养、保险、租赁、改装等汽车后服务延伸，进一步提升与扩大配套知名品牌能力和覆盖面。促进农产品食品加工业产业链的构建和延伸，推进由初级加工向精深加工方向拓展、由简单的农产品保鲜加工向绿色保健即食产品加工拓展、由单一生产过程向循环经济方向拓展、由市场开拓向品牌建设方向拓展。积极推进以龙头企业为核心的产业链建设，促进以分工合作为基础的紧密型产业集群发展。壮大装备制造业、能源与新能源产业、建材及新型建材产业、医药化工产业和膨润土产业五大特色产业。培育一批生物医药、生物制造、电子信息、新能源汽车、节能环保材料等战略性新兴产业。推进工业化与信息化深度融合，加速发展网商、电商等新型商业模式的全产业"互联网＋"发展。

（三）加快创新驱动，培育经济发展新动力

推进体制机制创新，制定合理的激励政策措施，完善区域创新创业条件，加快形成同市场紧密对接、充满内在活力的新体制和新机制；推进开放创新，以拓宽开放领域、扩大开放总量、提高开放层次为重点，扩大开放拉动作用，补齐经济发展动力短板，培育经济发展的混合动力；推进"大众

创业、万众创新"，发挥行业领军企业、创业投资机构、社会组织等社会力量的作用，有效利用长春高新区、大学科技园和高校、科研院所的有利条件，盘活利用政策工具、仪器设备、厂房等资源，降低创业成本和门槛；强化创新驱动的发展理念，集聚资源要素、提升创新载体、提供创新服务、打造产业创新链条；着眼前沿，释放传统和新生的发展优势，提升产业竞争力和区域竞争力，把创新作为培育内生动力的关键贯穿于发展始终。

（四）加强教育支出和科技投入，建设知识城市

落实教育优先发展战略，促进城乡基础教育均衡发展。强化义务教育资源均衡分布，加强公办校管理，规范民办校行为，实现行政区域内义务教育均衡发展；加快普及高中教育，推进高中教育优质化；普及学前教育，加快标准化建设，鼓励多元化投入；大力开展职业培训，深化产教融合与校企合作，促进企业参与职业教育，提升职业教育对促进经济社会发展的贡献力。建立健全科技创新体系，促进科技与经济融合发展。积极搭建科技创新平台，支持创建膨润土精深加工、新能源汽车、轨道客车、汽车热成型等技术设备研发中心；培育科技创新人才，引进科技管理人才和创新管理团队，打造现代化的企业家队伍，促进各类人才协调发展；提升科技创新能力，强化企业的创新主体作用，引导其加大研发投入；加快推进自主创新和科技成果产业化，加强科技信息流动和公共技术服务，启动公主岭市科技综合服务平台建设，发展科技创新中介机构；创新政府科技资金投入和引导方式，加大资金扶持力度，扶持本地企业自主研发成果落地转化，激发企业创新活力。

（五）完善社会保障和就业服务体系，营造和谐城市

加强社会保障体系建设，探索更加灵活的社会保障制度。实现城镇居民基本养老、医疗、生育、失业、工伤和新农合参保全覆盖，新型农村养老保险试点范围实现全覆盖，提高社会保险待遇水平。建立社会保险待遇调整机制，完善基本养老保险、企业年金和个人储蓄养老保险相结合的多层次养老

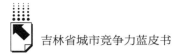

保险体系。实现医疗、工伤保险市级统筹,扩大医疗保险门诊大病范围,逐步提高医疗保险最高支付限额。加强就业服务平台建设,提供多层次就业信息,开展多形式培训,引导农村劳动力合理有序流动,创造更多就业机会,促进就地就近转移就业,鼓励和引导外出务工人员返乡创业。完善农民工社会保障制度,维护农民工合法权益,提供切实有效的基础保障服务。扶持产业推动就业创业,推进小微企业吸纳就业,鼓励失业人员创业就业。建设企业家队伍,鼓励企业聘用优秀技术和经营管理人才,引导培养企业家社会良知、履行社会责任,突出保障和改善民生,从人民群众最关心、最直接、最现实的利益问题入手增进人民福祉,营造和谐城市。

参考文献

《吉林统计年鉴 2016》。
《吉林省城市竞争力报告（2016）》。
《公主岭市政府工作报告（2016）》。

B.16
吉林省城市竞争力（延吉市）报告

孙葆春 *

摘　要： 延吉市社会经济稳步发展，综合经济竞争力在吉林省县市中处于稳定的领先地位，可持续竞争力排名蝉联榜首。文化城市竞争力与和谐城市竞争力快速提升，生态文明建设成为重点发展方向。但仍然存在着综合增量竞争力有待增强，科技投入与社会保障、就业和医疗卫生支出水平较低，外资利用程度不高，公路网密度较低，资源利用效率较低等问题。在今后的发展中优势产业竞争力将持续提升，区域性中心城市辐射力不断增强，对外开放新格局逐步形成，绿色便捷的宜居城市建设日趋完善。为进一步提升城市竞争力，延吉市还需培育经济增长新动能，加快产业转型升级，深入扩大对外开放，保护生态环境，打造和谐宜居氛围。

关键词： 产业转型升级　对外开放　资源利用　延吉

　　延吉市位于吉林省东部，长白山脉北麓。作为吉林省延边朝鲜族自治州的首府，延吉市地处延边朝鲜族自治州中心地带，周边由敦化市、安图县、和龙市、龙井市、图们市、珲春市、汪清县 7 县市依次环绕拱卫，是延边朝鲜族自治州的政治、经济和文化中心。截至 2015 年，延吉市总面积 1748 平方公里，辖 6 个街道、4 个镇。

---

　　* 孙葆春，吉林省社会科学院农村发展研究所副研究员，博士，研究方向：农业经济理论与政策。

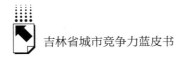

表1 2015年延吉市基本情况

项目	市域数据
辖区面积（平方公里）	1748
总人口（万人）	54.13
GDP及增长率（亿元,%）	309.47,5.27
三次产业比例	1.79：41.63：56.58

资料来源：《吉林统计年鉴2016》。

延吉市是一个极富朝鲜族民族特色的城市，全市户籍人口54.13万人，朝鲜族人口30.84万人，占总人口比重的56.97%。延吉市的非农人口比例达到91.5%，是2017年全国中小城市综合实力百强县市中吉林省唯一的上榜县市。由表1中的三次产业比例可见，延吉市第二、第三产业的比重之和达到98%以上。第三产业比重已经超过工业经济，并且以商贸流通、旅游餐饮等服务业为主。

延吉市在新的经济形势下，加快产业结构调整与产业转型的节奏和步伐，通过项目建设逐步提高有效投资水平，稳步推进供给侧结构性改革，培育经济增长的内生动力。2015年，延吉市综合经济竞争力指数在吉林省20个县级市中居第三位，指数为0.924，仅仅位列梅河口市（指数为1）和公主岭市（指数为0.93）之后；可持续竞争力表现突出，在全省20个县级市中排名蝉联榜首，尤其是在知识城市竞争力、全域城市竞争力、信息城市竞争力、文化城市竞争力等方面，持续发展的竞争优势明显。

一 格局与优势

（一）总体概况

延吉市克服经济下行压力影响，转变经济发展方式，促进产业结构转型升级，大力实施绿色转型、开放先导、文化引领的发展战略，实现经济社会更好更快发展。

1. 社会经济发展状况

2015 年延吉市实现地区生产总值 309.47 亿元，同比增长 5.27%。生产总值位居公主岭、榆树、德惠、梅河口、扶余市之后，在县级市中排第 6 位。地区生产总值增长率上年为负值，2015 年不仅实现了扭亏为盈，而且增长率在 20 个县市中排名第五位，排在和龙、双辽、公主岭、集安市之后。但是前四个县市的增长率都超过了 7%，尤其是和龙市，接近 10%。而延吉市与敦化、德惠、扶余等县市差距很小，增长率都在 5% 左右。延吉市实现人均地区生产总值 57455 元，居珲春、临江、桦甸三个县市后的第四位，比上年增长 4.18%。相比全省人均地区生产总值，延吉市人均 GDP 要高出 6369 元。三次产业结构由 2014 年的 1.8：43.9：54.3，优化调整为 2015 年的 1.79：41.63：56.58。第一产业、第二产业比重持续下降，第三产业比重稳定上升。2015 年延吉市投资力度较大，全年完成固定资产投资 241.4 亿元，同比增长 10.25%，低于公主岭、梅河口两个省直管市和磐石市。延吉市经济收益水平较高，2015 年实现地方公共财政收入 27.5383 亿元，比上年增长 5.9%，在 20 个县市中略低于梅河口市。延吉市的对外贸易额在县级市中，仅次于珲春市和敦化市，2015 年达到 1.679 亿美元。

2. 人民生活和社会保障状况

延吉市人民生活水平不断提升，购买力不断增强。城乡居民收入水平在 20 个县市中都列首位。2015 年，延吉市城镇居民人均可支配收入 28500 元，农村居民人均纯收入 12287 元，分别比上年增长 6.1% 和 3.8%。尤其是城镇居民人均可支配收入，比第二位的公主岭市高出接近 4000 元。农民人均纯收入是吉林省县市中唯一能达到 12000 元水平的县级市。延吉市城乡居民消费水平较高，在 20 个县市中，以 226.317 亿元的社会消费品零售总额居第一位，比上年增长 6.66%。民生保障工作扎实开展。全力推进脱贫扶贫项目，累计投入各类扶贫资金 24.4 亿元，先后有 12.4 万农村贫困人口实现脱贫，贫困发生率由 29% 下降到 7.3%。社会保障程度较高，基本养老保险参保人数、基本医疗保险参保人数、失业保险参保人数占年平均人口的比重，在县级市中居第二位，仅次于图们市。

3. 科技、教育和文化发展状况

科技创新是经济发展的重要动能，延吉市加大了科技投入力度。2015年科技经费支出6568万元，在县级市中仅次于梅河口市与敦化市，与敦化市只相差11万元。延吉市每万元财政收入支出的科技经费是0.0239万元，高于全省平均水平23.5%。2015年获得专利授权数177件，在县级市中遥遥领先。利用教育储备人才资源，促进经济发展是延吉市的一个突出特点。延吉市是吉林省唯一具备普通高等教育资源的县级市，各层次教育均衡发展。2015年，延吉市拥有高等学校2所、普通高中7所、普通初中25所、小学27所。其中延边大学培育博士研究生59人、硕士研究生1101人，仅次于吉林大学。本专科在校学生数19743人。2015年教育方面的支出为8.9亿元，比上年的教育支出增长了17.3%，在20个县市中居第四位。延吉市还十分注重专业技术人才队伍建设，每万人拥有专业技术人员477人，紧随梅河口、敦化、集安、蛟河、榆树等5个县市后面。作为一个富有民族风情的城市，延吉市文化事业繁荣发展，在各个县级市中表现尤为抢眼。2015年延吉市公共图书馆图书总藏量94万册，占20个县级市公共图书馆藏书总量的29.4%。延吉建有体育场馆3个、剧场影院3个。其打造的"快乐延吉大舞台""四季如歌"等文化品牌，为凝聚民心、民族团结，繁荣朝鲜族文化，建设和谐健康的生活氛围，奠定了深厚的基础。

4. 城市建设与卫生事业发展状况

延吉市作为一个旅游城市，交通基础设施尤为重要。2015年延吉高铁开通珲春—哈尔滨西、珲春—大连北、珲吉图等线路20对动车，延吉到长春的时间缩短到2个多小时。但是公路网密度较低，每平方公里行政区域面积的道路长度列吉林省县级市第18位。城市管理水平稳步提升，延吉市2016年再次获评"国家卫生城市"。作为"中国十大生态强县（市）""全国生态文明示范工程试点市"，延吉市生态文明建设不断加强，全市森林覆盖率达到62.7%，城市绿地率、绿化覆盖率、人均公园绿地面积分别达到

36.5%、40.1% 和 9.8 平方米。"两河" 流域水环境整治成效显著，延吉在 2015 年蝉联"中国十佳空气质量最优城市"冠军，荣获"2015 中国绿色竞争力十强县"称号。为解决"看病难""看病贵"问题，延吉市在吉林省内率先改革推行了"先住院、后付费"和基本药物零差率销售制度。2015 年，延吉市拥有医疗卫生机构床位 4289 张，医疗卫生机构技术人员 4590 人，在各个县市中优势明显，均列首位。拥有执业医师 1860 人，仅次于公主岭市。

（二）现状格局

1. 综合经济竞争力处于稳定的领先地位

由表 2 可知，2015 年延吉市综合经济竞争力水平比上年略有下降，但是总体排名仍然稳定保持在第三位，位于梅河口、公主岭两个省直管市之后。延吉市连续三年综合经济竞争力都位于前三位，说明其经济实力较为稳定。但是从连续三年的变化看，延吉市的综合经济竞争力受到了其他县市的强势挑战，指数值处于下降趋势，尽管变动幅度不大，但也应当引起一定的重视。从综合经济竞争力的两大子项看，延吉市综合效率竞争力优势明显，连续三年蝉联第一。而另外一项子项指标，即综合增量竞争力则出现了指数值的下滑，这也是综合经济竞争力指数逐年下降的原因。2015 年延吉市综合增量竞争力的排名由第 7 位上升至第 6 位，是因为 2014 年排名第一位的九台撤市设区，延吉市名次上升一个位次。

表 2 2013~2015 年延吉市综合经济竞争力及分项指标排名

年份	综合经济竞争力		综合增量竞争力		综合效率竞争力	
	指数	排名	指数	排名	指数	排名
2013	1.000	1/20	0.704	6/20	1.000	1/20
2014	0.936	3/21	0.582	7/21	1.000	1/21
2015	0.924	3/20	0.565	6/20	1.000	1/20

资料来源：中国社会科学院城市与竞争力指数数据库、吉林省社会科学院城乡发展指数数据库。

2. 可持续竞争力蝉联榜首

如表 3 所示，2015 年延吉市可持续竞争力指数为 0.924，与前两年相比较，指数值略有下降，但是仍然在20个县级市中居首位。从可持续竞争力的分项指标来看，2015年延吉市知识城市竞争力仍然保持第一位，且五星级，保持稳定的领先地位。其他两个五星级子项指标，分别是全域城市竞争力和信息城市竞争力。全域城市竞争力排名由前两年的第三位提升到第一位，城乡一体化发展又有了新的突破。信息城市竞争力排名由前两年的第五位提升到第三位，竞争实力有所增强。四星级的两个分项指标分别是文化城市竞争力与和谐城市竞争力，排名位次比前两年都有所提升。文化城市竞争力由上年的第10位，迅速提升到第4位，2015年延吉市在朝鲜族文化高地建设中成效显著。和谐城市竞争力由上年的第10位，迅速提升到第6位，在社会保障事业、就业、社会卫生医疗事业及社会安全保障等方面的发展，使其竞争实力又有所提高。唯一一个排名下降的分项指标是生态城市竞争力，由上年的第2位降至第14位，星级指数由四星级降至二星级。

表3 2013~2015年延吉市可持续竞争力指数排名及分项指标等级

年份	可持续竞争力		知识城市竞争力		和谐城市竞争力		生态城市竞争力		文化城市竞争力		全域城市竞争力		信息城市竞争力	
	指数	排名	等级	排名	等级	排名	等级	排名	等级	排名	等级	排名	等级	排名
2013	0.944	3	★★★★★	1	★★	8	★★★	3	★★★★★	8	★★★★★	3	★★★★★	5
2014	1.000	1	★★★★★	1	★★	10	★★	2	★★★★★	10	★★★★★	3	★★★★★	5
2015	0.924	1	★★★★★	1	★★	6	★★	14	★★★★	4	★★★★★	1	★★★★★	3

资料来源：中国社会科学院城市与竞争力指数数据库、吉林省社会科学院城乡发展指数数据库。

由图1可知，2015年延吉市城市竞争力及各个分项竞争力中，竞争力最为强劲的是可持续竞争力、知识城市竞争力、全域城市竞争力。信息城市竞争力与综合经济竞争力也表现十分突出。除此之外，文化城市竞争力与和谐城市竞争力还有上升的空间和潜力，生态城市竞争力则成为短板，需要进一步提升与加强。

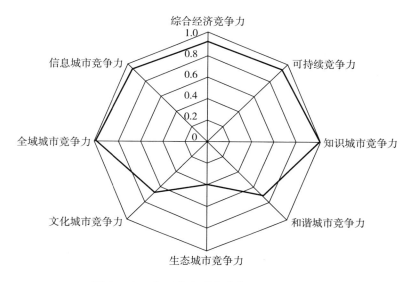

图1 2015 年延吉市城市竞争力指数雷达图

二 问题与不足

综观其城市综合经济竞争力、可持续竞争力的表现，可以看出延吉市城市竞争力发展中还有一些问题亟待解决。

（一）综合增量竞争力有待增强

2015 年延吉市的城乡居民收入水平都居各县市的首位，而且遥遥领先。但是，延吉市地区生产总值仅仅排名第六位，指数为 0.565，位居公主岭、榆树、德惠、梅河口、扶余市之后，并与这五个县市拉开了一定的距离，第五位的扶余市综合增量竞争力的指数值为 0.702。延吉市地区生产总值增长率在 20 个县市中排名第五位，排在和龙、双辽、公主岭、集安市之后，2014 年甚至出现了负增长。2010～2015 年的六年里，延吉市的地区生产总值排名都是在第六位左右，只有 2013 年以微弱优势上升至第五位。延吉市实现人均地区生产总值 57455 元，位居珲春、临江、桦甸三个县市之后。因

吉林省城市竞争力蓝皮书

此，从地区生产总值的总量、增长率、人均地区生产总值等方面看，延吉市的经济发展速度还有待进一步提高。由于综合增量竞争力的负面作用，尽管延吉市的综合效率竞争力指数一直居于首位，但是综合经济竞争力指数陷入连年缓慢下降的境地。

（二）科技投入与社会保障、就业和医疗卫生支出水平较低

2015 年，延吉市用于科技创新投入的经费支出为 6568 万元，从绝对数量看要低于梅河口市（11058 万元）和敦化市（6579 万元）。从科技经费支出占财政收入比重的相对数量看，延吉市在 20 个县市中仅排名第八位。位于蛟河、敦化、梅河口、洮南、集安、龙井、磐石 7 个县市之后。其中除梅河口市外，其他 6 个县市的综合经济竞争力和可持续竞争力，都排在延吉市之后，但是其对于科技创新的重视程度显然排在延吉市之前。尽管作为唯一一个拥有普通高等教育学校的县级市，延吉市在人才培养和教育资源方面，比其他县市要优越许多，同时也为延吉市知识城市竞争力增分不少，但是延吉市对于通过科技研发、技术创新来培育经济增长新动能的意识还显不足。此外，延吉市财政支出中，用于社会保障、就业和医疗卫生事业的人均支出水平较低，在 20 个县市中排名第 15。2015 年延吉市社会保障和就业支出 7.2 亿元，医疗卫生支出 3.58 亿元，人均支出水平在延边朝鲜族自治州 6 个县市中居于末位，不足临江市的一半。这说明延吉市在社会保障事业发展上还有一定的提升空间与潜力。

（三）外资利用程度不高，公路网密度较低

延吉市是一个开放的城市，但是在对外贸易方面出口额不及珲春和敦化市，尤其是当年实际使用外资金额占固定资产投资比例偏低，在 20 个县市中仅排在第 15 位。这说明延吉市目前的产业发展不能吸引外资的流入。更为深层次的原因是目前的产业不能带来可观的投资回报。从三次产业比例看，延吉市的第二产业比重高达 41.63%，如果不能吸引资金的流入，则与"工业强市"的战略目标不相吻合。延吉市立体化的交通网络已经初步形

成，朝阳川机场已经开通国内外多条航线，海路运输开通了海陆联运航线，铁路则开通了高铁动车，但是唯独公路交通运输便利程度不是很理想。从公路网密度看，延吉市公路里程489公里，每平方公里行政区域面积的道路长度，在20个县市中排第18位，仅优于珲春市和敦化市。这与延吉市作为图们江流域"金三角"支点城市的地位不符，也有悖于延吉市大力发展旅游业的战略目标。

（四）资源利用效率较低，生态环境保护仍需加强

作为"中国十大生态强县（市）""全国生态文明示范工程试点市"，延吉市的生态文明建设不断加强，但是在经济发展过程中，对自然资源的利用效率较低。2015年延吉市供水总量5205万吨，绝对数值居各个县级市之首。从单位用水量的GDP看，每吨水产生的GDP仅为594.5元，在各个县市中排第19位。2015年延吉市全社会用电量的绝对数值仅次于磐石市，而每度电的GDP为27.3元，在各个县市中排第14位。由此可见，延吉市资源节约利用、有效利用的意识不够，可持续发展没有得到深入贯彻，导致生态城市竞争力指数下滑。延吉市的生态环境先天条件非常优越，获得"中国十佳空气质量最优城市"冠军、"2015中国绿色竞争力十强县"等多项荣誉称号。但是延吉市在经济发展中对环境的保护意识不够，单位GDP的二氧化硫排放量在吉林省县级市中排第11位。这些是导致延吉市生态城市竞争力下降的重要因素。如果不加以重视，将会波及延吉市的旅游产业，进而影响综合经济竞争力水平。

三　现象与规律

（一）综合经济竞争力企稳向好

综合经济竞争力保持稳定优势，下降幅度收窄。2015年，综合效率竞争力仍然保持强劲，延吉市虽然行政区域面积不大，但是实现了较高的地区

生产总值与经济效益，支撑其综合效率竞争力连年保持首位。但是近年来受经济大环境的影响，延吉市的经济增长速度减慢，增长幅度趋于缩小，导致综合增量竞争力连年下降。但是从指标值可以看出，2015 年的下降幅度明显缩小，说明经济开始回暖。受综合增量竞争力的影响，综合经济竞争力也出现了连续两年的小幅下滑。2015 年延吉市的地区生产总值一举扭转了2014 年出现的负增长势头，实现了 5.27% 的增长率。人均 GDP 在各个县市中列第四位。财政收入水平较高，2015 年实现 27.5 亿元的财政收入，仅仅比梅河口市低 5737 万元。城乡居民收入水平也有了显著提高，分别比上年增长 6.1% 和 3.8%，而且在 20 个县市中都是居于首位。因此，伴随着延吉市的经济增量增长幅度逐年加大，综合经济竞争力也会逐步提高，打破徘徊不前的困境。

（二）可持续竞争力保持强劲态势

2015 年，延吉市可持续竞争力的 6 个分项指标，有 1 个指标蝉联冠军，4 个指标的排名出现了明显跃升。支撑延吉市可持续竞争力的主要是知识城市竞争力、全域城市竞争力和信息城市竞争力。延吉市知识城市竞争力较强主要得益于教育事业均衡发展，专业技术人才队伍建设较为完善。尤其是延吉市的高等教育与人才培养方面，是其他县市所不能比拟的。延吉市朝阳川镇进入国家建制镇试点，在城乡一体化建设方面走在各个县市的前列，城镇人口比例高达 91.5%。开放型的城市，提升了延吉市的可持续竞争力水平。作为一个旅游城市，延吉市的开放、便捷条件是一个基础要求。2015 年延吉市的对外贸易出口额仅次于珲春市和敦化市，实际使用外资额仅次于梅河口市。延吉市拥有各个县市中最多的互联网、移动电话用户，被评为 2016年中国城市信息化 50 强城市。2015 年延吉市开通了 20 组高铁动车，延吉朝阳川国际机场更是开通了国内外多条航线，扩大了延吉市的连通范围。因为延吉市在互联网、移动电话等信息交流方面以及立体化的交通设施方面，都在各个县级市中拥有无可比拟的优势地位，所以信息城市竞争力成为其可持续竞争力持续强劲的一个影响因素。

（三）文化城市竞争力与和谐城市竞争力快速提升

2015 年，延吉市的文化城市竞争力与和谐城市竞争力排名分别上升了 6 个位次、4 个位次。延吉市作为我国朝鲜族文化的高地，积极开展非物质文化遗产的保护工作，2015 年省级非物质文化遗产达到 12 个。而且文化事业发展得有声有色，成为凝聚民心、促进民族团结、提高人民生活幸福指数的重要举措。延吉市加强各项社会事业发展。卫生医疗设施资源丰富，积极进行改革试点，保障硬件设施和软件条件的改善优化，同时改善民生福祉，提高人民生活的环境卫生、治安防控与食品安全、出行便利条件，促进了和谐城市竞争力的提升。

（四）生态文明建设成为重点发展方向

延吉市的生态城市竞争力出现了星级的下降和排名的大幅下降。其中，单位 GDP 耗水总量、耗电总量指标成为生态城市竞争力指标体系中的弱项，单位 GDP 工业二氧化硫排放量、自然保护区建设等指标指数值较低，使生态城市竞争力指数得分受到不利影响。因此今后一段时期，延吉市继续实施大力发展旅游产业和服务业的战略，必须保持延吉市良好生态环境质量，加强生态文明建设。这主要包括三个方面，一是注重资源节约利用，提高资源的有效利用率；二是注重环境质量保护，减少工业废气、废水以及固体废弃物的排放量，同时保证排放符合环境保护标准；三是注重保护生态资源，加快自然生态保护区的建设，打造和谐、宜居的生态环境，提高生态城市竞争力水平。

四 趋势与展望

（一）优势产业竞争力持续提升

从延吉市的三次产业结构可以看出，第二、第三产业是其产业重心。延吉市作为"中国十大生态强县（市）""全国生态文明示范工程试点市"，工业发展必须以生态环境保护为前提。因此，目前延吉市的工业经济发展，凭借长白山的地缘优势，发展医药产业；充分利用朝鲜族民族风情浓郁的特点，发展韩食加工产业。加快现代服务业发展，打造大数据平台，融合交通运输、实体商贸、餐饮旅游、电子商务、物流流通等服务业产业项目的建设。突出发展旅游业，凭借现代立体交通网络建设，加强旅游硬件设施条件改善，彰显延吉市"生态、化石、冰雪、民俗"四大特色，创建全域旅游的新的发展模式。凭借医药、食品等工业经济，旅游、餐饮等第三产业的发展，延吉市产业结构将进一步转型升级，竞争力水平也会进一步提升。

（二）区域性中心城市辐射力不断增强

从地理位置看，延吉市恰好处于延边朝鲜族自治州的核心区域，其他7个县市拱卫周边。从经济总量来看，延边朝鲜族自治州8个市县中，延吉市的地区生产总值占比36%，其他7个县市的经济实力与延吉市相差较远。因此，延吉市作为延边朝鲜族自治州，甚至是吉林省东部地区的区域性中心城市，肩负着发挥极化效应与扩散效应的重任。延吉市依靠其综合经济实力、企业规模效益、对外开放活力、基础设施支撑能力、综合服务水平、科技研发水平等各个层面的先进性，在经济、政治、社会、文化等方面带动、组织周边县市的区域经济发展。如通过推进一批高附加值、高技术含量和低污染、低能耗的绿色税源型产业项目，实现产业集聚化发展，并带动周边县市的上下游相关产业协同发展。加快现代技术研发进度，并将成熟的技术和项目向周边县市扩散。

（三）对外开放新格局逐步形成

延吉市具有东邻朝鲜、俄罗斯，与韩国、日本隔海相望的地理位置优势，周边的12个对外口岸可以带来巨大的商机。近年来，延吉市着力打造立体化交通网络，特别是国际空港建设，为延吉市对外开放奠定了良好的设施基础。作为"中国城市信息化50强城市"，延吉市的信息交流硬件设施也相对完善。对外贸易加快发展速度，打通跨境电子商务及外贸企业对外贸易快速通道。培育具有一定规模和实力的外贸龙头企业，带动小微贸易企业抱团发展。持续畅通对外通道，不断深化与 14 个国际友好交往城市全方位的交流与合作，进一步拓展国际合作新空间。总之，从产业结构布局、基础设施建设、经济组织培育、对外合作交流等方面，打通对外开放的通道，构建延吉市对外开放的新格局。

（四）绿色便捷的宜居城市建设日趋完善

延吉市生态基础条件优越，全市森林覆盖率达到62.7%，城市绿地率、绿化覆盖率、人均公园绿地面积分别达到 36.5%、40.1% 和 9.8 平方米。城市管理水平不断提高，两次获评"国家卫生城市"。延吉市城市功能日益强大，居民出行便利，拥有国际空港连通国内外多条航线，高铁的开通大大缩短了居民出行时间；教育设施齐全，全市共计 45 所公办学校、114 所幼儿园；购物、就餐消费便利，韩国、俄罗斯、朝鲜及日本商品种类齐全，餐饮美食花样繁多，星级饭店客房总数 1255 间，远远超过本省其他县市。

五　政策与建议

（一）培育经济增长新动能，提升综合经济竞争力

延吉市综合经济竞争力的提升需要促进综合增量竞争力的提升，即需要加快经济总量的增长速度。这就需要找到适合延吉市实际情况的产业结构转型升级路径，培育经济增长的新动能。延吉市的传统支柱产业烟草制品业出现明显的下滑态势，对工业整体发展形成制约。因此，需要推进符合消费市场需求、高附加值的绿色产业项目，工业经济的定位主要是医药产业和食品加工业，而这两项产业的市场竞争日趋白热化。如何能在国内市场占据一席之地，主要出路还是依靠技术创新来驱动经济增长。一方面，增加技术创新的财政支出，培育战略性新兴产业群，促进高科技含量产品的孵化；另一方面，发

展新兴产业项目，培育新的经济增长极，这就需要创造良好的宜商环境，让一部分有潜力的企业迅速成长起来，带动延吉市新型工业整体实力提升。

（二）加快产业转型升级，突出服务业发展

延吉市的传统服务业主要支柱产业是商贸流通业和餐饮服务业。当下应在改造提升优化传统服务业的同时，积极发展交通、旅游、电商物流等新型产业。以百货大楼、万达广场等商贸企业为主的核心商业圈不断发展完善，但是随着人们生活方式的转变，电子商务平台将蕴藏更大的商机。延吉应通过推进众创大厦、移动互联网孵化园等平台建设，引进先进的电子商务企业入驻，带动延吉市电商行业的腾飞。推动商贸流通业持续繁荣发展，还需要促进现代物流业的配套发展。在物流产业园区的建设中，着重促进综合物流企业的加快成长。旅游产业是延吉市服务业的一大亮点，高铁的开通给延吉市的旅游业发展带来了机遇。省内其他地方的游客到延吉市品尝美食、休闲购物的可能性大大提高，因此旅游业的快速发展，也间接带动了餐饮、商贸流通业的发展。2015年，延吉市全年接待旅游者750.12万人次，比上年增长15.3%；旅游收入总计170.33亿元，比上年增长23.4%；旅游外汇总收入1.98亿美元，比上年增长23.8%。旅游收入主要还是来自国内游客，旅游收入的增长幅度大于旅客人数的增长幅度，意味着人均旅游消费收入有所增加。因此，在旅游业发展中不断深入创新，开发民宿资源，糅合民族风情、文化元素，打造延龙图文化旅游区，形成独特的旅游资源。

（三）深入扩大对外开放，发展对外贸易

延吉市发挥在图们江及东北亚地区对外开放平台作用，通过发展对外贸易，不断深入扩大对外开放。首先，全力做好延吉国际空港经济开发区对外开放"窗口"建设，集中各类发展要素和优势资源，通过建立科学高效的管理机制，高效率地推进园区各项基础工作。其次，延吉市通过整合有限的土地资源与生产要素，完善配套设施建设，吸引国内外资本流入。拓展招商领域，吸引具有一定经济实力和研发实力的大型企业入驻。政府管理机构做

好相关服务工作，构建延吉市诚信、高效的软环境。再次，完善对外开放的通道建设。不仅包括构建立体化交通网络，还要逐步完善相应的配套设施，不断增加开通延吉至贸易口岸国家的货运航线。通过延边检验检疫综合检测中心主体工程建设，充分发挥海关快件监管中心作用，打通跨境电子商务及外贸企业对外贸易快速通道。最后，稳步发展对外贸易，不断加深贸易合作层次，规范贸易合作方式。

（四）有效利用资源要素，保护生态环境

延吉市在经济发展中，单位 GDP 所耗费的水、电资源较多，该项指标在各县市中的排名处于下游水平。单位 GDP 工业二氧化硫排放量超出各个县市的平均水平，与其作为"全国生态文明示范工程试点市"的地位不相符合。在生态社会的建设中，要实现青山绿水共为邻，必须树立集约利用、循环利用的理念，不断为城市增添绿色，同时开展工业污染、燃煤小锅炉和机动车尾气治理，探索秸秆综合利用、餐厨废弃物资源化利用，扶持粉煤灰综合利用、垃圾填埋场渗透液处理等工程项目建设，发展循环经济模式。只有让绿色低碳的生产生活方式深入人心，才能确保延吉市这座生态优美的绿色宜居城市永葆发展活力。

（五）发展社会民生事业，营造和谐宜居氛围

一座城市只有能够吸引人才、留住人才，才能在市场竞争中立于不败之地。延吉市要成为一座幸福指数高的城市，必须大力发展民生福祉事业。延吉市财政支出中，用于社会保障、就业和医疗卫生事业的人均支出水平偏低，列 20 个县级市的第 15 位。应加大投入力度，不断健全就业服务体系，完善社会保障体系与社会救助体系，提高农村养老保险参保率，做到应保尽保；增大社会福利院的救助力度，救助失去生存能力的老弱残疾；发展社会养老事业，减轻家庭养老负担。均衡配置基本医疗卫生资源，全面推进健康城市建设，大力发展健康服务业。利用中超足球联赛、朝鲜族专业民俗演出等资源优势，丰富文化体育项目，活跃百姓生活，增进身心健康，同时提升文化产业的竞争力。

专题报告

Special Reports

B.17
房价稳定保障城市发展研究报告

苏虹蕾*

摘　要： 近年来，房地产业的快速发展，给城市带来巨大的经济效益。然而，伴随房地产业的快速发展，房价也一路攀升，房屋的消费属性被无限扩大，人们逐渐忽视其基本的居住属性，这不可避免地引发一系列严重的经济和社会问题。本文通过房价波动对城市经济发展、城市民生改善、劳动力流动和城市产业布局、城市科技创新和城市公共评价等五个方面影响的分析，得出房价过快上涨，只能给城市带来一段时期的快速发展，不能带来可持续的经济繁荣的结论。必须坚守"房子是用来住的、不是用来炒的"这一基本属性，保持房价基本稳定，才能促进城市全方位、可持续发展。本文结合吉林省

---

* 苏虹蕾，吉林省社会科学院机关党委助理研究员，研究方向：城市经济。

城市发展的实际情况，提出强化土地供应管理，合理配置土地资源；改变激励机制促进城市全方位发展；强调住房的居住属性，遏制投机炒房行为；完善住房保障制度，大力发展住房租赁市场等四条稳定吉林省房价的对策建议，以求让房价回归合理范围，并长期保持稳定。

关键词： 房价　城市发展　居住属性　吉林

一 稳定房价，让城市住房回归居住的基本属性

房屋具有居住和消费的双重属性，居住是其基本属性，消费（买卖和投资）是其衍生属性，在合理的范围内房屋买卖和投资可以促进资本的良性循环。1998年我国住房制度改革以来，房地产业的快速发展，给城市带来巨大的经济效益，使城市居民的住房条件得到很大改善。然而，伴随房地产业的快速发展，房价也一路攀升（见图1），房屋的消费属性被无限扩大，无论是个体抑或法人，都将房屋当作赚钱谋利的工具，逐渐忽视其基本的居住属性。

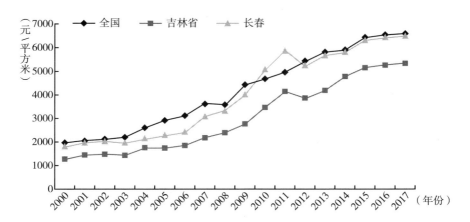

图1　2000～2017年全国、吉林省、长春住宅平均销售价格走势

城市中，日益上涨的房价不可避免地引发一系列严重的经济和社会问题，如加重城市购房者的经济压力、抑制城市普通劳动者住房的刚性需求和改善性需求、削弱城市居民对其他消费品的购买力、压缩其他产业的市场空间、阻碍城市经济产业体系的协调发展、抬高生活成本和工业成本、削弱城市实体经济的竞争力、阻碍城镇化进程、破坏创新型城市建设、扩大城市贫富分化、形成房地产泡沫，甚至会加剧金融风险、引发城市经济的长期衰退。例如，20 世纪 90 年代以前，日本房地产市场高速发展，成为日本经济快速增长的重要动力。但是到 1991 年，伴随日本房地产泡沫的破灭，当年房价即下跌 70%，日本经济从此陷入长期衰退。1997 年，亚洲金融危机爆发后的 5 年内，我国香港的房地产价格整体下跌 75%，香港经济受到重创。21 世纪初，美国房贷利率持续下降，推动了房地产业和经济的持续繁荣，次级房贷市场泡沫膨胀；2007 年，泡沫破裂引发次级房贷危机；2008 年，由美国次级房屋贷款危机引发全球金融危机，从购房者到次级抵押贷款机构，再到银行业，最终给世界经济带来严重影响，失业率激增，一些国家开始出现严重的经济衰退。因此，必须让房价回归合理范围，并长期保持稳定。

2016 年 12 月 14 日至 16 日，中央经济工作会议提出，"要促进房地产市场平稳健康发展，坚持'房子是用来住的、不是用来炒的'的定位，要综合运用金融、土地、财税、投资、立法等手段，加快研究建立符合国情、适应市场规律的基础性制度和长效机制。要在宏观上管住货币，落实人地挂钩政策。加强住房市场监管和整顿。"2016 年 12 月 21 日，在中央财经领导小组第十四次会议上，习近平总书记明确提出，"要规范住房租赁市场和抑制房地产泡沫，是实现住有所居的重大民生工程。要准确把握住房的居住属性，以满足新市民住房需求为主要出发点，以建立购租并举的住房制度为主要方向，以市场为主满足多层次需求，以政府为主提供基本保障，分类调控，地方为主，金融、财税、土地、市场监管等多策并举，形成长远的制度安排，让全体人民住有所居"。2017 年 2 月 28 日，在中央财经领导小组第十五次会议上，习近平总书记进一步指出，"建立促进房地产市场平稳健康发展长效机制，要充分考虑到房地产市场特点，紧紧把握'房子是用来住的、不是用来炒的'的定位，深入研究短期和长期相结合的长效机制和基础性制度安排。要完善一揽子政策组合，引导投资行为，合理引导预期，保持房地产市场稳定。要调整和优化中长期供给体系，实现房地产市场动态均衡"。

2016年10月以来，北京、天津、上海、广东等40多个省市相继出台房地产市场发展和调控的相关政策（见表1），提出了推进土地供给侧结构性改革、增加房地产市场有效供应、优化供应结构、强化交易管理、抑制房地产泡沫、促进房地产市场平稳健康发展等一系列政策，其中心目的就是稳定房价，让住房回归居住的基本属性。

表1 北京、天津、上海等省市房地产市场调控政策

（时间：自2016年10月以来）

省份	城市	房地产调控政策	提出的具体对策
	北京	《关于促进本市房地产市场平稳健康发展的若干措施》	强化"控地价、限房价"的交易方式。在严控地价的同时，对项目未来房价进行预测，试点采取限定销售价格并将其作为土地招拍挂条件的措施，有效控制房地产价格快速上涨
	天津	《天津市人民政府办公厅关于进一步促进我市房地产市场平稳健康发展的实施意见》《天津市存量房屋交易资金监管办法》《天津市人民政府办公厅关于进一步深化我市房地产市场调控工作的实施意见》	加强新建商品住房价格管控。房地产开发企业申请新建商品住房销售许可证时，应合理定价，并据实进行价格申报。对申报的新建商品住房平均销售价格明显高于项目前期成交价格或周边同类型在售商品住房平均交易价格的，实施必要的价格指导，不具备商品房销售方案条件的，暂不核发商品房销售许可证
	上海	《上海市人民政府办公厅转发市住房城乡建设管理委等四部门关于进一步完善本市住房市场体系和保障体系促进房地产市场平稳健康发展若干意见的通知》《上海关于促进本市房地产市场平稳健康有序发展进一步完善差别化住房信贷政策的通知》《上海市住房和城乡建设管理委员会关于进一步加强本市房地产市场监管规范商品住房预销售行为的通知》	加强对房地产开发企业和房产中介机构的监管，重点查处捂盘惜售、炒作房价、虚假广告、诱骗消费者交易等违法违规行为。对涉嫌违规的房地产开发企业和房地产经纪机构，一经查实，一律暂停网签，降低直至取消房地产开发企业资质，并列入行业信用管理"黑名单"。涉嫌违法犯罪的，移交司法机关处理

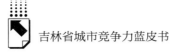

吉林省城市竞争力蓝皮书

续表

省份	城市	房地产调控政策	提出的具体对策
吉林		《吉林省住房和城乡建设厅关于做好房地产市场秩序专项整治工作的通知》	重点整治:通过捏造或者散布涨价信息等方式恶意炒作、哄抬房价。商品房销售中未执行销售价格"一价清"相关规定,销售现场未明码标价,在标价之外加价出售房屋或者价外收取相关费用等
黑龙江	哈尔滨	《关于加强我市房地产中介管理促进行业健康发展的意见》	建立房屋成交价格和租金定期发布制度。各级房地产主管部门要会同价格主管部门加强房屋成交价格和租金的监测分析工作,指导房屋交易机构、价格监测机构等建立分区域房屋成交价格和租金定期发布制度,合理引导市场预期
辽宁	沈阳	《沈阳市人民政府办公厅关于加强房地产市场调控工作的通知》	加强对三环区域及浑南区全域(不含沈抚新区)内在售商品住房项目的价格监控指导。对该区域2017年1月至6月期间商品房合同网签备案均价涨幅超过10%或单栋楼备案均价超过10000元/平方米的在售项目中未售房源,实行商品住房价格指导
河北		《河北省人民政府办公厅关于进一步做好房地产市场调控工作的实施意见》《住房公积金失信行为惩戒管理办法》	确定价格控制目标。城市政府要根据当地经济发展目标、人均可支配收入增长速度和居民住房支付能力,合理确定本地年度新建住房价格控制目标,并于2017年一季度向社会公布。各设区市年度新建住房价格控制目标4月10日前报省政府备案等
广东	深圳	《关于进一步促进我市房地产市场平稳健康发展的若干措施的通知》	调整住房户型结构,增加普通住房供应。增加中小户型、中低价位普通商品住房的供应。新增商品住房项目,套内建筑面积在90平方米以下的普通住房的建筑面积和套数占比不低于商品住房项目总建筑面积和总套数的70%
内蒙古		《内蒙古自治区人民政府办公厅关于加快培育和发展住房租赁市场的实施意见》	加快推进城镇保障性安居工程建设。积极构建以政府为主提供基本住房保障,以市场为主满足多层次需求的住房供应体系。完善租赁补贴制度,通过发放租赁补贴,增强低收入家庭在市场上承租住房的能力。适当发展共有产权房和限价商品住房,面向有一定支付能力的城镇中低收入住房困难家庭

二 房价波动对城市发展的影响

（一）房价波动对城市经济发展的影响

不可否认，中国房地产市场长期的快速发展，对城市经济发展起到了积极的推动作用。但同时，各种投机性资金及热钱涌入房地产市场，推动了房价的快速上涨。以房价收入比为例，世界银行的标准是 5∶1、联合国的标准是 3∶1、美国目前的比例是 3∶1、日本则是 4∶1，根据易居房地产研究院数据，2017 年上半年，我国 100 个大中城市房价收入比高于 20 的仅有 5 个城市，其中深圳、上海、三亚、北京分列前四位，达到 34.9∶1、26.2∶1、25.4∶1 和 23∶1。在全国 100 个大中城市房价收入比排名中，吉林省的长春、吉林两市也榜上有名，分别列第 52 位、第 65 位，房价收入比分别为7.4∶1、6.9∶1，均超国际标准值 2 倍。

表2　2017 年上半年全国 100 个大中城市房价收入比排名

排名	城市	比值	排名	城市	比值	排名	城市	比值	排名	城市	比值
1	深圳	34.9	26	南宁	9.6	51	桂林	7.5	76	焦作	6.3
2	上海	26.2	27	大连	9.5	52	长春	7.4	77	镇江	6.3
3	三亚	25.4	28	南昌	9.2	53	青岛	7.3	78	西宁	6.3
4	北京	23.0	29	哈尔滨	9.2	54	常州	7.3	79	乌鲁木齐	6.2
5	厦门	22.7	30	南通	8.8	55	盐城	7.3	80	洛阳	6.2
6	珠海	17.3	31	重庆	8.8	56	安庆	7.1	81	中山	6.2
7	东莞	13.9	32	昆明	8.7	57	淮安	7.1	82	南充	6.1
8	福州	13.7	33	徐州	8.6	58	蚌埠	7.0	83	马鞍山	6.0
9	南京	13.1	34	莆田	8.5	59	宜昌	7.0	84	九江	6.0
10	海口	13.0	35	济南	8.5	60	泉州	7.0	85	长沙	6.0
11	天津	12.8	36	芜湖	8.4	61	石嘴山	6.9	86	宿州	6.0
12	太原	12.3	37	佛山	8.4	62	台州	6.9	87	银川	6.0
13	汕头	12.0	38	滁州	8.3	63	无锡	6.9	88	常德	5.9
14	苏州	11.7	39	淮北	8.2	64	淄博	6.9	89	湖州	5.9
15	郑州	11.6	40	成都	8.1	65	吉林	6.9	90	泸州	5.9
16	石家庄	11.5	41	西安	8.1	66	铜陵	6.8	91	吉安	5.7
17	杭州	11.3	42	襄阳	8.1	67	金华	6.8	92	绍兴	5.7

排名	城市	比值	排名	城市	比值	排名	城市	比值	排名	城市	比值
18	合肥	11.2	43	兰州	8.0	68	秦皇岛	6.7	93	益阳	5.7
19	惠州	10.6	44	岳阳	8.0	69	日照	6.6	94	南平	5.6
20	温州	10.4	45	扬州	7.9	70	贵阳	6.5	95	泰州	5.4
21	广州	10.2	46	武汉	7.8	71	北海	6.5	96	六盘水	5.0
22	廊坊	10.1	47	六安	7.7	72	吕梁	6.4	97	呼和浩特	4.8
23	赣州	10.0	48	舟山	7.7	73	济宁	6.4	98	包头	4.3
24	宁波	9.9	49	漳州	7.6	74	沈阳	6.3	99	湘潭	4.2
25	衡水	9.7	50	宜宾	7.6	75	唐山	6.3	100	株洲	4.0

过高的房价不仅推升了土地价格，使企业的运营成本升高，压缩生产性投资，还会抑制居民消费，拉大贫富差距，激发社会矛盾，而高房价带来的更主要的风险是金融风险。而且，房价暴跌将导致开发商整个资金链断裂，没有强大资金作支撑，为了降低损失，大部分房企申请破产。截至2016年底，全国主要金融机构房地产贷款余额占各项贷款余额的26%，吉林省房地产贷款余额占各项贷款余额的比例也在20%左右，如果房价大幅下降将引发系统性金融风险。据有关部门统计，如果房价下降30%，银行将增加1万亿元的坏账，银行将会经受重创。房价的急剧下跌，除了打击开发商本身外，还将严重打击投资者对地产投资的信心，消费者的信心也会受到挫伤。鉴于房地产在中国经济中所占的比重，房价急剧下跌会导致经济从严重通货膨胀急剧转为通货紧缩，导致经济的硬着陆，中国经济将进入萧条期。因此，房地产的繁荣，只能给城市带来一段时期的经济繁荣，不能带来可持续的经济繁荣。必须坚守"房子是用来住的、不是用来炒的"这一基本属性，保持房价的基本稳定，降低金融风险，才能促进城市经济全方位、可持续发展。

（二）房价波动对城市民生改善的影响

房价过快上涨将使居民生活质量提高缓慢、负担加重。衣、食、住、行自古以来都是人最根本的生活需求，随着社会进步和经济的发展，城市的房价一路飙升，居民的收入和生活水平大幅度提高。从表面上看，吉林省城镇居民人均可支配收入增幅远大于吉林省房价的上涨幅度（见图2），但是通过2007~2015年吉林省住宅商品房平均销售价格涨幅与吉林省城镇居民人均可支配收入涨幅的对比（见图3），可以看出，除2008年和2012年外，其余年份吉林省住宅商品房平均销售价格涨幅均大于吉林省城镇居民人均可支配收入涨幅，有的年份甚至超出两倍。房价已经超出普通家庭的承受范围，给许多家庭带来了经济上的负担，居民把大量的积蓄用于购买个人住房，绝大部分收入也固化到房子上，其他消费支出相应减少，他们不敢旅游，不敢随便更换现有的固定工作，从而降低了家庭的生活质量，整体上抑制了城市居民消费水平的提高，致使居民实际生活质量提高缓慢。

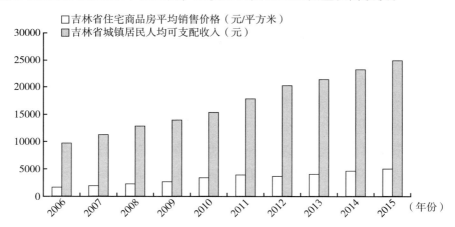

图2 2006~2015年吉林省住宅商品房平均销售价格与城镇居民人均可支配收入情况

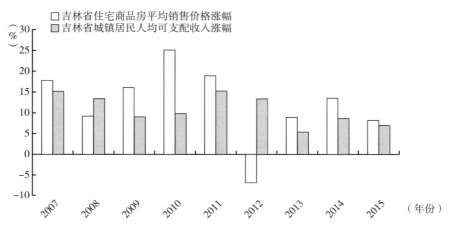

图3 2007~2015年吉林省住宅商品房平均销售价格涨幅
与城镇居民人均可支配收入涨幅对比

（三）房价波动对劳动力流动和城市产业布局的影响

房价会影响劳动力的流迁和企业的选址决策。对于劳动力来说，高房价会阻碍低技能劳动力流入并致使该区域内原有的低技能劳动者流出，而高技能劳动者则可以留下来，这导致区域间劳动生产率差距进一步拉大，从而影响经济收敛。高房价给劳动力的就业和生存带来了巨大压力。高房价更摧残着企业，对于不同生产率的企业来说，房价上涨会增加企业以工资和用地成本为主的运营成本，使低生产率企业倾向于在低房价地区经营并难以进入高房价地区，从而影响地区经济收敛。2016 年数据显示，有315 家上市企业年收入不足 1500 万元，也就是说，他们一年的企业利润在深圳还买不起 1 套房。上市公司尚且如此，更不用说中小企业了。在上海，即使是一个生意很好的公司，因为房租合同到期，房东猛涨房价，就算盈利翻倍也交不起房租，最后只好关门了事。高房价、高房租逼走和压垮了一个又一个有望高速成长的中小企业，尤其是创业企业。过高的房价会降低居民和区域企业的总效用，导致该地区劳动力流出以及企业重新选择区位甚至城市，在一些以制造业为主的城市已经出现大量产业的迁出甚至造成中心城市产业出现严重空心化现象（见图4）。因此，必须保持房价稳定，抑制房价过快增长。

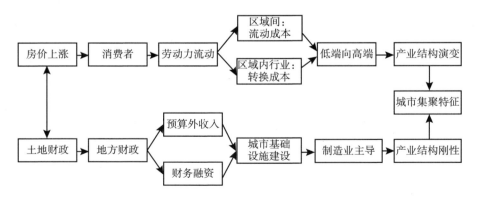

图 4 房价、土地财政与城市集聚特征的作用机制

（四）房价波动对城市科技创新的影响

房价上涨、房地产的非理性发展对科技创新起到抑制作用，主要表现在政府的财政过度依赖土地，从而影响了政府关注科技创新的动力。当房地产开发项目处于经济高回报阶段，就会有更多的企业家来投入，降低了企业家对科技创新投入的积极性。政府为了 GDP 的增长，更多的是关注土地的升值，住房土地的过度使用，占用了生态用地，占用了产业用地，导致新兴产业和初创企业的成本升高。有些城市已经出现大量房子空置的现象，所占用的土地无法回到原生态，造成土地的不合理使用。此外，创业动机被高额的成本压抑，创业过程承担了高房租的压力，降低了成功的概率。

让房价趋于稳定，有助于引导政府将目光转移到能够真正提升城市的整体实力的科技创新领域，从而不断促进城市的创造力、制造力和政治经济实力的提升，大力发展高科技产业，扶持更多有创新能力的企业家，增强创新人才的信心，为他们提供更好的生态环境和更大的政策支持，培育更多的科技原创、品牌创新，让科技创新带动城市实力的增强。

（五）房价波动对城市公共评价的影响

房价上涨加大城市居民贫富差距。房价过高导致的"马太效应"，使贫富差距越来越明显，城市中从事房地产相关行业的少部分群体可以通过高涨的房价获得收益，社会财富向少数人手里集中。中、低收入阶层则需要透支未来十几年甚至几十年的收入背负沉重的房贷负债，长此以往会造成社会财富分配不公平，进一步扩大贫富差距，危害社会的稳定。同时，房价上涨还将使城市失业率提高。从长期来看，房地产价格指数和城镇人口失业率之间存在均衡关系。有关研究表明，失业率对房价指数的长期弹性系数为0.306，即房价指数每上涨 10%，失业率会上升 3.06 个百分点。房价的上涨导致失业的增加，房价的过快上涨意味着房地产行业的投资回报率要超过其他行业，人们会将财富持有形式从货币和其他金融资产转为房地产，从而引起房地产行业的过度投资。由于房地产行业的直接就业带动效应并不高，资源大量向房地产行业集聚不利于增加就业。在高房价的压力下，部分企业为留住有才能的员工，只好提高工资，致使企业利润减少，阻碍企业的发展，企业为求平衡进行裁员，从而提高了城市的失业率（见图5）。

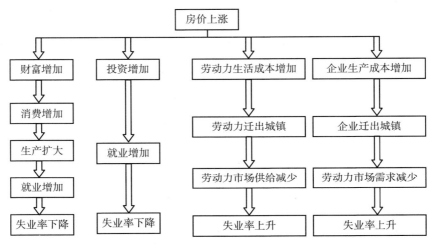

图5 房价对失业率的作用机制

三 房价稳定的对策建议

综上分析，可以看出只有房价的长期稳定才能保证城市持续健康的发展，要实现建设幸福美好吉林的目标就必须稳定房价。

（一）强化土地供应管理，合理配置土地资源

土地市场是房地产市场的源头，它直接决定着房地产市场上的供应量。因此，对于房地产一级市场的供应必须经过科学的论证，根据房地产市场的实际情况开放土地市场，既要防止过度从紧，又要防止过量供应。

吉林省房地产管理部门应强化土地供应管理，严格控制土地的供应量，规范建筑用地管理制度，促进土地的合理使用，并且要进一步完善土地储备

制度，有效控制土地的一级市场。对于一些过量供应或闲置建筑用地过多的地区，吉林省房地产管理部门应严格限制新的土地供应，而对于一些住房供不应求、房价涨幅过大的地区，可以适当增加土地的供应量。建立吉林省土地信息平台，定期进行土地调查，加强跟踪监测，并且及时公布待出让的土地、土地规划、价格评估等信息，防止信息的不对称。只有采取有效措施稳定地价，降低土地成本，才能有效地调控房价。

（二）改变激励机制促进城市全方位发展

地价、房价的节节攀升根源在于政府对土地财政和房地产税收的过度依赖。政府需要意识到土地财政虽然可以带来一时的经济增长，却会激发更多的金融风险和社会矛盾，不利于城市的持续健康发展，决不能为了一时的政绩而舍本求末、迷失方向。

吉林省想发展城市经济，必须寻找新的经济增长点。要大力发展旅游、养老、医疗、大健康等近年来吉林省快速发展的产业；提高对垄断企业的税收标准，避免垄断企业财富过于集中，加剧贫富差距；降低中小企业和民营企业的税收标准，积极鼓励和扶持有潜力的中小企业和民营企业，壮大其规模，增加其利润，激活这些企业的同时，引导资金向实体经济投放；大力培养和吸纳人才，不断鼓励创新创造，不断提高技术水平，不断加大对第三产业的投入，鼓励新兴产业的发展与壮大，要结合吉林省自身的特色和发展的实际情况，选择具有前景和持续性的特色项目，通过多种渠道激发吉林省各个领域的发展活力。

（三）强调住房的居住属性，遏制投机炒房行为

房屋的基本属性是居住，吉林省房地产管理部门必须首先满足房屋这一基本属性，遏制房屋价格的快速增长。而投机炒房无疑在房价的暴涨过程中起到了重要的推波助澜作用，要保持房屋价格的稳定必须遏制投机炒房的行为。投机者之所以选择炒房，是因为其高回报率，因此，要采取措施把对房产投资的回报率降低到一个合理范围。第一，增加投机者房产持有期限。投

机者对资金的时间价值较为敏感，时间越长，房产持有的成本就会越大。通过增加投资者房产的持有期限，可以达到抑制投机的目的。第二，差别化提高房贷利率。要在保护基本居住需求的前提下，对拥有多套房产的家庭提高房贷利率和首付比例，甚至暂停贷款发放，达到降低回报率、抑制投机的目的。第三，增加在房屋买卖中的交易税、购置税和使用过程中的物业税，使房屋交易成本上升，从而抑制投资需求。

（四）完善住房保障制度，大力发展住房租赁市场

吉林省房地产管理部门应该将住房当作社会福利和保障体系的重要构成。目前，国内的保障性住房包括经济适用房、两限房、廉租房等，因为进行保障性住房建设要花费大量资金，地方建设动力严重不足，致使这些保障性住房的供应量短缺，且功能常常被扭曲，低收入者往往很难真正购买到此类住房。同时，国内住房租赁市场较为混乱，政府对于私人住房租赁市场的管理力度不够，导致大城市房租价格过快上涨，租客的居住权益无法得到保障。由政府主导的公共租赁市场规模仍然很小，难以满足大量中低收入者的住房需求。因此，吉林省房地产管理部门要充分发挥对住房市场的引导和管理作用，遏制城市房价的过快上涨，对于那些无房的居民提供保障住房，引导社会资金建设公共保障性住房，完善吉林省公租房体系，培育商品房租赁市场。

参考文献

黄奇帆：《建立房地产调控五大长效机制》，《第一财经日报》2017 年 5 月 31 日。

张江涛、闫爽爽：《房价稳定与政策性住房金融体系：德国的启示》，《金融与经济》2017 年第 6 期。

李静、孙琦、李娜：《关于稳定三线城市房价的对策建议》，《经济师》2015 年第 10 期。

《住宅平均价格》，国家数据网，中华人民共和国国家统计局。

《房价收入比》，易居房地产研究院。

B.18
长春新区助力城市发展研究报告

宁维 吴迪 郭洪岩*

摘　要： 长春新区是全国第 17 个国家级新区，是吉林省新型城镇化试点和长春市城区空间拓展的重点区域。长春新区的发展对长春市的城市竞争力以及全省的城市竞争力都会产生重要影响。为此，本文以长春新区为对象，在梳理有关重大举措、总结相关问题的基础上，提出相关对策建议。

关键词： 新区　城市竞争力　长春

　　长春新区是国务院于 2016 年 2 月 3 日批复的、全国第 17 个国家级新区，规划面积近 500 平方千米，属于《全国主体功能区规划》明确规定的国家重点开发区域，基础设施及市政配套比较完善，发展承载能力较强，生态环境优良，人居环境优美，区内森林覆盖率、空气质量、水资源质量等生态指标优于全国平均水平，是吉林省新型城镇化试点和长春市城区空间拓展的重点区域。2017 年上半年，长春新区地区生产总值完成 401 亿元，规模以上工业产值实现 393.6 亿元，固定资产投资完成 245.6 亿元，一般公共预算财政收入完成 11.4 亿元，新增各类市场主体 2705 户，主要指标占长春市 1/6 左右，占长春市区的 1/5 以上。可以说，长春新区建设对于长春市城市竞争力的提升具有巨大的支撑作用。

＊ 宁维，吉林省发改委经济研究所副研究员；吴迪，长春新区党工委综合处，副研究员；郭洪岩，长春新区党工委综合处研究实习员。

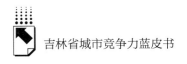
一 长春新区助力城市竞争力提升的重大举措

（一）"招商引资、项目建设、结构优化"三驾马车并驾齐驱，产业发展对城市竞争力形成强力支撑

一是招商引资取得丰硕成果。2017 年上半年，长春新区利用内资147.95 亿元、外资 14.37 亿美元，分别同比增长 63.25% 和 61.27%；新引进项目 54 个，其中计划总投资亿元以上项目 33 个，储备包装优质项目67 个；深化"招商、落位、投产"一条龙服务，健全完善招商工作机制，新增 3 个产业办公室，产业办公室总数达到 15 个，进一步提升了招商、服务的针对性和效率。二是项目建设步伐不断加快。新区全年计划开工项目423 个，上半年开工 387 个，开工率达到 91.5%。开工项目中，有总投资220 亿元的中能东道新能源汽车产业园，加快冲压、焊装、涂装等车间建设，年底完成部分厂房工程及部分设备订购；总投资 54 亿元航天信息产业园，正在进行外墙封闭，年底天字形厂房投入使用；总投资 40 亿元长德智能装备产业园，加快厂房主体工程建设，年底完工；总投资 48 亿元的长春铁路综合货场，正在进行土石方整理工程。此外，温德克通航制造产业园、华阳玄武岩纤维、光电和智能装备产业园、亚泰医药产业园、东北亚（长春）国际机械城等一批重大项目都在加快推进。三是产业结构不断优化。上半年，战略性新兴产业实现产值 120.3 亿元，同比增长21.9%，以祈健生物、金赛药业、百克生物等为代表的生物医药产业保持良好发展态势。龙翔、空港、长德、物流中心四大商务区，以及天都国际商务中心、欧亚北湖购物中心和汇集城市商贸中心等生活性服务业项目，按计划加快推进；科技创新、国际金融、国际交流与合作、国际物流集散、数据信息和检验检测认证六大中心生产性服务项目，陆续发挥服务功能。围绕构建农业生产体系、产业体系和经营体系，积极引进建设一批优质农业产业项目，易华录智慧产业园、晰晰现代农业产业基地相继开工，

怡科农业功能保健食品研发及生产基地已开工建设，中国农业科学院产学研国际合作基地、长白山食品产业园、鑫源蛋制品及蛋黄素生产加工等项目正加快推进。

（二）基础设施和民生项目比翼齐飞，切实增强城市竞争力

一是基础设施建设进一步推进。"三路七桥"基底施工基本完成，部分路段开始铺设路面；空港开发区路网和15条地下管廊加快建设；轨道交通空港线的中心广场站、建兰街站、民俗馆站正在进行基础施工，交通枢纽前期工作稳步推进；北湖快轨一期正在架梁。伊通河北段治理工程2017年已完成投资7658万元，北湖沿线河道清淤工程正在收尾，景观绿化、水环境治理等工程全面铺开；干雾海河、石头口门水库坝下至长吉北线段治理工程已经启动，正在进行河道清淤。高新、北湖及北湖生态公园环境提升工程陆续实施，2017年已完成投资2680万元，重点区域、重要景观提升工程按序时进度推进。二是社会事业和民生项目加快建设。英才、慧仁、明达、尚德学校工程进度已完成80%，长春市十一高分校正在进行基础施工；长春工大北湖校区三期项目正在进行外墙面保温施工；长德开发区东方职业学院宿舍楼等附属设施完工。吉大中日联谊医院北湖分院、省第二人民医院综合楼、国健妇产医院、通源医院二期等项目加快推进；奥体公园项目主体结构已完成，正在进行外立面施工；长春市体育健身指导中心项目正式开工；高新区群众文化馆已进入内部装修阶段。上半年，新开发就业岗位4200个，安置被征地农民3300人，提供高校毕业生就业岗位3160个，全面建成"半小时就业援助服务圈"；将符合建档立卡条件的贫困人口全部纳入农村低保，新农合筹资1785.6万元，实际参合率达到96.9%。组织安全生产应急演练，深入开展安全生产春季行动，对重点行业领域进行专项整治。畅通信访渠道，规范信访秩序，信访事项及时受理率和按期办理率达到100%。

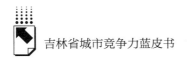
（三）科技创新和制度创新联动支撑，切实增强城市竞争力可持续发展动能

一是加快科技创新平台和体系建设。长东北科技创新中心新引进高水平研发项目2个，总数达到62个，光电子、新材料等专业技术平台运行顺利，生物医药平台启动建设；北湖科技园一期入驻企业达到140户，二期开工建设；全区技术交易额达160亿元；中白科技园、北湖激光产业园启动建设；中国科学院苏州医工所项目签约落位，正在按计划推进建设。摆渡创新工场获评全国创业孵化示范基地，长光T2T创业工作室被认定为国家级众创空间。工大科技园被认定为省级科技企业孵化器和省级大学科技园，全区新建、在建孵化器和众创空间等孵化载体30个；承办了中国海外人才创新创业大赛，中央政治局委员、国家副主席李源潮参加了会议，会上，以丘成桐院士人才项目为代表，共有六个高科技项目签约落位，还有10余个项目正在深入洽谈。长春新区科技创新服务平台正式开通，在全省率先推行"创新券"制度，运行4个月，交易额达462.1万元，促成高企、小巨人企业知识产权申报量同比增长140%。上半年，新区共引导企业申报科技计划项目226项，其中省级科技计划42项；申请专利998项，其中发明专利382项；培育高技术企业114户，其中规模以上企业59户；科技型"小巨人"企业总数达到71户；协助组建完成金赛药业院士工作站，全年计划新增5个院士工作站。加快科技金融中心建设，与省工信厅、建行合作建立"助保贷"，为企业融资1360万元；强化小微贷款支持，全区15家小额贷款公司共放贷近2亿元；挂牌"新三板"企业总数达22户，储备上市企业70余家；强化人才改革试验区建设，兑现第六批"长白慧谷"英才计划首批资金，制定了"侨梦苑"建设实施意见和若干政策，新引进各类高层次人才6000余人，其中吉林籍返乡创业人才达300多人。

二是体制机制创新激发社会各界活力。新成立统计、食品安全、新闻宣传等机构，调整设立科学技术创新委员会、商务与投资服务局等机构，进一步明确了新区及所属各开发区主要职能，已获市委批准下发，在体制机制上为新区发展奠定了坚实基础。第二批 2064 项市级管理权限已全部下放新区，将实现"新区事新区办"；对项目审批实行承诺审批制，推行建筑工程施工许可并联审批、分段审批，审批时间从原来取得绿证后至少 32 个工作日，压缩至 3 个工作日；强化重点项目区级领导包保和秘书服务制，从项目洽谈、落位到开工、建设一包到底、全程服务；制定实施处级干部包保服务重点企业工作制，选派 50 多名副处级以上干部为企业开展包保服务。上半年，龙翔、创投、建投等平台公司多渠道融资 97.5 亿元，是上年融资总量的 60%；积极组建产业基金，中能东道新能源汽车和通用航空产业 2 支百亿基金加快组建；采取 PPP 模式拓展融资渠道，东北亚国际物流港等 4 个 PPP 项目已完成招标，总投资达 306.5 亿元；积极争取国家政策性银行贷款支持，与国开行签署五年的长期战略合作协议，制定长春新区新型城镇化建设项目（一期）计划，争取国开行 270 亿元建设资金贷款支持。研究制定各有关方面软环境建设考评细则，有力推动"深入推进简政放权、切实减轻企业负担、扎实推进法治建设、营造新型政商关系、加快'特区'人才集聚、建立高效推进机制"等 6 方面 25 项工作。

二 长春新区助力城市竞争力提升的关键问题

（一）经济总量仍然偏小

与发展较好的其他国家级新区相比，长春新区经济实力与核心竞争力总体偏弱，标志性龙头企业和项目的带动引领作用还未发挥，产业集群化、规模化程度仍然不高，尚缺少具有国际影响力的一流优势产业集群有支撑力的产业项目。近年来，长春高新区在全国高新区排名有所下滑，科技创新引领作用仍待加强。对外开放水平、开放程度还不高，利用外资规模偏小，国际化开放与参与度严重不足。

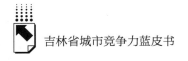

（二）审批权限还应继续扩大

从国家对新区的要求看，国家级新区体现国家级战略和新区发展需要，因此，新区所在省应按要求下放省级管理权限。目前长春新区在下放长春市级行政审批权限方面取得了突破性进展，第二批 2064 项市级管理权限已全部下放新区，下一步，应积极争取省级管理权限的下放。

（三）服务业和公共设施建设相对滞后

开发投入过度和过热。由于国家给予特殊政策和支持及其承担的特殊作用，新区在开发建设初期呈现超常规的增长态势，但服务业和公共设施建设相对滞后、人气聚集不足，容易造成土地资源浪费和低效利用，并加剧土地融资带来的各种金融风险。若新区建设不注重良性可持续和分阶段适度发展，很容易造成城市建设遍地开花，短时间内形成"空城"的局面，不利于社会、资源和环境的协调和平衡。

（四）新区与原有城市老区的关系不易理顺

在行政关系上，国家级新区并没有完全摆脱所在城市的上下级关系，仍普遍面临极化发展与全面发展的冲突。国家级新区范围内涉及的行政区、功能区、街、镇和村庄等关系错综复杂，产业、居住、交通等方面的对接不易短时间实现，易造成建设和发展的错位或重复，增加城市运营成本。

三 长春新区助力城市竞争力提升的对策建议

（一）抓好产业支撑，强化集聚发展

一是巩固提升新区产业集聚优势。依托新区产业基础，充分发挥新区在技术、资金和人力资本等方面的集聚优势，推动新区产业向中高端升级。大力实施创新驱动发展战略，支持建立产业关键技术和共性平台，建设服务于产业集群的信息服务平台，推动创新集群与产业集群融合发展，加强不同产业链条和不同企业的协同协作。统筹规划新区空间布局、产业布局，优化资源配置，推进开发区企业间资源共享，共同使用基础设施。巩固提升新区政府职能精简高效的优势，通过营造良好创新创业环境和便利生活环境，加强创新创业信息资源整合，增强人才和资本等要素集聚能力。二是培育壮大服务经济。在巩固提升现有制造业的基础上，鼓励发展研发设计、信息服务、专业维修服务和金融、审计等生产性服务业，鼓励开展面向创业者的社会化服务，促进生产性服务业与制造业融合发展。围绕产业配套服务，抓好生产性服务业项目建设，重点推动科技创新中心、国际金融中心、国际物流集散中心等六大中心建设。顺应新区就业和居住人口变化趋势，合理布局区内生活性服务业。切实贯彻落实研发设计激励政策，发挥创新对开发区转型发展的驱动作用。

（二）抓好项目建设，积蓄发展潜力

一是围绕构建对外开放格局，抓好开放平台类项目建设。全力推进长春新区国际空港和国际陆港等开放平台建设。二是围绕提升国际化服务功能，抓好现代商务区项目建设。重点推进龙翔国际商务区、空港国际商务区、物流中心商务区、长德商务区相关项目建设。三是围绕产业配套服务，抓好生产性服务业项目建设。重点建设科技创新中心、国际金融中心、国际交流与合作中心、国际物流集散中心、数据信息中心、检验检测认证中心有关项目。四是围绕构建开放型现代产业体系，抓好产业类项目建设。重点建设高端装备制造产业园、航天信息产业园、大数据产业园、长春新能源汽车产业园、亚泰医药产业园、现代农业产业园、临空产业园、东北亚绿色健康产业园、国际教育与信息产业园、通用航空产业园。五是围绕建设绿色智慧新城，抓好基础设施和社会事业项目建设。完成有关交通道路、轨道交通、地下管廊和缆廊、相关河道湖泊治理等项目以及有关学校、医院、公园等项目建设。

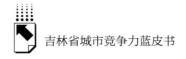

（三）抓好改革创新，激活各类动能

一是深入推进行政管理体制改革。在已经形成"1＋4"管理架构的基础上，进一步优化管理结构、运行机制、用人机制，提高服务能力和行政效率。二是深入推进行政审批服务改革。结合市级管理权限下放，深入推进放管服改革，突出抓好理清事权、压缩项目、优化流程、提高效率等关键环节，编制权力清单、责任清单，建立让市场主体活力充分迸发的营商环境。大力争取省政府下放经济社会管理权限。三是深入推进社会事业综合改革。进一步引进优质教育资源，探索多元化办学模式；优化卫生事业布局，探索推进医养结合和政府购买卫生服务。同时，有序推进投融资体制、产业发展模式、行政综合执法等各领域改革，努力探索可复制、可推广的改革创新经验。

（四）抓好对外开放，构筑开放高地

全力推进长春新区国际空港和国际陆港等开放平台建设。适时成立长春航空公司，实施龙嘉国际机场提级扩能工程，对标浦东国际机场，进一步强化新区与国内主要城市及亚洲、欧洲和北美地区大城市之间的航线联系，将龙嘉国际机场打造成东北亚地区门户枢纽机场。依托先进装备制造业、绿色健康产业两大产业集群，有效整合全球资源，嵌入全球产业链，加快构建开放创新型产业体系。着力提升招商引资水平，加大引进科技含量高、税收贡献大、成长性强、能够支撑长远发展的强、新、好、高项目，提升产业竞争力。积极开展上门招商、精准招商，引进人才层次高、项目水平高、产业化程度高、能促进优势主导产业发展的科技项目，为转型做基础支撑。积极参与对口合作建设，通过加强中外科技合作园区建设，全面提升新区综合竞争力。

（五）抓好产城融合，提升城市魅力

在推进新区开发建设过程中，要把以人为本作为核心要求，秉持产城融合、人与自然和谐发展的理念，推动产业布局、生活居住、公共服务、生态

文明等城市功能有机融合，实现现代产业、现代生活、现代都市一体化发展，努力建设魅力新区、绿色新区、幸福新区。在公共服务提升方面，加快引入优质教育、文化、卫生资源，配套建设学校、医疗卫生机构、文化设施、养老服务设施、体育场所、社区综合服务设施等公共服务设施。教育上，长春新区与吉大合作开办英才学校、尚德学校，与东北师大合作开办慧仁学校、明达学校，以及市十一高北湖新校区，2017 年秋季实现招生，加快弥补教育设施供给缺口，并加快推进国际学校建设；医疗上，国健妇产医院、通源医院二期 2017 年完成主体封闭，2018 年投入使用，加快健全完善"15 分钟卫生服务圈"，积极推动医疗机构建设国际诊疗中心；文体上，要加快推进国际会议中心、体育馆等功能设施建设，确保奥体公园项目年底前完工，为承接 2018 年全省第十八届运动会做好准备；养老上，谋划推进养老中心建设，提高社区居家照料中心覆盖率。生态环境也应进一步提升。通过优化绿地、湿地、河道、建筑物等城市景观设计，加快生态公园、城市绿廊建设。城市治理上，推进城市高效管理。一方面，加强部门合力，加强管理网格化建设；另一方面，引入智慧因子，围绕建设绿色智慧新城，推动管理精细化智能化，大力推广智慧安防、智慧教育、智慧医疗、智慧养老、智慧社区等民生智慧应用，最大限度地消除安全隐患，保障居民生活品质。强化生态环境保护。将生态文明理念融入开发区转型发展，提高绿色发展水平。科学布局各类空间，合理建设绿色生态廊道，将其建设成为具有较强吸引力、影响力的宜居宜业示范区，为全国城市发展积累新经验、提供新样板。

外省借鉴

Foreign Province Reference Reports

B.19
江苏省城市发展经验研究报告

方维慰*

摘　要：　江苏省按照"城乡统筹、集约发展、规划引导、改善环境、保持特色"的发展原则，秉承"城市现代化，农村城镇化，城乡一体化"的总体思路，采取"自下而上"与"自上而下"相结合的城市化方式，立足省情实际，实事求是、因地制宜地探索具有江苏特色的城市发展道路。这些经验对吉林省城市竞争力提升具有重要的借鉴意义。

关键词：　江苏省　城市发展　城乡关系

* 方维慰，江苏省社会科学院财贸研究所研究员，博士后。

21 世纪被誉为"城市世纪",与吉林省一样,江苏省也步入城市飞速发展的历史时期。江苏省按照"城乡统筹、集约发展、规划引导、改善环境、保持特色"的发展原则,秉承"城市现代化,农村城镇化,城乡一体化"的总体思路,采取"自下而上"与"自上而下"相结合的城市化方式,立足省情实际,借鉴成功经验,实事求是、因地制宜地探索具有江苏特色的城市发展道路,并取得良好的成效。

一 江苏城市发展的现状特征

(一)城市化水平持续提升

20 世纪 90 年代中期以来,江苏每年有 200 万左右的乡村人口进入城镇,城市化的规模和速度均达到空前水平。2016 年,江苏城市化率达到67.7%,列全国第六位(低于上海市、北京市、天津市、广东省、辽宁省),全省已经有 2/3 的人口居住在城镇中,城市化正在从加速期向成熟期演进,如表 1 所示。

表 1　江苏历年城市化率及市、镇、乡村人口构成

年份	总人口数(万人)	城镇人口数(万人)	城市化率(%)	市区人口占总人口比例(%)	镇人口占总人口比例(%)	乡村人口占总人口比例(%)
2000	7327.24	3040.81	41.5	25.5	16.0	58.5
2001	7354.92	3133.20	42.6	26.2	16.4	57.4
2002	7380.97	3299.29	44.7	27.4	17.3	55.3
2003	7405.82	3463.70	46.8	28.7	18.1	53.2
2004	7432.50	3580.98	48.2	28.9	19.3	51.8
2005	7474.50	3774.62	50.5	30.4	20.1	49.5
2006	7549.50	3918.19	51.9	31.3	20.6	48.1
2007	7624.50	4056.23	53.2	32.0	21.2	46.8
2008	7762.48	4215.17	54.3	32.7	21.6	45.7
2009	7810.27	4342.51	55.6	33.5	22.1	44.4
2010	7869.34	4767.63	60.6	38.3	22.3	39.4
2011	7898.80	4889.36	61.9	39.2	22.7	38.1

年份	总人口数（万人）	城镇人口数（万人）	城市化率（%）	市区人口占总人口比例（%）	镇人口占总人口比例（%）	乡村人口占总人口比例（%）
2012	7919.98	4990.09	63.0	39.9	23.1	37.0
2013	7939.49	5090.01	64.1	40.6	23.5	35.9
2014	7960.06	5190.76	65.2	40.9	24.3	34.8
2015	7976.30	5305.83	66.5	41.2	25.3	33.5
2016	7998.60	5416.65	67.7	41.7	26.0	32.3

说明：根据《江苏统计年鉴2017年》数据整理。

（二）城市建设成绩优良

江苏省现有13个省辖市，100个县（市、区），其中22个县、23个县级市、55个市辖区，形成层次分明的城市体系。城市的综合实力较强，13个省辖市市区占据全省1/5的面积，集聚全省1/3的人口，创造全省1/2以上的生产总值和财政收入，具体情况如表2所示。近年来，江苏城市品质不断提升，功能不断完善，城乡基础设施建设取得重大进展，城市道路网络日趋完善，市政公用设施基本配套，大城市交通基本实现"内部成网、外部成环"的框架。江苏城市道路、供水、燃气、垃圾污水无害化处理等指标，无论是总量还是人均值，都处于全国先进水平。

表2　2016年江苏13个省辖市发展的基本情况

指标	土地面积（平方公里）	年末户籍人口（万人）	人均GDP（元）	一般公共预算收入（亿元）	社会消费品零售总额（亿元）	进出口总额（亿美元）
南　京	6587	662.79	127264	1142.60	5088.20	502.14
无　锡	1643	253.06	130935	536.44	1787.14	462.28
徐　州	3063	338.09	94402	268.56	1655.21	35.45
常　州	2838	294.95	126424	421.29	1899.81	267.54
苏　州	4653	348.02	145576	919.82	2558.50	1432.59
南　通	2140	213.57	105599	263.54	1029.13	172.29
连云港	3012	222.69	62788	144.91	544.44	61.23
淮　安	4476	335.75	67635	233.75	739.14	25.98

指标	土地面积 （平方公里）	年末户籍人 口（万人）	人均GDP （元）	一般公共预算 收入（亿元）	社会消费品零 售总额(亿元)	进出口总额 （亿美元）
盐 城	5129	243.34	80122	198.42	730.21	54.87
扬 州	2306	232.47	119578	235.63	928.61	70.09
镇 江	1088	103.42	139126	154.48	638.23	66.07
泰 州	1567	163.98	105789	174.41	556.91	45.64
宿 迁	2154	176.14	54078	101.24	301.98	12.65

说明：根据《江苏统计年鉴 2017 年》数据整理，统计范围为城市市区。

（三）城乡关系得以改善

近年来，江苏坚持以人为本、民生优先，推动"城乡统筹"走向"城乡融合""城乡一体"。2011 年，江苏在原有"五个一体化"的基础上，提出规划科学引领、统筹城乡产业布局、推进城乡基本公共服务均等化、加快城乡基础设施联通等六大方面的城乡一体化。江苏的城乡关系得以显著改善，城市与乡村不再是相对隔离、自我循环的，而是产业相互关联、经济相互依存的。通过生产力的梯度转移和优势互补，城乡互通交流频繁，重工轻农的"城市偏向"的路线得到根本性扭转，社会主义新农村建设取得初步成效。农民的生产生活条件有了大幅度的提高，2016 年按常住地分，城镇居民人均可支配收入 40152 元，增长 8.0%；农村居民人均可支配收入 17606 元，增长 8.3%，江苏是全国城乡收入差距最小的省份之一。

二 江苏城市发展的基本经验

（一）充足的动力来源，推动城市发展与时俱进

江苏城市化之所以保持较高的增长速度，得益于江苏经济所提供的充沛动力。20 世纪 80 年代，江苏乡镇企业如火如荼地展开，乡镇企业实现了农民"离土不离乡"的就地转移，缓解了农村人多地少的矛盾，为小城镇的发

展提供了财力与人气。20世纪90年代，以外向型经济为主导的开发区发展促进了城市产业结构的升级，拓展了老城区的发展空间，优化了城市的投资环境。开发区的集中布局，避免了乡镇企业"处处冒烟"导致的土地利用不经济问题，开发区引进的外资、带动的制造业也成为城市化发展的新一轮动力。进入21世纪，江苏的城市化动力机制更加全面，科技创新、信息化、新兴服务业的发展都有力地推动了城市化进程。江苏城市化在每一个历史阶段都拥有与之对应的动力机制，正是这源源不断的动力保证了城市化的稳健增长。

（二）合理的空间布局，保证城市发展用地效率

江苏人口密度在全国最大，而城市发展又导致对土地需求量的激增。为了实现土地资源利用的高效化，江苏着力推进产业布局的集中、城镇发展的集聚，提出了以土地集约利用为导向的"三集中"的空间布局模式，即工业向园区集中、人口向城镇集中、居住向小区集中。在农村，农业向规模经营和农业园区集中，分散的、低密度的农舍民居变成设施完善的新型农村居民小区，明显降低了农村基础设施建设的成本。集中型的空间布局不仅提高了土地的利用效率，还提升环境保护和污染治理的效果。在21世纪，江苏对各种工业园区进行整治，按照优势互补、良性循环的思路将若干个地理位置相邻的园区集中起来，进行产业重组，连片开发。通过园区数量与功能的调整，避免了盲目布点、恶性竞争、贪大求全所导致的土地资源浪费。

（三）共赢型区域开发，缩小城市发展地区差异

由于资源禀赋、经济基础、外向程度的差异，江苏形成了苏南、苏中、苏北三个显著的经济梯度，这种地区差异导致城市发展的区域不平衡性，为此，江苏一直高度重视区域的共同发展与协调发展。为了提升经济空间的组织能力，江苏先后推出沿沪宁线开发轴、沿东陇海开发轴、沿江开发轴、沿海开发轴，使之成为撬动区域空间布局均衡化的杠杆。目前，沿沪宁线已然成为高新技术产业带和国际制造业密集带，而其中的"苏南国家自主创新

示范区"更是成为创新发展的基地。东陇海线上的徐州老工业基地的振兴与连云港的枢纽大港建设成绩斐然，以资源加工型和劳动密集型为主体的产业密集带已成规模。沿江开发轴正在成为国际产业投资的密集区、石化类重大项目的优先区、延伸产业链的配套区。沿海开发轴则以运输通道为纽带，以临近深水海港为节点，正在形成港口、产业、城镇三位一体联动开发格局。多种方式的区域开发加强了城市之间的空间相互作用。近年来，苏中、苏北的经济发展不断提速，多项经济指标增长快于苏南，城市发展的地区差距呈现收敛趋势。

（四）严格的空间治理，保证城市发展生态屏障

江苏有着"人均环境容量小、单位国土面积污染负荷高"的省情，随着工业化、城镇化的加速推进，资源环境约束愈加明显，推进城市可持续发展的任务十分艰巨。为此，江苏坚持"区域统筹、集聚集约、因地制宜、低碳生态"的原则，优化城镇空间布局，严格保护城市及周边自然山水资源。在城市规划过程中，注重经济社会发展规划、城市总体规划、土地利用总体规划和城市环境保护总体规划等"多规融合"，严格控制城乡建设用地规模。在已有耕地红线、生态红线的基础上，江苏在全国率先提出"划定城市开发边界"，凭借城市空间管制这一政策工具，来防止城市粗放蔓延，实现城市的"精明增长"。目前，苏北水乡湿地和苏南丘陵山地地区点状发展特色彰显，基本形成"紧凑型城镇、开敞型区域"的城镇空间格局。

（五）密切的城市合作，促成城市格局高级形式

《江苏城镇体系规划（2012—2030年）》部署在江苏构建沿江城市带，沿海城镇轴、沿东陇海城镇轴与南京、徐州、苏锡常三个都市圈，淮安增长极的"一带两轴、三圈一极"的格局。为了提升都市圈的资源聚集度、辐射带动力、综合竞争力，促使更多的"流动资本"地域化，南京、徐州、苏锡常三大都市圈在市场配置、自主开放的基础上，遵循

生产要素的互补性原则和产业结构的差异性原则，积极推进都市圈内的产业分工与空间重构。在江苏沿沪宁线、沿江、沿海地区，利用交通网和信息网构造便捷的平台，各级城市积极拓展自身的外向循环渠道，加强与腹地的交流合作与功能互补，使城市之间、城乡之间的物资流、资金流和信息流互相交融、依托牵引。随着城市互动的深入，在苏南地区以聚合轴、连绵带为外形特征的城市群开始形成，城镇星罗密布，成为江苏城市化的亮点。

三　江苏城市发展的未来定位

（一）从规模扩张走向质量提升

《江苏省城镇体系规划（2015—2030年）》提出，至2030年，江苏城镇化水平将达80%左右，城镇人口约7200万，城市发展将摒弃"一味贪大"思路，更加追求质量和内涵。在经济新常态下，江苏的城市发展也将逐步实现低投入、低消耗、低排放、高效益，将重点建设放在构建高效的经济运行系统、公平的社会保障系统、健全的行政管理系统、丰富的城市文化系统、完备的基础设施系统、优质的生态环境系统上。

（二）从独善其身走向共赢共进

现代城市与乡村的发展不是独善其身、恶性竞争，而是共赢共进。江苏的各级城市将通过产业转移、设施共建、制度创新带动周围乡村发展，降低空间极化程度。农村利用其空间、生态、劳动力等方面的优势，积极承接城市经济的扩散，通过城乡经济的合理分工获取利益最大化。各级城市将进一步明确自身在江苏城市体系中的定位，培育自身特有的、不易取代的城市功能，减少产业结构雷同、分工不明确带来的同质化竞争。在更高水平上构建区域的协同创新与融合发展机制，通过互通有无、协作分工、优势互补、有序竞争来提高城市发展的合力。

（三）从资源拉动走向创新驱动

改革开放以来，江苏城市的快速发展在很大程度上是依靠资金、土地、劳动力的大量投入而实现的，然而城市要永葆活力与生机，单纯依靠物质的投入是无法持续的。江苏城市发展必须选择创新驱动模式，提高城市原始创新能力、集成创新能力和引进消化吸收再创新能力，努力建设创新型城市、学习型城市、活力型城市。为此，必须加大科技和教育投入，开辟多元化的学习渠道，全面提高劳动力的素质和技能。推动城市人才的合理流动，积极引进外部的优秀人才。在全社会形成尊重知识人才、崇尚推陈出新的氛围。建立以市场为导向的科技创新、成果转化、技术转移机制，推动政产学研协同创新。

（四）从硬件建设走向功能塑造

江苏的城市化除了建设交通、通信、能源、水资源、防灾等基础设施"硬件"环境，还必须塑造各种制度与文化的"软件"环境。在未来，江苏将需要进一步优化城市的规划设计、管理制度、政策法规，减少城市发展中的各种社会矛盾。切实推动进城农民的市民化进程，最终实现"完全城市化"，例如，建立农业转移人口市民化成本分担机制；构筑多元化可持续的城镇化投融资机制；创新行政管理的设市设区模式；改革完善农村宅基地制度等。加大城市文化资源保护和传承力度，对江苏的历史名城实施整体格局与风貌保护复兴，构建融"城、河、山、塔、寺、民居"为一体的城市文化景观。

（五）从单极优先走向多极共荣

在改革之初，江苏城市化道路是发展小城镇；进入 21 世纪，江苏城市化的重点是大力发展中心城市，其实不同规模的城市只是功能不同，大城市是龙头，中小城市是骨干，小城镇是基础，并无优劣之分。未来，江苏将致力于各种规模城市的协调发展，优化城市体系。一方面，提升大城市和特大

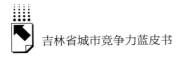
城市的品质，疏解中心城区非核心功能，防止房价高企、交通拥堵、环境污染等"大城病"，强化南京、徐州、苏锡常都市圈的辐射力；另一方面，积极培育中小城市，在沿海地区布局新的区域性中心城市，依托沿东陇海线、沿运河、沿宁杭线等地区培育区域次中心城市，促进优势区位城镇的集中发展，建设一批具有江苏风貌的特色小镇，以点带面，最终形成以城市群为主体形态、大中小城市和小城镇协调发展的城镇发展新格局。

参考文献

宋林飞、吴先满：《江苏改革开放 30 年》，中央文献出版社，2009。
储东涛：《江苏城市发展的最新进展与当下任务》，《唯实》2013 年第 2 期。
梁琦等：《空间经济：集聚、贸易与产业地理》，科学出版社，2014。
方维慰：《城市空间结构政府治理的优化》，《学海》2014 年第 6 期。
王庆五、吴先满：《江苏决胜全面小康研究》，江苏人民出版社，2016。

B.20
杭州城市发展经验研究报告

吴晓露*

摘　要： 杭州是近年来城市建设和城市竞争力提升极为成功的城市之一，在"特色小镇"和"信息经济"等方面走在了全国前列。同时，杭州也是与吉林省对口合作的浙江省的省会。认真总结杭州城市建设经验，可以为吉林省城市竞争力提升提供有益的参考。

关键词： 杭州　特色小镇　信息经济　城市竞争力　对口合作

2016年，杭州市围绕服务与保障G20峰会顺利召开，以"创新、协调、绿色、开放、共享"五大发展理念为引领，以"五水共治"与"特色小镇"创建为供给侧结构性改革的抓手，主动面对与把握经济发展新常态，以"干在实处永无止境，走在前列要谋新篇"为新使命，坚定发展为第一要务，坚持转型升级不动摇，着力打好转型升级系列组合拳和培育经济发展新动能，成功实现全市经济持续稳定增长、发展质量效益同步提升，经济社会发展呈现稳中有进、稳中向好的良好态势，实现了"十三五"良好开局。总体而言，杭州市已经逐渐步入创新驱动的知识经济阶段，在智慧化、品质化、国际化的城市发展道路上稳步前进，国际影响力与城市竞争力日益提升。除生态城市建设面临较大压力

＊ 吴晓露，浙江省社会科学院区域经济研究所副研究员，博士，研究方向：公共经济学与产业经济学。

外，房价偏高、交通拥堵等宜居城市建设方面也面临若干问题，需要谨慎处理。未来，杭州市一方面须加快实施产业智慧化战略，以"特色小镇"建设和"信息经济"提升为重要抓手，构建效质兼优的新型产业体系；另一方面亦须以"G20 杭州峰会"与"乌镇国际互联网大会"的召开为契机，主动参与区域竞争，加快融入全球化，从区域一体化、经济全球化中谋求新的发展机遇。此外，还须着力提升城市生态改善能力和城市治理能力，以"五水共治"和"最多跑一次"为重要抓手，降成本、补短板，继续增强杭州在创新开放、宜居宜业、绿色生态三大领域的核心竞争力，争取在全球化、智慧化、品质化、生态化等方面走在全国前列。

表1　2016 年杭州市情况

项目	数据
土地面积(万平方公里)	1.66
常住人口(万人)	918.80
城镇人口占常住人口的比例及城镇人口增长率(%)	76.2,1.2
GDP 总量及增长率(亿元,%)	11050.49,9.5
三次产业比例	2.8:36.0:61.2

资料来源:《2016 年杭州市国民经济和社会发展统计公报》。

一　现状分析

1. 总体概况

2016 年，杭州市综合经济竞争力指数为 0.226，在全国所有省市中排名第 24 位，与 2015 年持平；可持续城市竞争力指数为 0.738，位居第 6，比上年略有提升；宜居城市竞争力指数为 0.802，全国排名第 6，仅次于香港、无锡、广州、澳门与厦门，与 2015 年全国排名第 11 位相比，有大幅提升。

表2　新一线城市竞争力指数及排名（2016）

城市	综合经济竞争力指数	排名	宜居城市竞争力指数	排名	可持续竞争力指数	排名
成都	0.306	15	0.714	23	0.656	13
杭州	0.226	24	0.802	6	0.738	6
武汉	0.342	10	0.759	11	0.677	11
重庆	0.231	22	0.551	80	0.604	20
南京	0.333	12	0.778	9	0.729	7
天津	0.446	6	0.656	38	0.611	18
苏州	0.424	9	0.727	20	0.644	16
西安	0.193	29	0.749	13	0.630	17
长沙	0.244	20	0.733	19	0.564	26
沈阳	0.184	31	0.646	42	0.571	25
青岛	0.260	17	0.706	26	0.682	9
郑州	0.253	18	0.596	53	0.563	27
大连	0.208	26	0.708	25	0.681	10
东莞	0.311	14	0.667	35	0.554	29
宁波	0.226	23	0.755	12	0.663	12

资料来源：中国社会科学院城市与竞争力指数数据库。

2. 现状格局

2016年，杭州市城市竞争力主要呈现以下格局。

第一，综合经济竞争力有待进一步提升，但经济转型升级成效显著。2016年，杭州市综合经济竞争力指数排名不变，已经连续两年排名第24位，与2014年排名第22位相比，排名略有下降。从综合经济竞争力看，杭州市的综合经济竞争力与其他城市相比，相对薄弱，与杭州市在全国城市中的地位不相匹配。[①] 2016年，杭州市综合增量竞争力指数从2015年的0.432上升至0.451，排名也从第15位前移到第13位，这充分说明，2015年以来，杭州市为适应经济新常态、推进供给侧结构性改革而实施的"五水共

[①] 根据《第一财经周刊》公布的《城市商业魅力排行榜》（2016, 2017）：除了北京、上海、广州和深圳四个一线城市外，全国有15个新一线城市，杭州市已连续两年排行第2。

治"、浙商回归、"四换三名"、"三改一拆"、"特色小镇"等一系列转型升级政策取得了良好成效，初步形成以环境和要素倒逼、创新驱动及改革引领为核心的转型升级新格局；经济恢复了较快的发展速度和较高的发展效率。2016 年，杭州市实现 GDP 总量增长 9.5%，增幅在全国各省市中仅次于重庆，与合肥并列第二；第一、第二、第三产业增加值分别增长 1.9%、4.7% 和 13.0%，产业结构日趋合理；常住人口人均生产总值 121394 元，比上年增长 7.7%。

表 3　2014~2016 年杭州市城市综合经济竞争力

年份	综合经济竞争力		综合增量竞争力		综合效率竞争力	
	指数	排名	指数	排名	指数	排名
2014	0.247	22	0.448	15	0.024	38
2015	0.233	24	0.432	15	0.021	39
2016	0.226	24	0.451	13	0.023	39

资料来源：中国社会科学院城市与竞争力指数数据库。

第二，可持续竞争力小幅提升，除生态城市竞争力外，其他分项指标排名均居全国前列。与 2015 年相比，2016 年杭州市文化城市竞争力与和谐城市竞争力大幅提升，分别从全国第 8 位和第 24 位上升到全国第 3 位和第 18 位，尤其前者排名仅次于北京与武汉。杭州市是历史文化重镇，拥有丰富的历史遗存和人文资源。近年来，杭州市一方面大力推进西湖大运河遗产保护与活态传承；另一方面发掘与培育特色小镇等的文化功能，发展乡村旅游、民宿经济、文化创意产业，成功推进现代生活与历史人文的有机统一，形成了独特的杭州模式，对高端人才、浙商回归都具有较强吸引力。杭州市又以"XOD + PPP"（Transit Oriented Development + Public-Private Partnership）发展理念和"最多跑一次"改革理念为引领，加快推进高质量的新型城镇化，全面提升城市基础设施水平和公共服务水平。虽然与 2015 年相比，2016 年杭州市信息城市竞争力有所下降，但并未动摇其在信息经济发展和智慧城市建设上全国领先的地位，城市信息化程度逐年提高，根据 2016 年的"互联网 +"社会服务指数，杭州市是"中国最智慧城市"，"互联网＋"社会服务总指数为383.14，排名全国第一。①

表4 2014~2016年杭州市可持续竞争力指数及排名

年份	可持续竞争力		知识城市竞争力	和谐城市竞争力	生态城市竞争力	文化城市竞争力	全域城市竞争力	信息城市竞争力
	指数	排名	排名	排名	排名	排名	排名	排名
2016	0.738	6	8	18	67	3	11	13
2015	0.729	7	7	24	21	8	9	6
2014	0.718	7	—	—	—	—	—	—

资料来源：中国社会科学院城市与竞争力指数数据库。

第三，宜居城市竞争力大幅提升，宜居城市宜业优势明显。2016年，杭州市宜居城市竞争力上升明显，从2015年全国排名第11上升到第6；尤其活跃的经济环境指数和健康的医疗环境指数挤进全国前10，分别居第7位与第8位。这一方面得益于杭州市近年来围绕"美丽杭州"建设，城市宜居工作全面推进，城市基础设施得到有效提升，如深入推进"三改一拆"、城中村改造、"两路两侧"、"四边三化"等专项整治，市民居住环境显著改善；加大城市生态环境综合治理，全力打造以钱江新城、西湖、武林广场、运河"四大亮灯"工程为代表的标志性文化景观。在强调杭州城市与自然、经济与生态、个体与整体相生相容、协调发展基础上有效改善城市风貌；连续十年，杭州被评为"中国最具幸福感的城市"。② 另一方面，杭州宜居得益于依托"企业

① "互联网＋"社会服务指数是由2016年12月27日在北京召开的2016中国"新型智慧城市"峰会上发布的《新空间·新生活·新治理——中国新型智慧城市·蚂蚁模式》白皮书提出的（中国互联网协会、新华网和蚂蚁金服）。在全国335个城市中，杭州不仅"互联网＋"社会服务总指数排名第一，而且在便民服务新业态、交通运输服务品质、在线医疗新模式方面均排名首位，故被评为"中国最智慧城市"。

② "中国最具幸福感城市"调查推选活动是由新华社《瞭望东方周刊》联合中国市长协会《中国城市发展报告》共同主办，是目前中国具有影响力和公信力的城市调查推选活动之一。"2016中国最具幸福感城市"调查推选结果于2016年12月1日在京发布，成都、杭州、南京、西安、长春、长沙、苏州、珠海、北京、上海十座城市被推选为"2016中国最具幸福感城市"。

家精神＋服务型政府"在杭州市形成的宜居宜业的创业创新生态，出现了高新区、科创大走廊、智造大走廊、特色小镇等融生活、文旅和创业创新于一体的发展平台，吸引了大量的高端人才和创业创新人才。

表5 2015～2016年杭州市宜居城市竞争力及各分项指标排名

年份	宜居城市竞争力		优质的教育环境	健康的医疗环境	安全的社会环境	绿色的生态环境	舒适的居住环境	便捷的基础设施	活跃的经济环境
	指数	排名	排名	排名	排名	排名	排名	排名	排名
2016	0.802	6	32	8	199	85	193	175	7
2015	0.684	11	—	—	—	—	—	—	—

资料来源：中国社会科学院城市与竞争力指数数据库。

二 问题与劣势

第一，杭州市的三大城市竞争力发展不平衡，综合经济竞争力远落后于可持续竞争力和宜居城市竞争力。从杭州市城市竞争力的各个分项指标看，综合经济竞争力有待加强，2016年，杭州市综合经济竞争力指数仅为0.226，排名第24位，综合效率竞争力指数甚至只有0.023，在全国排名第39位，与榜首城市差距极大。因而，杭州市必须把各方面的工作重心有效引导到更好地适应经济新常态，培育与壮大新经济增长点，加快推进产业转型升级，切实打造杭州经济"升级版"上。

第二，生态城市建设仍面临较大压力。2016年，杭州市可持续竞争力虽略有前移，但从分项看，生态城市竞争力与和谐城市竞争力与其他分项指标相比，多年来一直排名较落后，尤其生态城市竞争力与上年相比，有大幅下降，从2015年排名第21位骤降至第67位，这虽然与杭州市在2016年上半年为迎接G20杭州峰会而进行的大规模道路整修、房屋修缮等城市整治有密切联系，但归根结底还是杭州市的城市生态系统和结构功能布局不甚合理，如老城普遍存在人口密度与建筑密度过大、土地开发强度大、绿化覆盖率低等问题。再加上，近年来，杭州市常住人口一直呈上升趋势，2016 年非户籍人口接近 200 万，也给城市人口综合服务与调控、生态环境整治、和谐城市构建等带来了巨大压力。

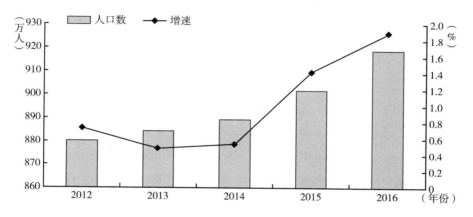

图 1　2012～2016 年杭州市常住人口情况

资料来源：历年《杭州市统计年鉴》。

第三，宜居环境有待进一步改善。虽然总体上杭州市宜居城市竞争力在 2016 年位列全国第 6，但各分项指标竞争力的发展极不均衡，安全的社会环境、舒适的居住环境和便捷的基础设施三方面的短板甚为突出，排名几乎跌出 200 位，如果在未来不能得到较好改善与提升，可能会损害杭州市宜居宜商环境的营造和危及城市竞争力。比如房价持续过快上涨给杭州市民带来了巨大生存压力，不利于人口的集聚，尤其是阻碍高端人才及创业创新人才的流入；欠合理的道路规划与相对缓慢的公共交通建设拉高了城市拥堵的概率，严重损害市民出行的便捷度和舒适度，2016 年，杭州市被评为全国最拥堵的十大城市之一，拥堵指数高达 1.887。① 社会治安、生产生活安全保障等方面存在较大上升空间。

---

① 《2016 年度中国主要城市交通分析报告》，2017 年 11 月 10 日，由高德地图联合交通运输部科学研究院、清华大学戴姆勒可持续交通研究中心、阿里云、清华同衡规划设计研究院、《第一财经》数据新媒体等权威机构发布。

三 现象与规律

杭州市综合竞争力和总体优势巩固，经济结构持续优化，文化、知识创新优势快速提升。从2016年社会经济发展的各项数据看，虽然杭州市的经济总量及综合经济竞争力，并未位居全国前列，但经济发展后劲强健，提质增效明显。2016年，杭州市GDP增长9.5%，增幅居全国副省级城市榜首；固定资产投资、货物出口及全社会消费品零售总额分别增长5.1%、6.7%和10.5%。第三产业增加值占全市生产总值比重首次超过60%。产业转型升级特征明显，创新经济引领发展；信息经济增长22.8%，占全市生产总值的24.3%；规模以上高新技术产业、装备制造业、战略性新兴产业增加值分别增长12.5%、14.6%和11.6%；文创、金融、旅游等特色主导产业发展迅速。全市社会研发支出与地区生产总值之比提升至3.1%，有效发明专利拥有量居省会城市第一，创新平台建设成效显著，未来科技城和阿里集团获评国家首批"双创示范基地"；建成国家级众创空间35家，国家级孵化器30家，居副省级城市第一。

城镇化率稳中有升。2016年，杭州市城镇化率达76.2%，比上年提升0.9个百分点。城乡统筹协调发展，城乡收入倍差缩小到1.87。

宜居竞争力逐年上升，民生福祉持续增进。2016年，杭州市民生支出占一般公共预算支出比重超过75%；城镇和农村居民年人均可支配收入分别增长8%和8.5%；基本养老、医疗保险参保率分别高于95%和98%；全市义务教育标准化学校覆盖率超过93%，主城区名校集团化覆盖率超过81%；基本实现医养护签约服务政策城乡全覆盖。交通、电力等基础设施建设全面提速。2016年，全市完成基础设施投资1630.53亿元，比上年增长20.3%。生态城市建设卓有成效。2016年，杭州市区空气质量优良天数达260天，PM2.5年平均浓度下降14.5%，市区人均公园绿地面积达14.3平方米；规模以上工业单位增加值能耗下降6.3%，单位GDP能耗下降超过6%。

四　趋势与展望

第一，杭州市将取长补短，继续巩固城市竞争力的优势地位。纵观近三年的竞争力数据，杭州市综合经济竞争力和可持续竞争力排名比较稳定，各分项虽略有上下浮动，但总体呈现稳中有升的良好态势。首先，经济结构有望持续优化，创新驱动效应进一步增强。①信息经济继续走强，成功带动相关产业协同发展，在全国的领先地位进一步巩固。2016年，全市实现信息经济增加值2688.00亿元；电子商务、移动互联网、数字内容、软件与信息服务、云计算与大数据等产业增加值分别增长45.2%、45.1%、35.0%、28.8%和28.2%。②信息经济、创新经济的拉动作用进一步凸显。"1+6"现代产业体系①的构建日趋明朗，新兴产业在经济总量中的比重将进一步提升。③实体经济质效有望进一步提升。近年来，杭州市固定资产投资明显向重大基础设施、重大产业项目、重大技术改造、生态环保投资倾斜；浙商回归到位资金逐年增长，提升改造传统产业的力度逐年增大。其次，生态城市建设成效有望逐步提升。近年来，杭州市深入实施"三改一拆""五水共治""治气治土"等一系列环境整改措施，为未来生态竞争力的提升奠定了基础。因而，杭州市将能更好地适应经济新常态，推进供给侧结构性改革，确保其综合经济竞争力和可持续竞争力停留在一个较高水平。

第二，杭州市有望加速城市国际化步伐。杭州市的开放发展有深厚的历史与现实基础。② 2016年，适逢G20峰会与世界互联网峰会召开，杭州市只要能抓住上述机遇，就有望加快向有全球影响力的"互联网+"创新创业

---

① "1+6"产业体系："1"指万亿信息产业集群，"6"指文化创意、旅游休闲、金融服务、健康、时尚、高端装备制造等六大千亿的产业集群。

② 南宋时期，杭州市曾是全国最大城市和世界上最繁华大都市之一；2016年，全市实现货物出口总额3313.80亿元，增长6.7%，其中跨境电商出口60.60亿美元，增长166.7%；服务贸易出口额945.67亿元，增长19.0%。

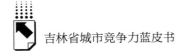
中心、国际会议目的地、国际重要的旅游休闲中心、东方文化国际交流重要城市方向大步前进。

五　政策建议

1. 战略回顾

2016 年，杭州市的政策重点主要集中于以下五个方向。第一，城市国际化实现新突破。杭州市通过全力服务与保障 G20 峰会，成功向世界展示了其独特的历史与城市面貌；入选全球国际会议目的地百强城市和全球 52 个最值得到访的旅游目的地，大幅提升了杭州的国际知名度。第二，经济提质增效实现新突破。扎实推进以网络经济为突破口的产业结构优化升级，第三产业增加值占全市生产总值比重首次超过 60%；扎实推进"一号工程"，制定出台《中国制造 2025 杭州行动纲要》；扎实推进"三去一降一补"，淘汰改造落后产能企业；出台"扶持实体经济 32 条"，为企业减负超过 300 亿元。第三，城市建设和环境治理实现新突破。城市总体规划（修订）批准实施，杭州市政府驻地迁址，杭州市进入"拥江"发展新阶段；交通综合治堵和公交都市创建工作持续深化，城市交通拥堵状况有所缓解。第四，保障改善民生实现突破，切实推进基本公共服务体系建设，编制"十三五"时期杭州市基本公共服务清单；深入推进"双下沉、两提升"，有效促进教育医疗资源均等化。第五，创业创新环境实现新突破。率先启动"最多跑一次"，深化"放管服"改革，营造良好的宜居宜商环境。

2. 政策建议

未来，杭州市应该切实发挥自身优势，以创建世界级城市为目标，深入实施以下发展战略，提升杭州市的国际知名度和影响力，以及在凝聚全球高端要素、抢占全球价值链高端中的竞争力：①实施产业智慧化战略，提升信息经济引领发展的知识竞争力，构建质效兼优产业新体系；②实施经济全球化战略，提升以高外向度为依托的开放竞争力，主动融入"一带一路"倡议，加快杭州跨境电子商务综合试验区建设，构筑开放型经济新高地；③实施城市品质化智慧化战略，提升以江南水乡的风土人文和灵活创新的机制体制为支撑的宜居城市竞争力，构建"三生融合""四位一体"的城市新业态；④实施人才优先发展战略，加大教育科研投入，构筑人才高地，吸引更多高端人才、创业创新人才来杭定居及创业。与此同时，还要创新协调多方力量、多种资源，改善和提升城市居住环境和公共交通资源，持续关注和谐城市竞争力和生态城市竞争力，争取缓解其对杭州城市综合竞争力的消极影响。

Abstract

This book is divided into six parts: the general reports, the subject report, the city competitiveness reports, the county-level city competitiveness reports, the special reports and foreign province reports. Review and overall competitiveness rankings report includes cities and county level city in Jilin province, a comprehensive summary of the development of the province's cities competitiveness and comprehensive performance; the theme of the report to the Development Zone, city transformation and upgrading of the powerful engine as the theme, the development zone is an important breakthrough to promote Jilin province to enhance the transformation and upgrading of the city. The development zone to the direction of innovation, to intensive cluster development direction, to sustainable development; city competitiveness report summary of the 8 cities in Jilin province competitiveness report, in-depth analysis of the status and content of advantages and problems of city competitiveness development and shortcomings, phenomena and laws, in order to put forward to promote the city to enhance the competitiveness of the policy recommendations; report the county city competitiveness in Jilin province including 3 main county-level city competitiveness report from coal The competitiveness of the status quo and development trend of economic competitiveness, livable competitiveness and sustainable competitiveness, analysis the main county-level city, to provide a reference for the province's county-level city features a clear direction of development; report including housing prices to ensure the stability of city development, support the development of the city Changchun District; the last part including experience the city development of Hangzhou and Jiangsu Province. The last four reports, from different angles, put forward countermeasures to improve the competitiveness of the city in Jilin province.

Contents

I General Reports

Abstract: In 2016, Jilin Province, firmly establish and implement the new concept of development, seize the strategic opportunities for a new round of national revitalization of northeast old industrial base, in-depth implementation of the "three five" strategy, the province's economy continues to remain in a reasonable range, is slow in the stabilization of the stable to good posture. The comprehensive competitiveness of Jilin province and city sustainable competitiveness is relatively stable in the country, livable city competitiveness performance is good, the future through strategic opportunities to grab a new round of the revitalization of the northeast old industrial base, accelerate the transformation and upgrading of

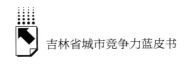
traditional industries, cultivate strategic emerging industries, energy economic and social development will continue to gather and release, comprehensive competitiveness the city will further enhance the competitiveness and sustainability.

Keywords: Jilin Province; Comprehensive Competitiveness; Sustainable Competitiveness; Transformation and Upgrading

B. 4　A Summary of Urban Competitiveness (County-level city)

　　　of Jilin Province in 2016　　　*Zhang Lei, Li Dongyan* / 022

Abstract: The county-level city is a major support for the economic and social development of the whole province. It has played an important role in relieving the pressure of large and medium-sized cities, driving, guiding and promoting the economic and social development of the county, and it has become increasingly prominent in the economic and social development of Jilin province. The report is based on a deep analysis of the strengths of the city's overall competitiveness and the strengths of the sustainable competitiveness of the county, and to find out the problems, the patterns, and the solutions. We should take the advantage of the county-level city, and achieve leap-forward development.

Keywords: County-level City; Competitiveness; Supply-side Structural Reform

II　Subject Report

B. 5　Development Zone: A Powerful Engine for Urban

　　　Transformation and Upgrading in Jilin　　　*Zhao Guangyuan* / 041

Abstract: The development zone directly affects the sustainable development and competitiveness of the city. At present, the transformation and upgrading of cities in Jilin province is facing the pressure of the rural areas, the pressure of intercity competition and the pressure of the international environment. At the same time, it also needs to break through the bottleneck of institutional innovation, the bottleneck of industrial upgrading, and the bottleneck of the role of human resources. In this connection, strengthening function orientation, speeding up mechanism and system innovation, and playing the engine role of "building new urban area and driving the old city", will be beneficial to take the development zone as a breakthrough to promote the comprehensive transformation of cities in Jilin and the steady promotion of urban competitiveness.

Keywords: Development Zone; Function Orientation; Comprehensive Transformation of Cities

Ⅲ   Competitiveness of Prefecture – level City Reports

B. 6   Jilin Province City Competitiveness (Changchun City) Report

He Xiying ∕ 058

Abstract: In 2016, with the favorable economic situation, the urban competitiveness of Changchun city has been significantly improved, and the development level and equilibrium level have been improved, and the urban development is full of vitality. The comprehensive economic competitiveness is in the middle and upper reaches of the country, higher than the mean of the national cities, but the ranking is backward, and the economic growth is insufficient. The competitiveness of sustainable cities has been greatly improved, and the competitiveness of the whole region has been particularly prominent, but the competitiveness of information cities has declined, and Changchun has yet to open up to the outside world. Therefore, it is necessary to strengthen urban economic construction, enhance the inclusiveness and fairness of the city, and build a city with sustainable development and comprehensive competitiveness.

Keywords: Changchun; Competitiveness; Livability; Harmonious Development

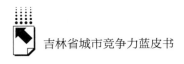
吉林省城市竞争力蓝皮书

B. 7　Jilin Province City Competitiveness（Jilin City）Report

Xiao Guodong / 075

Abstract：In 2016, Jilin city economy continued to maintain steady growth and the industrial structure was further optimized. Agricultural production maintained a good development trend, the industrial economy grew steadily, and the consumer goods market generally showed a steady and positive trend. In the ranking of national cities' competitiveness, the overall economic competitiveness of Jilin city is declining, among which the sustainable competitiveness is rising and the competitiveness of information cities is declining. The outstanding problem is manifested in major projects investment relatively weak, economic development vitality needs to be enhanced, industrial investment is relatively high, and investment structure needs to be adjusted. In the face of the economic recovery, the supply-side reform is beginning to pay off. We should focus on promoting the optimization of industrial structure and building a modern industrial system; in order to create a regional tourism demonstration area, promote the upgrading of tourism culture industry; focus on improving the integrated service function and building ecological livable city; focus on speeding up reform and innovation and enhancing the endogenous power of development.

Keywords：Urban Competitiveness; Industrial Development; Structural Adjustment; Jilin

B. 8　Jilin Province City Competitiveness（Siping City）Report

Xu Zhuoshun / 090

Abstract：By analyzing the comprehensive economic competitiveness, sustainable development competitiveness and livable, business city competitiveness which are made up by objective indicators, such as, ecology, knowledge, global,

270

information and culture of Siping City, the paper found that the comprehensive economic competitiveness of Siping City decreased significantly, and sustainable development competitiveness of Siping City has been improved, however, the overall ranking declined slightly. Livable, business city competitiveness index is still a low position in national ranking, but has increased slightly. The development of Siping City still faces many problems, for example, overall economic strength is low, the science and technology investment is not enough, information city competitiveness is relatively weak, living environment, ecological environment and municipal facilities are relatively lagging, and livable city competitiveness is relatively low, and so on. Therefore, this paper puts forward some suggestions such as green development, regional coordinated development and speeding up reform so as to speed up the promotion of urban competitiveness.

Keywords: Siping; Sustainable Competitiveness; Transformation and Upgrading

Abstract: As a young city, Songyuan has made great progress in economic and social development. But in recent years, due to the shrinking of the international oil and gas market and the downside of the northeast economy, the development of the pillar industry has been seriously restricted. However, the pharmaceutical and new energy industries failed to form effective support, which led to the continuous decline of Songyuan's comprehensive competitiveness ranking. In 2016, Songyuan's ecological competitiveness index, global competitiveness index and cultural competitiveness index were better, and its advantages were brought into full play. But the competitiveness index of knowledge city and information city has been a short board of development, and its sustainable competitiveness is not strong enough. In the future, Songyuan needs to improve its comprehensive competitiveness by speeding up the industrial

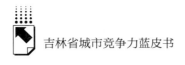

transformation, consolidating the ecological advantages and improving the business environment.

Keywords: Comprehensive Competitiveness; Sustainable Competitiveness; Industrial Transformation and Upgrading; Songyuan

B. 10 Jilin Province City Competitiveness (Tonghua City) Report

Wu Yan / 122

Abstract: This paper analyzed the urban competitiveness index and the annual ranking of TongHua, to pinpoint problems and predict future trends. This paper pointed out the main problems of urban competitiveness of TongHua: The annual ranking of economic competitiveness and sustainable competitiveness slipped. Historical and cultural resources were not translated into the competitiveness. The public services had restricted the livability competitiveness. Looking to the future, the development of wellness will enhance the economic competitiveness and the investment to the public services and the improvement of the ecological environment will promote the livability competitiveness .

Keywords: Tong hua; Urban Competitiveness; Comprehensive Economy; Livability Competitiveness; Sustainable Competitiveness

B. 11 Jilin Province City Competitiveness (Liaoyuan City) Report

Xu Jia / 136

Abstract: In recent years, Liaoyuan City has made great efforts to reform and innovate in environmental protection, resource transformation and new urbanization. However, due to the tightening of macro economic situation at home and abroad, the need for ecological environment protection and the diversity of cultural development, the economic comprehensive competitiveness of liaoyuan city has fluctuated. Sustainable competitiveness also needs to be improved. There has been a substantial improvement in livable competitiveness. It is the most outstanding index of urban competitiveness in Liaoyuan city. The city of Liaoyuan has carried out effective reform and practice in tackling the difficulties of the people's livelihood. The "13th five-year" development stage of the future, Liaoyuan city should make a breakthrough in the competitiveness of knowledge and information city, culture and global city, and accelerate the comprehensive promotion of sustainable competitiveness.

Keywords: Liaoyuan; Urban Competitiveness; Transformation and Development

B. 12   Jilin Province City Competitiveness (Baicheng City) Report

Yao Zhenhuan / 151

Abstract: Under the guidance of the balanced development strategy about regional economy in our country, as well as a new round about the Northeast revitalization strategy was implemented, Baicheng city should use its own location and resource advantages, continue to promote the development of industrial transformation, promote the level of core competencies; implement the Characteristic urbanization strategy deeply, promote the balanced development of urban and rural areas; increase the dynamism of exploitation, create a convenient city; optimize the environment about education and medical, fill the short board of livable city; promote the construction of cultural city vigorously, create a multi-dimensional urban culture. Accelerate the upgrading of integrated carrying capacity, and improve the ability of sustainable development constantly. Ultimately, achieve the overall competitiveness of the city.

Keywords: City Competitiveness; Industrial Transformation; Baicheng

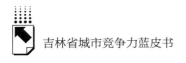

B. 13　Jilin Province City Competitiveness（Baishan City）Report

Wang Tianxin / 168

Abstract：The economic and social construction of Baishan has been relatively remarkable in recent years. However, Baishan is faced with arduous task of transforming, adjusting structure and promoting transformation, the improvement of its comprehensive economic competitiveness is not obvious. Sustainable competitiveness of Baishan has been stopped and reversed, and performance of harmonious competitiveness is optimal. The livable competitiveness of Baishan is improved rapidly and ranked third in the province. In the future, with the reform of the supply side structure, continuous accumulation of innovation power, and constantly strengthening the charm of Baishan, the comprehensive economic competitiveness, sustainable competitiveness and livable competitiveness of Baishan will be usher in a new development space.

Keywords：Urban　Competitiveness；Industrial　Structure；Livable Construction；Urban-rural Development；Baishan

Ⅳ　Competitiveness of County-level City Reports

B. 14　Jilin Province City Competitiveness（Meihekou City）Report

Ni Jinli / 183

Abstract：Meihekou is the gateway city in southeastern area of Jilin Province and an important city in the central cities group. Over the years, its economic and social development has been continuously improved. In 2015, the economic competitiveness of Meihekou ranked No. 1 and sustainable competitivenessranked 4th in 20 county-level cities. In terms of economic development, public services, ecological environment and innovation-driven development, rapid development has been achieved. However, there are still some problems such as the weak core competitiveness of leading industries, the weakening of transportation advantages, the weak cultural industries and the lack of social security. Combined with the special geographical location and industrial base of it, Meihekou City should continue to strengthen the food processing industry, expand the medical and health industry, upgrade the modern service industry, and vigorously nurture and develop culture industry in order to further enhance the competitiveness of the city. In the future, Mei hekou City will inevitably become a base of medicine and health industry and a trade and logistics center in the southeast area of Jilin Province

Keywords: Meihekou; Industry Group; Sustainable Competitiveness

B. 15　Jilin Province City Competitiveness (Gongzhuling City) Report

Yu Fan / 196

Abstract: Gongzhuling is one of the country' pilot cities of small-medium size, the development of Gongzhuling is full of vitalityin recent years. The comprehensive economic competitive power is excellent, ranking second in Jilin Province. Especially, the comprehensive incremental competitive power is so prominent that it is at the top of the list. However, on the contrary, the ranking of sustainable competitive power is at the end of the index system. The competitive powers of culture and information are promoted to the medium level. But the competitive powers of knowledge and harmony are still at the bottom level. The work of urban construction is still arduous. Now, we should make full use of the advantages of location, industry and transportation. To build an open and cooperative pattern, achieve industrial transformation and promotion, accelerate innovation driven, invest in education and technology, and improve the social security system.

Keywords: Urban Competitiveness; Comprehensive Competitiveness; Sustainable Competitiveness; Gongzhuling

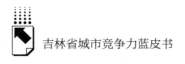
吉林省城市竞争力蓝皮书

B. 16   Jilin Province City Competitiveness（Yanji City）Report

Sun Baochun / 209

Abstract：The social and economic development of Yanji is steadily developing, and the comprehensive economic competitiveness is in a stable leading position in the county and city of Jilin Province, and the sustainable competitiveness retains the top spot. The competitiveness of cultural cities and the competitiveness of harmonious cities are rising rapidly, and the construction of ecological civilization has become the key development direction. However, there are still some problems left to solve：low level of comprehensive incremental competitiveness, low level of technology input and social security, employment and health care, low utilization of foreign capital, low density of road network and low efficiency of resource utilization. In the future development, the competitive power of the dominant industry will continue to improve, the radiation force of the regional central cities will continuously enhance, and the new pattern of opening to the outside world will gradually take shape, and the green and convenient livable city construction is improving day by day. In order to further enhance the competitiveness of the city, Yanji needs to cultivate new kinetic energy of economic growth, speed up industrial transformation and upgrading, expand opening wider to the outside world, protect the ecological environment and create a harmonious and livable atmosphere.

Keywords：Industrial Transformation and Upgrading；Opening to the Outside World；Effective Utilization of Resources；Yanji

V   Special Reports

B. 17   Research on How Stability of Housing Price Ensure

Urban Development

Su Honglei / 224

Abstract：In recent years, the rapid development of real estate has brought huge economic benefits to urban development. However, with the development of the real estate industry, housing prices kept rising all the way, the consumption attributes of housing was overemphasized and the basic living attributes of housing was neglected gradually. These will inevitably lead to a series of serious economic and social problems. Based on the analysis on the influence of housing price fluctuation on urban economic development, urban livelihood improvement, labor mobility and urban industrial layout, urban science and technology innovation and urban public evaluation, this paper concludes that the rapid rise of housing prices can only bring cities short-term economic benefits but not sustainable prosperity and development, and we must maintain the basic stability of housing prices, adhere to the basic living attributes of housing in order to promote the city's all-round and sustainable development. Based on the investigation of actual situation of urban development in Jilin Province, this paper proposed four measures to stabilize the housing price of Jilin Province, which include strengthening land supply management and allocating land resources rationally; changing the incentive mechanism to promote all-round development of the city; emphasizing the living attributes of housing to curb speculative behavior; improving the housing security system and vigorously developing housing − leasing market.

Keywords: Price Stability; Urban Development; Living Attributes; Jilin

B. 18   Research Report on Improving the Competitiveness of Changchun New District

Ning Wei, Wu Di and Guo Hongyan / 237

Abstract: Changchun New Area (CCNA) is the seventeenth national level new area, it is the pilot of new urbanization in Jilin province and the key area of the urban space expansion of Changchun city. The development of CCNA will cause influence on the city competitiveness of Changchun and the city competitiveness of the whole province. Therefore, this article takes the CCNA as the object, and puts forward the relevant countermeasures and suggestions on the basis of combing the important measures and summarizing the related problems.

Keywords: New Area ; City Competitiveness; Changchun

Ⅵ Foreign Province Reference Reports

B. 19   Research Report on Urban Development Experience of

Jiangsu Province   *Fang Weiwei* / 246

Abstract：Jiangsu is adhering to the urbanization mode of "urban modernization, rural urbanization, integration of urban and rural areas" and "bottom-up" and "top-down". It is based on reality, seeking truth from facts and adjusting measures to local conditions to explore the road of urban development with Jiangsu characteristics. These experiences are of great significance for the improvement of urban competitiveness in Jilin province.

Keywords：Jiangsu Province；Urban Development；Reference Significance

B. 20   Research Report on Urban Development

Experience of HangZhou   *Wu Xiaolu* / 255

Abstract：Hangzhou is one of the most successful cities in recent years in urban construction and urban competitiveness upgrading, and has been in the forefront of the country in the "characteristic town" and "information economy". At the same time, Hangzhou is also the capital of Zhejiang Province, which is in cooperation with Jilin province. A careful summary of the experience of urban construction in Hangzhou can provide a useful reference for the promotion of urban competitiveness in Jilin.

Keywords：Hangzhou；Characteristic Town；Information Economy；Urban Competitiveness；Cooperation

社会科学文献出版社

皮书系列

✤ 皮书起源 ✤

"皮书"起源于十七、十八世纪的英国，主要指官方或社会组织正式发表的重要文件或报告，多以"白皮书"命名。在中国，"皮书"这一概念被社会广泛接受，并被成功运作、发展成为一种全新的出版形态，则源于中国社会科学院社会科学文献出版社。

✤ 皮书定义 ✤

皮书是对中国与世界发展状况和热点问题进行年度监测，以专业的角度、专家的视野和实证研究方法，针对某一领域或区域现状与发展态势展开分析和预测，具备原创性、实证性、专业性、连续性、前沿性、时效性等特点的公开出版物，由一系列权威研究报告组成。

✤ 皮书作者 ✤

皮书系列的作者以中国社会科学院、著名高校、地方社会科学院的研究人员为主，多为国内一流研究机构的权威专家学者，他们的看法和观点代表了学界对中国与世界的现实和未来最高水平的解读与分析。

✤ 皮书荣誉 ✤

皮书系列已成为社会科学文献出版社的著名图书品牌和中国社会科学院的知名学术品牌。2016年，皮书系列正式列入"十三五"国家重点出版规划项目；2013~2018年，重点皮书列入中国社会科学院承担的国家哲学社会科学创新工程项目；2018年，59种院外皮书使用"中国社会科学院创新工程学术出版项目"标识。

中国皮书网

（网址：www.pishu.cn）

发布皮书研创资讯，传播皮书精彩内容
引领皮书出版潮流，打造皮书服务平台

栏目设置

关于皮书：何谓皮书、皮书分类、皮书大事记、皮书荣誉、

皮书出版第一人、皮书编辑部

最新资讯：通知公告、新闻动态、媒体聚焦、网站专题、视频直播、下载专区

皮书研创：皮书规范、皮书选题、皮书出版、皮书研究、研创团队

皮书评奖评价：指标体系、皮书评价、皮书评奖

互动专区：皮书说、社科数托邦、皮书微博、留言板

所获荣誉

2008 年、2011 年，中国皮书网均在全
国新闻出版业网站荣誉评选中获得"最具
商业价值网站"称号；

2012 年,获得"出版业网站百强"称号。

网库合一

2014 年，中国皮书网与皮书数据库端
口合一，实现资源共享。

权威报告·一手数据·特色资源

皮书数据库
ANNUAL REPORT(YEARBOOK)
DATABASE

当代中国经济与社会发展高端智库平台

所获荣誉

- 2016年，入选"'十三五'国家重点电子出版物出版规划骨干工程"
- 2015年，荣获"搜索中国正能量 点赞2015""创新中国科技创新奖"
- 2013年，荣获"中国出版政府奖·网络出版物奖"提名奖
- 连续多年荣获中国数字出版博览会"数字出版·优秀品牌"奖

成为会员

通过网址www.pishu.com.cn访问皮书数据库网站或下载皮书数据库APP，进行手机号码验证或邮箱验证即可成为皮书数据库会员。

会员福利

- 使用手机号码首次注册的会员，账号自动充值100元体验金，可直接购买和查看数据库内容（仅限PC端）。
- 已注册用户购书后可免费获赠100元皮书数据库充值卡。刮开充值卡涂层获取充值密码，登录并进入"会员中心"—"在线充值"—"充值卡充值"，充值成功后即可购买和查看数据库内容（仅限PC端）。
- 会员福利最终解释权归社会科学文献出版社所有。

数据库服务热线：400-008-6695
数据库服务QQ：2475522410
数据库服务邮箱：database@ssap.cn
图书销售热线：010-59367070/7028
图书服务QQ：1265056568
图书服务邮箱：duzhe@ssap.cn

S 基本子库
UB DATABASE

中国社会发展数据库（下设 12 个子库）

全面整合国内外中国社会发展研究成果，汇聚独家统计数据、深度分析报告，涉及社会、人口、政治、教育、法律等 12 个领域，为了解中国社会发展动态、跟踪社会核心热点、分析社会发展趋势提供一站式资源搜索和数据分析与挖掘服务。

中国经济发展数据库（下设 12 个子库）

基于"皮书系列"中涉及中国经济发展的研究资料构建，内容涵盖宏观经济、农业经济、工业经济、产业经济等 12 个重点经济领域，为实时掌控经济运行态势、把握经济发展规律、洞察经济形势、进行经济决策提供参考和依据。

中国行业发展数据库（下设 17 个子库）

以中国国民经济行业分类为依据，覆盖金融业、旅游、医疗卫生、交通运输、能源矿产等 100 多个行业，跟踪分析国民经济相关行业市场运行状况和政策导向，汇集行业发展前沿资讯，为投资、从业及各种经济决策提供理论基础和实践指导。

中国区域发展数据库（下设 6 个子库）

对中国特定区域内的经济、社会、文化等领域现状与发展情况进行深度分析和预测，研究层级至县及县以下行政区，涉及地区、区域经济体、城市、农村等不同维度。为地方经济社会宏观态势研究、发展经验研究、案例分析提供数据服务。

中国文化传媒数据库（下设 18 个子库）

汇聚文化传媒领域专家观点、热点资讯，梳理国内外中国文化发展相关学术研究成果、一手统计数据，涵盖文化产业、新闻传播、电影娱乐、文学艺术、群众文化等 18 个重点研究领域。为文化传媒研究提供相关数据、研究报告和综合分析服务。

世界经济与国际关系数据库（下设 6 个子库）

立足"皮书系列"世界经济、国际关系相关学术资源，整合世界经济、国际政治、世界文化与科技、全球性问题、国际组织与国际法、区域研究 6 大领域研究成果，为世界经济与国际关系研究提供全方位数据分析，为决策和形势研判提供参考。

法律声明

"皮书系列"（含蓝皮书、绿皮书、黄皮书）之品牌由社会科学文献出版社最早使用并持续至今，现已被中国图书市场所熟知。"皮书系列"的相关商标已在中华人民共和国国家工商行政管理总局商标局注册，如LOGO（✍）、皮书、Pishu、经济蓝皮书、社会蓝皮书等。"皮书系列"图书的注册商标专用权及封面设计、版式设计的著作权均为社会科学文献出版社所有。未经社会科学文献出版社书面授权许可，任何使用与"皮书系列"图书注册商标、封面设计、版式设计相同或者近似的文字、图形或其组合的行为均系侵权行为。

经作者授权，本书的专有出版权及信息网络传播权等为社会科学文献出版社享有。未经社会科学文献出版社书面授权许可，任何就本书内容的复制、发行或以数字形式进行网络传播的行为均系侵权行为。

社会科学文献出版社将通过法律途径追究上述侵权行为的法律责任，维护自身合法权益。

欢迎社会各界人士对侵犯社会科学文献出版社上述权利的侵权行为进行举报。电话：010-59367121，电子邮箱：fawubu@ssap.cn。

社会科学文献出版社